Η Λέσχη των Πεταλούδων

ΣΕΙΡΑ: ΜΙΚΡΗ ΠΥΞΙΔΑ

ΤΙΤΛΟΣ ΠΡΩΤΟΤΥΠΟΥ: THE BUTTERFLY CLUB
Από τις Εκδόσεις Doubleday, Λονδίνο 2015
ΤΙΤΛΟΣ ΒΙΒΛΙΟΥ: **Η Λέσχη των Πεταλούδων**
ΣΥΓΓΡΑΦΕΑΣ: Jacqueline Wilson
ΕΙΚΟΝΟΓΡΑΦΗΣΗ: Nick Sharratt
ΜΕΤΑΦΡΑΣΗ: Μαίρη Γραμμένου
ΕΠΙΜΕΛΕΙΑ – ΔΙΟΡΘΩΣΗ ΚΕΙΜΕΝΟΥ: Ευδοξία Μπινοπούλου
ΗΛΕΚΤΡΟΝΙΚΗ ΣΕΛΙΔΟΠΟΙΗΣΗ: Μαρία Αθανασοπούλου

Πρώτη έκδοση: Μάιος 2017, 3.000 αντίτυπα

Έντυπη έκδοση ISBN 978-618-01-1584-0
Ηλεκτρονική έκδοση ISBN 978-618-01-1585-7

Τυπώθηκε στην Ευρωπαϊκή Ένωση, σε χαρτί ελεύθερο χημικών ουσιών, προερχόμενο αποκλειστικά και μόνο από δάση που καλλιεργούνται για την παραγωγή χαρτιού.

ΕΚΔΟΣΕΙΣ ΨΥΧΟΓΙΟΣ Α.Ε.
Έδρα: Τατοΐου 121, 144 52 Μεταμόρφωση
Βιβλιοπωλείο: Εμμ. Μπενάκη 13-15, 106 78 Αθήνα
Τηλ.: 2102804800 • fax: 2102819550 • e-mail: info@psichogios.gr
www.psichogios.gr • http://blog.psichogios.gr

PSICHOGIOS PUBLICATIONS S.A.
Head Office: 121, Tatoiou Str., 144 52 Metamorfossi, Greece
Bookstore: 13-15, Emm. Benaki Str., 106 78 Athens, Greece
Tel.: 2102804800 • fax: 2102819550 • e-mail: info@psichogios.gr
www.psichogios.gr • http://blog.psichogios.gr

Τζάκλιν Ουίλσον

Η λέσχη των Πεταλούδων

Μετάφραση: Μαίρη Γραμμένου

ΨΥΧΟΓΙΟΣ

Σ.τ.Ε.: Ευχαριστούμε την κυρία Δημάκη από το Μουσείο Γουλανδρή Φυσικής Ιστορίας για τη βοήθειά της στην επιστημονική απόδοση των ειδών πεταλούδας.

Στην Τίλι και στον Χάρι,
και στη μνήμη της Λίλι Ρόουζ

Κεφάλαιο 1

Είμαστε μία, δύο, τρεις. Η Φιλ, η Μάντι και εγώ.

Και οι τρεις έχουμε ανοιχτόχρωμα μαλλιά, κομμένα σε κοντό καρέ με φράντζα. Κάποτε επιχείρησα να κόψω τα δικά μου μόνη μου. Άσ' τα να πάνε!

Έχουμε μάτια γαλανά, και ο μπαμπάς λέει ότι έχουμε γαλλικές μυτούλες. Μερικές φορές παριστάνει ότι τις τσιμπάει, αλλά δεν πονάει.

Το κανονικό όνομα της Φιλ είναι Φιλίπα. Κάποιες φορές ξεχνάω πώς γράφεται το όνομά της και μπλέκω το *λ* με το *π*.

Το κανονικό όνομα της Μάντι είναι Μάντλιν. Και το δικό της όνομα με δυσκολεύει. Μπερδεύω τα *ν* και τα *τ* και τα *λ*.

Εμένα με λένε Τίνα. Ευτυχώς είναι πανεύκολο να το γράψεις.

Είμαστε τρίδυμες. *Έκπληξη!* Όλοι νομίζουν πως εγώ είμαι η μικρότερη αδελφή. Τι ενοχλητικό που είναι. Ήμουν η μικρότερη ακόμα και όταν γεννηθήκαμε. Ήμουν πράγματι πάρα πολύ μικρούλα.

Δε μεγάλωνα όσο έπρεπε όταν ήμασταν και οι τρεις μέσα στην κοιλιά της μαμάς μας. Πιστεύω ότι η Φιλ και η Μάντι θα κάθονταν επάνω μου και θα με πίεζαν. Όταν γεννηθήκαμε, εγώ ήμουν υπερβολικά μικρούλα για να πάω σπίτι μαζί με τη μαμά και τη Φιλ και τη Μάντι. Έπρεπε να μείνω ολομόναχη μέσα σε ένα μικροσκοπικό μεταλλικό κρεβατάκι με καπάκι πάνω του, που ονομάζεται θερμοκοιτίδα. Φαντάζομαι βέβαια πως είχα το αρκουδάκι μου μαζί μου. Δε γινόταν να φορέσω κανονικά μωρουδιακά, και έπρεπε να φορώ ένα σαχλό καπελάκι για να μου κρατάει το κεφάλι ζεστό.

Οι γιατροί ανακάλυψαν ότι είχα κάποιο πρόβλημα με την καρδιά μου. Ίσως να ήταν πολύ μικρή, όπως εγώ η ίδια. Έπρεπε να υποβληθώ σε εγχείρηση. Οι γιατροί τοποθέτησαν ένα μικροσκοπικό κουτάκι μέσα στο στήθος μου, έτσι ώστε η καρδιά μου να χτυπάει κανονικά.

Πάλι καλά που με έριξαν σε ύπνο βαθύ για να μην καταλάβω τίποτε από την όλη διαδικασία.

Κόντεψα να πεθάνω. Στ' αλήθεια. Κανονικά δεν έπρεπε να το ξέρω, όμως κρυφάκουσα τους μεγάλους να το ψιθυρίζουν. Η μαμά και ο μπαμπάς με επισκέπτονταν καθημερινά, ενώ ο παππούς και η γιαγιά φρόντιζαν τη Φιλ και τη Μάντι. Η μαμά έκλαιγε επειδή δεν μπορούσε να με πάρει αγκαλιά. Έπρεπε να μένω κλεισμένη μέσα στη θερμοκοιτίδα μου.

Όμως έγινα καλύτερα! Μάλιστα, μου επέτρεψαν να βγω στον καθαρό αέρα!

Μεγάλωσα αρκετά ώστε να μπορώ να πάω σπίτι μου, όμως τότε έπαθα λοίμωξη του αναπνευστικού και μου έδωσαν ένα κάρο φάρμακα. Δε μου τα έδιναν με κουτάλι όπως τώρα· η νοσοκόμα τα βύθιζε απευθείας στο μπράτσο μου. Είμαι σίγουρη ότι ήταν πολύ τρυφερή μαζί μου. Τις συμπαθώ τις νοσοκόμες. Πηγαίνω ακόμη τακτικά στο νοσοκομείο για περιοδικούς ελέγχους και οι νοσοκόμες πάντοτε με κανακεύουν.

Με τα πολλά, κάποια στιγμή πήγα στο σπίτι μου. Αντάμωσα τη Φιλ και τη Μάντι ξανά. Σε σύγκριση μ' εμένα, εκείνες ήταν κατά πολύ μεγαλύτερες.

Και παρέμειναν μεγαλύτερες.

Τα χρειάστηκα όταν ξεκίνησα σχολείο, γιατί ήμουν αρκετά πιο μικροκαμωμένη από όλα τα υπόλοιπα παιδιά. Δεν ήμουν συνηθισμένη να περιβάλλομαι από πολλά μεγαλόσωμα παιδιά. Ποτέ δεν είχα παίξει τα παιχνίδια που έπαιζαν εκείνα.

Για να λέμε την αλήθεια, και η μαμά ήταν λιγάκι φοβισμένη. Μίλησε στη δασκάλα που μας υποδεχόταν, την κυρία Όξφορντ.

«Ανησυχώ για την Τίνα, γιατί είναι ακόμη –πώς να το πω;– πολύ ντελικάτη. Έχει α-δ-ύ-ν-α-μ-η κ-α-ρ-δ-ι-ά και δεν αντέχει πολλές τούμπες και έντονα παιχνίδια. Η Φιλ και η Μάντι ξέρουν πως πρέπει να είναι προσεκτικές με την αδελφή τους, αλλά ίσως τα υπόλοιπα παιδιά να μην καταλάβουν. Θα σας ήταν εύκολο να προσέχετε λιγάκι παραπάνω την Τίνα;» είπε η μαμά. Συλλάβισε τις λέξεις «αδύναμη καρδιά», όμως εγώ ήξερα τι ακριβώς έλεγε, κι ας μην ήξερα να διαβάζω ακόμη.

Η κυρία Όξφορντ ήταν πολύ ευγενική. «Ασφαλώς, κυρία Μέιναρντ. Μην ανησυχείτε διόλου. Τι υπέροχο να έχω τρίδυμα στην τάξη μου! Και είσαστε όλες πολύ χαριτωμένες. Θα θέλατε να καθίσετε μαζί;»

«Μάλιστα, κυρία!» απαντήσαμε.

Η κυρία Όξφορντ με πρόσεχε στο προαύλιο όποτε μπορούσε.

Και η Φιλ και η Μάντι με πρόσεχαν εξίσου. Αν τα μεγάλα αγόρια παίζοντας κυνηγητό έπεφταν επάνω μου, οι αδελφές μου θύμωναν πάρα πολύ. Εάν τα κορίτσια – όπως η απαίσια Σέλμα Τζόνσον– δε με άφηναν να πάρω μέρος στα παιχνίδια τους, τότε η Φιλ και η Μάντι τους έβαζαν τις φωνές.

Αυτή η Σέλμα ήταν ο φόβος και ο τρόμος! Πολύ την αντιπαθούσα. Ήταν το πιο μεγαλόσωμο κορίτσι στην τάξη μου, με μεγάλο, κατακόκκινο, τρομακτικό πρόσωπο. Έπιανε τα μαλλιά της σε μια τόσο σφιχτή αλογοουρά, που την έκανε να δείχνει ακόμα πιο τρομακτική, προπάντων όταν έκανε γκριμάτσα. Ήταν η αρχηγός της τάξης, ακόμα και των αγοριών. Έσπρωχνε και σκουντούσε και έβγαζε κοροϊδευτικά παρατσούκλια στους άλλους. Δεν έμπαινε ούτε στον κόπο να ξεχωρίσει ποια είναι η Φιλ και ποια η Μάντι. Είναι πανεύκολο, παρόλο που οι δυο τους μοιάζουν σαν δυο σταγόνες νερό.

Κοιτάξτε προσεκτικά!

Η Φιλ έχει μια μικροσκοπική ελιά στο μάγουλό της. Δεν της αρέσει, όμως η γιαγιά λέει ότι είναι η βουλίτσα της ομορφιάς της. Η Μάντι έχει ένα σημάδι στο πιγούνι της από όταν έπεσε, την πρώτη φορά που επιχείρησε να κάνει σκέιτμπορντ. Τώρα είναι καταπληκτική στο σκέιτμπορντ. Η Φιλ εκνευρίζεται επειδή η Μάντι είναι καλύτερη από εκείνην. Από την άλλη, εγώ δεν ξέρω αν η Μάντι είναι καλύτερη από μένα, επειδή δε μου επιτρέπεται να κάνω σκέιτμπορντ.

Η Μάντι είναι πάντοτε κορυφαία στις αθλοπαιδιές, κυρίως στο ποδόσφαιρο. Κάνει πλάκα γι' αυτό, όμως η αλήθεια είναι πως είναι πολύ γενναία. Πάντοτε υψώνει το ανάστημά της για να υπερασπιστεί τη Φιλ κι εμένα. Η Φιλ είναι η ευαίσθητη. Οι δασκάλες πάντα επιλέγουν εκείνη για να τους κάνει θελήματα. Είναι η καλύτερη μαθήτρια της τάξης. Σχεδόν πάντα πιάνει δέκα στα δέκα και κερδίζει χρυσό αστεράκι. Η Μάντι πιάνει εννιά στα δέκα. Δεν πρόκειται να σας πω τι βαθμό παίρνω εγώ. Συχνά πυκνά η Φιλ και η Μάντι με βοηθούν στο διάβασμα.

Η Σέλμα αποκαλεί τη Φιλ και τη Μάντι «το Δίδυμο των Μπούφων» – ένα τελείως χαζό παρατσούκλι, γιατί η Φιλ και η Μάντι μόνο μπούφοι δεν είναι, απεναντίας είναι πανέξυπνες. Και είναι ακόμα πιο χαζό, γιατί δεν είναι δίδυμες, αλλά τρίδυμες.

Εμένα η Σέλμα με φωνάζει «Ζουζουνάκι». Αυτό είναι ακόμα πιο προσβλητικό, μολονότι εμένα μου αρέσουν όλων των λογιών τα ζουζούνια.

Δε με πειράζουν τα σκουλήκια. Τα σηκώνω στον αέρα με προσοχή. Έχει πολύ γέλιο, γιατί η Φιλ και η Μάντι βλέποντάς με φεύγουν τσιρίζοντας. Είμαι εξίσου καλή με τις αράχνες. Ξέρετε κάτι; Ακόμα και η μαμά τρομάζει στη θέα μιας αράχνης! Και συμπαθώ αρκετά τις κάμπιες, με όλα αυτά τα μικρά ποδαράκια τους που σε γαργαλάνε καθώς ανεβαίνουν στο μπράτσο σου. Περισσότερο απ' όλα συμπαθώ τις πασχαλίτσες, γιατί είναι πολύ όμορφες. Έχω ένα κόκκινο φουστάνι με μαύρα πουά και το έχω ονομάσει «το φόρεμα-πασχαλίτσα». Η Φιλ έχει ένα ροζ φόρεμα με άσπρα πουά και η Μάντι έχει ένα γαλάζιο φόρεμα με κίτρινα πουά. Το δικό μου μου αρέσει περισσότερο από όλα. Φοράμε τα πουά φορέματά μας στα πάρτι.

Απλώς, δεν πηγαίνουμε σε πολλά πάρτι. Είναι ένα αστείο αγόρι στην τάξη μας, ο Χάρι, και όταν ήμασταν στην Α΄ δημοτικού μάς κάλεσε όλους σε ένα ποδοσφαιρικό πάρτι γενεθλίων. Και οι τρεις μας θέλαμε να πάμε, και πιο πολύ απ' όλες η Μάντι, γιατί λατρεύει το ποδόσφαιρο.

«Λυπάμαι, αγάπες μου, αλλά δε γίνεται να πάτε», μας το ξέκοψε η μαμά. «Ξέρετε ότι η Τίνα δεν επιτρέπεται να παίξει ζόρικα παιχνίδια όπως είναι το ποδόσφαιρο».

«Γιατί να μην παίξουμε η Φιλ και εγώ;» επέμεινε η Μάντι. «Η Τίνα θα μας βλέπει. Δε σε πειράζει, έτσι δεν είναι, Τίνα;»

Μεταξύ μας, θα με πείραζε λιγάκι, γιατί είναι χάλια να βρίσκεσαι εκεί και να μην μπορείς να παίξεις, όμως εγώ κούνησα το κεφάλι μου.

«Ίσως να έρθω και εγώ στο ποδοσφαιρικό πάρτι», πρότεινε ο μπαμπάς. «Θα είμαι στα πλάγια με την Τίνα και θα ρίχνουμε μεταξύ μας λίγες μπαλιές όση ώρα παίζουν τα άλλα παιδιά. Έτσι θα διασκεδάσει και εκείνη».

Όλοι μας τη θεωρήσαμε καταπληκτική ιδέα, αλλά η μαμά επέμεινε στην άρνησή της. Είναι επειδή ανησυχεί για μένα. Της βγαίνει ο φόβος.

Οπότε δεν πήγαμε στο πάρτι του Χάρι. Πολύ κρίμα, γιατί συμπαθώ τον Χάρι αρκετά. Μια φορά μάς ανατέθηκε να ξεπλύνουμε τις μπογιές οι δυο μας και παρασυρθήκαμε. Εγώ του ζωγράφισα ένα μαύρο μουστάκι και αυτός μου ζωγράφισε μεγάλα κόκκινα χείλη – έτσι, που μοιάζαμε με μεγάλοι. Έβαψα κόκκινη τη μύτη του Χάρι, επειδή αρκετοί ηλικιωμένοι έχουν κόκκινες μύτες – ο παππούς μου έχει. Ο Χάρι σκέφτηκε ότι μπορεί να ήθελα να βάψω τα μαλλιά μου όπως οι μεγάλες και βάλθηκε να τα ζωγραφίζει μαύρα.

Η κυρία Έβελιν, η δασκάλα της Α΄ δημοτικού, σπανιότατα θύμωνε, όμως έγινε εκτός εαυτού όταν αντίκρισε τον Χάρι κι εμένα. Έπρεπε να ξεπλυθούμε πολύ προσεκτικά.

Ώσπου η Φιλ, η Μάντι και εγώ γιορτάσαμε τα έβδομα γενέθλιά μας. Η μαμά και ο μπαμπάς μάς χάρισαν το καταδικό μας iPad! Το δώρο μάς φάνηκε εξαιρετικά κουλ και μεγαλίστικο, αν και θα θέλαμε η καθεμιά να είχε το δικό της. Είμαστε συνηθισμένες να μοιραζόμαστε και η καθεμιά να περιμένει τη σειρά της, όμως είναι αφόρητα βαρετό να πρέπει να περιμένεις για το iPad. Προπαντός για μένα, γιατί σχεδόν πάντοτε μένω τελευταία.

Πάντως, ξεχωριστά για την καθεμιά οι γονείς μας μας αγόρασαν εμπριμέ σχολικές τσάντες πλάτης τη χρονιά που ξεκινήσαμε την Α΄ δημοτικού. Η δική μου ήταν μικρότερη από αυτές των αδελφών μου, αλλά η μαμά είπε ότι μια τσάντα τέτοιου μεγέθους εμένα θα μου έπεφτε βαριά.

Η γιαγιά μάς χάρισε τρεις βικτοριανές κούκλες με δαντελωτά φορέματα. Παράξενο δώρο μάς φάνηκε, γιατί είχαμε μεγαλώσει για να παίζουμε ακόμη με κούκλες. Ωστόσο, απολαμβάναμε ακόμη το παιχνίδι με τις Monster High κούκλες μας.

Δε γινόταν να παίξουμε με τις βικτοριανές κούκλες

μας γιατί ήταν πολύτιμες. Έμειναν λοιπόν να κάθονται στο περβάζι του παραθύρου μας ως διακοσμητικά. Δυσκολευόμασταν να προσποιούμαστε πως ήταν αληθινές, παρ' όλα αυτά τους δώσαμε ονόματα.

«Εγώ θα ονομάσω τη δικιά μου Τριανταφυλλένια, γιατί κρατάει ένα μπουκέτο τριαντάφυλλα», είπε η Φιλ.

«Δεν μπορώ να ονομάσω τη δικιά μου Μαντιλένια!» διαμαρτυρήθηκε η Μάντι.

«Τι θα 'λεγες να την ονομάσεις Συναχωμένη, όπως εκείνο τον νάνο στη Χιονάτη;» πρότεινα.

«Γιατί δεν ονομάζεις την κούκλα σου Πρίμουλα, Μάντι, αφού έχει ένα ανοιχτό κίτρινο φόρεμα; Και εσύ, Τίνα, θα μπορούσες να ονομάσεις την κούκλα σου Μπουμπουκένια, μια και είναι λιγάκι μικρότερη από τις δικές μας. Έτσι θα έχουν και οι τρεις τους ταιριαστά, λουλουδένια ονόματα», είπε η Φιλ.

Ανακοινώσαμε στη γιαγιά τα ονόματα που δώσαμε στις κούκλες μας και φάνηκε ιδιαίτερα χαρούμενη.

Εμένα το Μπουμπουκένια μού φάνηκε κάπως ανόητο όνομα, όμως μου άρεσε το μωρό της. Του έβγαλα το φουστανάκι του. Από μέσα δε φορούσε βρακάκι! Του ζωγράφισα κόκκινο μαγιό με τον μαρκαδόρο μου και το έβαλα να κολυμπήσει στην μπανιέρα.

Στις πρώτες απλωτές το κόκκινο μαγιό ξέβαψε, όμως το Μωρό δεν το πείραζε να κολυμπάει τσιτσίδι. Έπρεπε να το κρατάω συνέχεια, αλλιώς θα βούλιαζε. Έτσι κι εμένα ο μπαμπάς πρέπει να με κρατάει όταν όλοι μας πάμε για μπάνιο, διαφορετικά βουλιάζω.

Το Μωρό απολάμβανε όλων των ειδών τα παιχνίδια. Πετούσε, σκαρφάλωνε στις κουρτίνες, έπεφτε με αλεξίπτωτο από την κορυφή της ντουλάπας, εξερευνούσε τη μεγάλη, σκοτεινή σπηλιά του τζακιού. Τα έβαζε μάλιστα με άγρια θηρία. Εντάξει, εδώ που τα λέμε δεν είναι ακριβώς άγρια θηρία, είναι τα χάμστερ που μας χάρισαν στα γενέθλιά μας! Ο παππούς μάς έδωσε λίγα χρήματα και αποφασίσαμε ότι όλες μας θέλαμε να αγοράσουμε ένα κατοικίδιο. Έτσι, πήγαμε στο κατάστημα ζώων μαζί του.

«Εγώ θέλω το καφετί στη γωνία, που έχει πέσει με τα μούτρα στο φαγητό! Θα τον φωνάζω “Πεινάλα”», δήλωσε η Φιλ.

«Εγώ θα διαλέξω το πυρρόξανθο που τρέχει γύρω γύρω. Θα τον φωνάζω "Βολίδα"», είπε χαρούμενα η Μάντι.

«Εγώ θα πάρω εκείνο το πολύ μεγάλο και κιτρινωπό που είναι εκεί πίσω», είπα εγώ, δείχνοντας με το χέρι. «Θα είναι το αφεντικό των άλλων δύο και θα τους βοηθάει σε ό,τι κάνουν. Θα τον ονομάσω "Τυροκροκέτα"».

Αποφασίσαμε ότι μας άρεσε πάρα μα πάρα πολύ που γίναμε επτά ετών.

Κεφάλαιο 2

Περάσαμε τέλεια εκείνο το καλοκαίρι. Πήγαμε στη θάλασσα για δύο ολόκληρες εβδομάδες! Άλλες χρονιές φεύγαμε για διακοπές μία εβδομάδα. Και άλλες, δεν πηγαίναμε καθόλου.

Με το κλείσιμο των σχολείων το καλοκαίρι, κάποιες φορές η Φιλ, η Μάντι και εγώ πηγαίναμε να μείνουμε στον παππού και τη γιαγιά.

Όμως αυτό το καλοκαίρι, η μαμά και ο μπαμπάς και η Φιλ και η Μάντι και εγώ πήγαμε διακοπές για δύο εβδομάδες στο Νόρφολκ! Μείναμε σε τροχόσπιτο. Γινόταν χαμός από κόσμο, θαρρείς και μέναμε σε χωριό τροχόσπιτων.

Εφόσον θα λείπαμε για δύο ολόκληρες εβδομάδες, ο Πεινάλας, ο Βολίδας και ο Τυροκροκέτας έπρεπε να πάρουν τα λιλιπούτεια πραγματάκια τους και να πάνε να μείνουν στον παππού και τη γιαγιά.

Τους στείλαμε μια καρτ ποστάλ.

Πραγματικά, περνούσα φανταστικά στο τροχόσπιτο. Ήμασταν λιγάκι στριμωγμένα όταν βρισκόμασταν όλοι μας στο εσωτερικό, προπαντός όποτε πέφταμε για ύπνο, αν και έτσι μας φαινόταν απείρως πιο διασκεδαστικό. Το μεγαλύτερο μέρος του χρόνου μας το περνούσαμε έξω, ακόμα και για το φαγητό. Εγώ βοηθούσα στο μαγείρεμα! Αμέ! Η μαμά βέβαια δεν ήθελε να πάρω σειρά για να γυρίζω τα λουκάνικα στο τηγάνι, λέγοντας πως ήμουν πολύ μικρή και τα λουκάνικα πετούσαν λίπος – όμως μια μέρα μαγείρεψα φασόλια ψητά, και όλοι συμφώνησαν ότι ήταν νόστιμα.

Φάγαμε το καταπέτασμα στις διακοπές. Και τρώγαμε κάθε μέρα παγωτό! Η μαμά γκρίνιαζε ότι έπαιρνε βάρος. Προς το τέλος των διακοπών, το φερμουάρ στο σορτσάκι της δεν έκλεινε! Ευχόμουν να πάρω και εγώ κάνα γραμμάριο. Και να ψηλώσω λιγάκι. Μετρούσα τον εαυτό μου απέναντι στη Φιλ και τη Μάντι. Τζίφος!

Στις διακοπές πήραμε μαζί τα αρκουδάκια μας γιατί δεν τα πειράζει να πιέζονται μέσα σε βαλίτσες. (Ασφαλώς αυτό δεν μπορείς να το κάνεις με τα χαμστεράκια.) Την πρώτη μέρα πήραμε τα αρκουδάκια μας για να τσαλαβουτήσουν μαζί μας στα ρηχά, αλλά αποδείχτηκε σκέτη καταστροφή. Βράχηκαν για τα καλά και πέρασαν αρκετές ώρες κρεμασμένα στην απλώστρα.

Η μαμά εκνευρίστηκε λίγο. «Μυαλό δεν έχετε στο κεφάλι σας, κορίτσια; Δεν παίρνουμε αρκούδια στη θάλασσα!»

«Μόνο για να κάνουν μια βουτίτσα τα πήραμε, μαμά, αλλά αυτά ενθουσιάστηκαν και πιτσιλίστηκαν λιγάκι», εξήγησε η Φιλ.

«Μάλλον πιτσιλίστηκαν πολύ», διόρθωσε η Μάντι.

«Νομίζω ότι το δικό μου αρκουδάκι βράχηκε περισσότερο από όλα», παραδέχτηκα ένοχα.

«Εντάξει, πάνω στο παιχνίδι παρασύρθηκαν λιγάκι», πήρε τον λόγο ο μπαμπάς.

«Αυτά δεν είναι οποιαδήποτε λούτρινα. Είναι τα αρκουδάκια που έχουν οι μικρές από την ημέρα που γεννήθηκαν», είπε η μαμά. «Είναι καλύτερο να τα κρατήσετε μέσα στο τροχόσπιτο αφού στεγνώσουν».

Έτσι λοιπόν, τα αρκουδάκια μας πέρασαν τις διακοπές τους μέσα στο τροχόσπιτο. Πρέπει να μπούχτισαν κλεισμένα στους τέσσερις τοίχους, αν και εμείς φροντίζαμε να τους αφήνουμε λιχουδιές να τσιμπολογούν.

Έπαιρνα το Μωρό μου μαζί μου κάθε μέρα. Αυτό πέρασε σούπερ! Ερχόταν για μπάνιο μαζί μου και δεν πάθαινε τίποτα.

Του φτιάξαμε ένα μεγάλο κάστρο στην άμμο. Ο μπαμπάς ανέλαβε το σκάψιμο. Η Φιλ και η Μάντι έφτιαξαν την τάφρο και τη γέμισαν με θαλασσινό νερό. Η μαμά βρήκε κοχύλια και φύκια, και εγώ επιμελήθηκα τον στολισμό. Ύστερα έβαλα το Μωρό στην κορυφή του κάστρου και ο μπαμπάς τράβηξε φωτογραφία με το κινητό του. Το Μωρό απολάμβανε να είναι στην κορυφή του κάστρου, επειδή είναι πολύ μικρόσωμη μπέμπα – αν και είναι εξαιρετικά γενναία. Ούτε καν ανοιγόκλεισε τα βλέφαρά της όταν της επιτέθηκε ένας τεράστιος ιπτάμενος δεινόσαυρος.

Δεν είχαμε καμία διάθεση να γυρίσουμε σπίτι μας. Θέλαμε να μείνουμε για πάντα διακοπές.

«Αγάπες μου, και εγώ θα ήθελα να καθόμασταν κι άλλο», άρχισε να λέει ο μπαμπάς, «αλλά όλοι πρέπει να γυρίσουμε στις δουλειές μας».

Ο μπαμπάς εργάζεται σε σούπερ μάρκετ. Φοράει ειδικά ρούχα για τη δουλειά.

Η μαμά δουλεύει λίγες ώρες σε κατασκευαστική εταιρεία. Φοράει και εκείνη συγκεκριμένα ρούχα στη δουλειά.

Η Φιλ, η Μάντι και εγώ εργαζόμαστε κι εμείς. Η δουλειά μας είναι στο σχολείο. Μας χρειάζεται καινούρια στολή για την καινούρια μας τάξη. Φορούσαμε κόκκινα φούτερ στην Α΄ δημοτικού. Αλλά τώρα είμαστε μεγάλες. Θα φορέσουμε πράσινα φούτερ.

Ζωγράφισα μια πράσινη μπλούζα στο Μωρό, έτσι ώστε να έρθει και αυτό μαζί μου στην τάξη.

«Αχ, γλυκές μου, πόσο έχετε μεγαλώσει», είπε συγκινημένη η μαμά την πρώτη μέρα του σχολείου.

«Τα κορίτσια μας θα πάνε Β΄ δημοτικού», θαύμασε ο μπαμπάς.

«Θα είναι κάπως τρομακτικά στην τάξη της κυρίας Γελασίδου», παρατήρησε η Φιλ.

Η κυρία Γελασίδου είχε τη φήμη της εξαιρετικά αυστηρής δασκάλας. Παρά το γελαστό της επώνυμο, μόνο γελαστή και χαλαρή δεν ήταν. Όλοι μας ξέραμε τη φήμη της κυρίας Γελασίδου, από την πρώτη τάξη του δημοτικού κιόλας. Και τώρα θα ήταν η δασκάλα μας για όλη τη χρονιά!

«Εγώ δεν τη φοβάμαι τη Γελασίδου», είπε με πεποίθηση η Μάντι. «Θα περάσω φανταστικά στη Β΄ δημοτικού. Θα παίζουμε μπάσκετ και ποδόσφαιρο!»

«Ναι, θα χρειαστεί να μιλήσω με τη δασκάλα σας», είπε η μαμά. «Δε θέλω να παίζει παιχνίδια η Τίνα».

«Καημένη Τίνα», είπε η Μάντι.

«Α, δε με πειράζει». Αποφάσισα ότι θα έπαιζα παιχνίδια με το Μωρό.

«Τελειώνετε με τα δημητριακά σας, παιδιά. Δε θέλουμε να αργήσουμε την πρώτη μέρα του σχολείου!» μας προέτρεψε η μαμά.

Έπρεπε να βιαστούμε να πλύνουμε τα δόντια μας και να πάμε τουαλέτα και να βάλουμε τα φούτερ μας και τα καινούρια μας παπούτσια.

Αναμφίβολα, το Μωρό είναι τυχερό. Δεν έχει δόντια να πλύνει. Ούτε χρειάζεται να κάνει τσίσα. Δε φοράει σχολικές στολές και παπούτσια.

Ο μπαμπάς μάς φίλησε όλες και μας ευχήθηκε καλή τύχη. Σήκωσα το Μωρό ψηλά για να πάρει και εκείνο φιλάκι.

«Α πα πα, γιατί πρασίνισε;» ρώτησε η μαμά.

«Είναι η στολή της για το σχολείο», αποκρίθηκα.

«Όχι, Τίνα. Δε θα την πάρεις στο σχολείο. Ή θα τη χάσεις ή θα σπάσει. Εξάλλου, απαγορεύεται να παίρνετε παιχνίδια μαζί σας στην τάξη».

«Το Μωρό δεν είναι παιχνίδι, είναι άνθρωπος».

«Για σένα είναι άνθρωπος, όμως για όλους τους άλλους είναι

μια μικρή πορσελάνινη κουκλίτσα. Βάλ' τη στη θέση της μαζί με τη μεγάλη κούκλα σου, και μόλις γυρίσεις το μεσημέρι, να της κάνεις ένα γερό τρίψιμο», είπε η μαμά.

«Θα νιώθω πολλή μοναξιά χωρίς αυτήν!» κλαψούρισα.

«Φυσικά και δε θα νιώσεις μοναξιά. Η Φιλ και η Μάντι θα σου κρατούν συντροφιά», αντέτεινε σταθερά η μαμά.

«Θέλω τη Φιλ, τη Μάντι *και* το Μωρό», θρήνησα. Άνοιξα διάπλατα τα μάτια μου για να βουρκώσουν. Ήμουν πολύ καλή στο να βάζω τα κλάματα. Σχεδόν πάντα κατάφερνα τη μαμά και τον μπαμπά να με πάρουν αγκαλίτσα και να περάσει το δικό μου. Και πάντα τα κατάφερνα με τη γιαγιά και τον παππού.

Αλλά σήμερα η μαμά δεν έπαιρνε από τέτοια. «Εμπρός, Τίνα, δεν έχουμε χρόνο για διαφωνίες. Δε φαντάζομαι να θέλεις να αργήσουμε όλοι την πρώτη μέρα του σχολείου εξαιτίας σου, σωστά;»

Μεμιάς κατάλαβα ότι δε θα κέρδιζα τίποτα με τα κλάματα, έτσι έτρεξα στο δωμάτιό μου μαζί με το Μωρό. Όμως δεν το άφησα στην αγκαλιά της Μπουμπουκένιας. Το φύλαξα στην τσέπη της φούστας μου.

Ύστερα φύγαμε όλες μας μαζί με τη μαμά. Ένιωθα πολύ μεγάλη, καθώς προσπερνούσα την είσοδο της Α΄ τάξης για να πάω σε αυτήν της Β΄ τάξης.

«Θα έρθω μέσα μαζί σας, κορίτσια», ανήγγειλε η μαμά.

«Μαμά! Ο κόσμος θα μας περάσει για μωρά», παραπονέθηκε η Μάντι.

«Η μαμά δε σκοτίζεται για μας, χαζούλα, αλλά για την Τίνα», πετάχτηκε η Φιλ.

«Δε χρειάζεται να έχει την έγνοια μου», δήλωσα αποφασιστικά. «Δεν είμαι μωρό. Έχω την ίδια ακριβώς ηλικία μ' εσάς».

Μέσα μου ωστόσο χαιρόμουν πολύ που η μαμά διέσχιζε την είσοδο της Β΄ τάξης μαζί μας. Ένιωθα κάπως παράξενα καθώς δρασκέλιζα το προαύλιο της Β΄ τάξης. Οι μαθητές ήταν πολύ μεγάλοι. Ορισμένοι μάλιστα διέθεταν ανάστημα ενηλίκου. Μας κοιτούσαν καλά καλά – κυρίως εμένα κοίταζαν. Στριμώχτηκα ανάμεσα στη Φιλ και τη Μάντι. Λαχταρούσα τόσο να τις πιάσω από τα χέρια, όμως δεν ήθελα οι υπόλοιποι να με περάσουν τελείως για μωρό.

«Για πάμε να βρούμε την κυρία Γελασίδου», είπε η μαμά, μπαίνοντας με βήμα γοργό στο σχολικό κτίριο.

«Μαμά! Νομίζω πως δεν επιτρέπεται να μπούμε μέσα ακόμη», πετάχτηκε η Φιλ.

«Πρέπει να μείνουμε στο προαύλιο μέχρι να χτυπήσει το κουδούνι», πήρε τον λόγο η Μάντι.

«Το ξέρω, αλλά δεν πιστεύω πως θα έχει αντίρρηση η δασκάλα σας», επέμεινε η μαμά.

Απεναντίας, η κυρία Γελασίδου πήρε ένα ύφος σαν να είχε μεγάλη αντίρρηση μόλις μπήκαμε στην καινούρια τάξη μας.

«Εχμ... το μάθημα δεν έχει ξεκινήσει ακόμη», μας είπε.

«Ναι, το γνωρίζω, όμως ήθελα να συζητήσω μαζί σας για τις κόρες μου». Η μαμά είχε πάρει τον αυστηρό τόνο που είχε όποτε μας κατσάδιαζε.

Η φωνή της κυρίας Γελασίδου ήταν απείρως αυστηρότερη. «Τα τρίδυμά σας, η Φιλίπα, η Μάντλιν και η Τίνα;» είπε η δασκάλα. Προφανώς είχε μάθει τον κατάλογο των ονομάτων απ' έξω.

«Ακριβώς. Η Φιλ και η Μάντι μοιάζουν σαν δυο σταγόνες νερό, όπως βλέπετε. Αν κοιτάξετε πιο προσεκτικά, η Φιλ έχει μια ελίτσα στο μάγουλό της και η Μάντι έχει ένα σημαδάκι στο σαγόνι της».

«Τολμώ να πω ότι θα μάθω να τις ξεχωρίζω», είπε κοφτά η δασκάλα.

«Και μετά είναι η Τίνα». Η μαμά με έπιασε και πίεσε τους ώμους μου ελαφρά. «Δε γνωρίζω κατά πόσο είστε ενήμερη για την Τίνα... Όπως βλέπετε, πρέπει να πάρει λίγο τα πάνω της. Ήταν πολύ άρρωστη όταν γεννήθηκε. Αναγκάστηκε να υποβληθεί σε εγχείρηση καρδιάς και έκτοτε έχει διάφορα προβλήματα. Δεν επιτρέπεται να παίξει αθλήματα μαζί με άλλους, και θα το εκτιμούσα εάν είχατε τον νου σας στην Τίνα κατά τα διαλείμματα».

Η δασκάλα έριξε το βλέμμα της επάνω μου. Δεν ήθελα να έχει τον νου της σ' εμένα. Τα μάτια της, όμοια με χάντρες, ήταν πολύ αγριωπά.

«Μην ανησυχείτε, κυρία Μέιναρντ», τη διαβεβαίωσε. «Είμαι βέβαιη ότι η Τίνα θα ανθίσει στην τάξη μου».

Δεν πίστευα ότι θα ανθίσω. Μάλλον για μαρασμό θα πήγαινα.

«Μπορείτε να πηγαίνετε τώρα, κορίτσια», συνέχισε η κυρία Γελασίδου, με φωνή που δε σήκωνε αντίρρηση.

Ήταν εμφανές ότι η προτροπή απευθυνόταν και στη μαμά. Έτσι, συμμορφωθήκαμε όλες.

«Βρε βρε», έκανε η μαμά, όταν βρεθήκαμε πάλι στο προαύλιο. «Φέρνει λιγάκι σε δράκαινα, έτσι δεν είναι;»

«Ναι!» συμφώνησε η Φιλ.

«Ναι!» συμφώνησε η Μάντι.

«Ναι, ναι, ναι», επιβεβαίωσα και εγώ.

«Να δείτε όμως που θα είναι πολύ γλυκιά μόλις γνωριστείτε καλύτερα», βιάστηκε να συμπληρώσει η μαμά.

Εμείς, από την άλλη μεριά, δεν ήμασταν καθόλου σίγουρες ότι θέλαμε να γνωριστούμε καλύτερα.

Κεφάλαιο 3

Όταν χτύπησε το κουδούνι για την έναρξη του σχολείου, η Φιλ, η Μάντι και εγώ τρέξαμε ολοταχώς για να είμαστε πρώτες στη σειρά. Έπειτα, διασχίσαμε πάρα πολύ γοργά τους διαδρόμους μέχρι την τάξη μας.

Δεν ήταν επειδή αδημονούσαμε να ξεκινήσουμε μαθήματα με την κυρία Γελασίδου. Απλώς ήμασταν αποφασισμένες να μπούμε στην τάξη μας πρώτες για να πιάσουμε καλή θέση. Μόλις δρασκελίσαμε το κατώφλι, η Μάντι όρμησε εμπρός και βρήκε τρεις θέσεις στη γαλαρία. Η Σέλμα Τζόνσον επιχείρησε να την παραγκωνίσει με μια σκουντιά, αλλά η Μάντι ήταν θαρραλέα και αμετακίνητη. Έβαλε τον πισινό της στη μια θέση. Η Φιλ με το έτσι θέλω στρογγυλοκάθισε στη διπλανή. Εγώ στριμώχτηκα ανάμεσά τους. Γιούπι! Είχαμε εξασφαλίσει τις τέλειες θέσεις, και η Σέλμα δεν μπορούσε να κάνει τίποτα γι' αυτό. Δεν μπορούσε να μας διώξει, όχι με το αυστηρό βλέμμα της δασκάλας καρφωμένο επάνω της.

Κάποια από τα αγόρια προσπάθησαν να καθίσουν στο θρανίο μας.

«Όχι, όχι, φύγετε, εδώ είναι θρανίο κοριτσιών», δήλωσε αποφασιστικά η Φιλ.

«Ναι, πηγαίνετε να βρείτε δικό σας θρανίο», τους προέτρεψε η Μάντι.

Έτσι, τα αγόρια έφυγαν για να καθίσουν σε ένα άλλο θρανίο στα πλάγια. Απογοητεύτηκα κομματάκι. Το ένα από τα αγόρια ήταν ο Χάρι. Θα ήθελα να καθόταν μαζί μας.

Ωστόσο κάποια συμπαθητικά κορίτσια, η Σόφι, η Νίρα και η Καρίς, ήρθαν να καθίσουν μαζί μας. Όλες χαμογελούσαμε η μία στην άλλη.

«Ορίστε!» είπε περήφανα η Μάντι. «Μας βρήκα το τέλειο θρανίο».

Οι υπόλοιποι έκοβαν βόλτες γύρω από τα θρανία μέχρι να βρουν τις θέσεις τους. Όλη την ώρα η δασκάλα στεκόταν στον πίνακα, παρατηρώντας μας με σταυρωμένα τα χέρια. Το βλέμμα της ήταν πολύ διερευνητικό.

«Εντάξει; Παίξατε Μουσικές Καρέκλες;» είπε κάποτε. Δε φώναξε, αλλά ο τόνος της φωνής της σε έκανε να καθίσεις ευθυτενώς στην καρέκλα σου τρέμοντας. «Καλώς ήρθατε στη δευτέρα δημοτικού. Εγώ θα είμαι η δασκάλα σας, η κυρία Γελασίδου. Ελπίζω να μάθετε πολλά

πράγματα όσο θα είστε στην τάξη μου. Θα ξεκινήσουμε το μάθημα αμέσως. Μπορεί να σπρωχνόσασταν και να τρέχατε δεξιά αριστερά τις προηγούμενες χρονιές, όμως φέτος που είστε στη δευτέρα δημοτικού, ήρθε ο καιρός να μάθετε τρόπους. Τώρα σηκωθείτε πάνω!»

Σηκωθήκαμε όρθιοι.

«Πάρτε τις τσάντες σας και στοιχηθείτε στην πόρτα!»

Συμμορφωθήκαμε αμέσως. Μας φάνηκε πολύ περίεργο που μας σήκωνε ενώ δεν είχαμε καθίσει καλά καλά, αλλά ουδείς τόλμησε να διαφωνήσει, ούτε η Σέλμα Τζόνσον.

«Πολύ ωραία», είπε η δασκάλα. «Τώρα θα καθίσετε εκεί που θα σας πω εγώ. Έγινα κατανοητή;»

Όλοι γνέψαμε καταφατικά.

Τα χάντρινα μάτια της δασκάλας όργωναν τη σειρά μας. Ξεκίνησε να διαλέγει στην τύχη παιδιά και να δείχνει τις θέσεις τους στα θρανία. Ανακάτεψε κορίτσια με αγόρια. Έβαλε τη Σέλμα Τζόνσον να καθίσει μπροστά μπροστά!

Έπειτα, έδειξε τη Φιλ και της είπε να καθίσει σε ένα πλαϊνό θρανίο. Η Φιλ κατευθύνθηκε προς τα εκεί. Η

Μάντι την ακολούθησε, τραβώντας κι εμένα μαζί της.

«Για σταθείτε», παρενέβη η δασκάλα. «Μάντλιν, άκουσες το όνομά σου;»

Ουάου! Ήταν η πρώτη δασκάλα που κατόρθωνε να ξεχωρίσει τη Φιλ από τη Μάντι.

«Πηγαίνω να καθίσω με την αδελφή μου, κυρία», είπε σταθερά η Μάντι. «Το ίδιο και η Τίνα».

«Σου είπα εγώ να καθίσεις μαζί με τη Φιλίπα;»

«Όχι, αλλά πάντοτε καθόμαστε μαζί. Από όταν ήμασταν στον παιδικό σταθμό». Το πρόσωπο της Μάντι ήταν κατακόκκινο.

«Δε θέλουμε να σας φέρουμε αντίρρηση, κυρία, όμως η Μάντι και εγώ πρέπει να φροντίζουμε την Τίνα», έσπευσε να συμπληρώσει η Φιλ.

«Αν δεν απατώμαι, εγώ είμαι η δασκάλα», είπε η κυρία Γελασίδου. «Δική μου δουλειά είναι να σας φροντίζω όλους. Τώρα, πήγαινε να καθίσεις στο θρανίο στην απέναντι μεριά της αίθουσας, Μάντλιν. Σβέλτα! Και εσύ, Τίνα, έλα να καθίσεις εδώ».

Οχ, όχι! Η δασκάλα έδειξε το πρώτο θρανίο μπροστά μπροστά. Μάλιστα τράβηξε την καρέκλα δίπλα στη φριχτή Σέλμα Τζόνσον.

«Κάθισε εδώ!» μου υπέδειξε.

Έσφιξα γερά το Μωρό μέσα στην παλάμη μου για να αντλήσω κουράγιο. «Η μαμά λέει ότι πρέπει να κάθομαι μαζί με τις αδελφές μου», είπα με μια τόση δα φωνούλα.

Η δασκάλα έβαλε την παλάμη της πίσω από το αυτί της. «Ορίστε;» έκανε.

Δεν τόλμησα να το επαναλάβω. Κάθισα δίπλα στη Σέλμα. Εκείνη τράβηξε την καρέκλα της όσο πιο πέρα γινόταν, κάνοντας μια άσχημη γκριμάτσα. Έβαλα τα δυνατά μου να μην κλάψω. Ένα δάκρυ μού ξέφυγε... και η Σέλμα το είδε.

«Κλαψιάρα!» σφύριξε μέσα από τα δόντια της.

Τότε η δασκάλα έφερε την Κέιλι να καθίσει στο θρανίο μας. Η Σέλμα κάγχασε. Η Κέιλι δεν ήταν κακιά όταν η Σέλμα δεν ήταν τριγύρω, αλλά όταν οι δυο τους βρίσκονταν μαζί, η Κέιλι συμπεριφερόταν απαίσια. Και έδινε κάτι τσιμπιές, μανούλα μου...

Έτσι λοιπόν, είχα τη Σέλμα από τη μια πλευρά και την Κέιλι από την άλλη!

Ήλπιζα ότι κάποια από τα καλά κορίτσια θα έρχονταν να καθίσουν μαζί μας. Όμως οι άλλοι τρεις ήταν αγόρια: δυο μεγαλόσωμοι καβγατζήδες, ο Πίτερ και ο Μικ, και ο Άλιστερ Ντέιβι. Ο Άλιστερ ήταν κοντός (όχι βέβαια τόσο κοντός όσο εγώ), αλλά για το μπόι του είχε αρκετά δυνατή φωνή. Γνώριζε πάντα την απάντηση σε κάθε ερώτηση. Μιλούσε με το στιλ του απόλυτου ξερόλα, ακόμα και στους δασκάλους.

Αν ήταν να έχουμε ένα αγόρι στο θρανίο μας, χίλιες φορές θα προτιμούσα τον Χάρι.

Αυτοί ήμασταν λοιπόν: η Σέλμα, η Κέιλι, ο Πίτερ, ο Μικ, ο Άλιστερ και εγώ. Το χειρότερο θρανίο όλων των εποχών. Έστριψα τον λαιμό μου για να δω τη Φιλ. Η αδελφή μου μου κούνησε το κεφάλι της με συμπόνοια, με ύφος εξαιρετικά ανήσυχο. Αναζήτησα με το βλέμμα μου τη Μάντι. Μου έκανε μια πολύ θλιμμένη φατσούλα.

Γλιστρούσα ολοένα και πιο κάτω στην καρέκλα μου, νιώθοντας μικρότερη από ποτέ. Ίσως κατόρθωνα να μεταμορφωθώ σε ποντικίνα και να τρέξω ολοταχώς στο δάπεδο για να βγω από την πόρτα.

«Τώρα που καθίσατε όλοι σας, χρειάζομαι κάποιον να μοιράσει αυτά τα όμορφα βιβλία ασκήσεων», είπε η δασκάλα. Τα χάντρινα μάτια της πλανήθηκαν στην αίθουσα.

Η Φιλ τέντωσε τη ράχη της. Τις περισσότερες φορές εκείνη διάλεγαν για να μοιράσει τα βιβλία και τα τετράδια. Επίσης, της ανέθεταν να προσέχει την τάξη την ώρα του διαλείμματος ή τα λουλούδια της αυλής. Στην περσινή τάξη η Φιλ είχε τη φήμη της υπεύθυνης και πλήρως αξιόπιστης.

Όμως αυτή ήταν η τάξη της κυρίας Γελασίδου στη Β΄ δημοτικού.

«Σέλμα, εσύ! Ανέβα να μοιράσεις τα βιβλία, σε παρακαλώ», είπε η δασκάλα.

Οχ, όχι! Η Σέλμα θα γινόταν η χαϊδεμένη της δασκάλας; Ήμουν καταδικασμένη, ήταν γεγονός. Βούλιαξα ακόμα περισσότερο στο κάθισμά μου.

«Κάθισε κανονικά, Τίνα», είπε η δασκάλα.

Με τα χίλια ζόρια όρθωσα τη ράχη μου, ατενίζοντας το θρανίο γιατί δεν είχα διάθεση να κοιτάξω κανέναν άλλον.

«Και σήκωσε το κεφάλι σου. Τι πράγματα είναι αυτά; Έχεις ζαρώσει σαν γιαγιούλα!»

Ο Μικ και ο Πίτερ γέλασαν.

Η Φιλ σήκωσε το χέρι της.

«Ναι, Φιλίπα;»

«Με συγχωρείτε, κυρία, αλλά νομίζω ότι η Τίνα δεν αισθάνεται πολύ καλά. Νομίζω πως θα ένιωθε καλύτερα αν ερχόταν να καθίσει δίπλα μου. Ή δίπλα στη Μάντι. Δεν έχει συνηθίσει να είναι μόνη της», είπε η Φιλ, πολύ θαρραλέα ομολογουμένως.

«Μα δεν είναι μόνη της, Φιλίπα. Κάθεται με άλλα πέντε παιδιά. Τώρα πάψε να ανησυχείς για την αδελφή σου. Είναι μια χαρά. Έτσι δεν είναι, Τίνα;»

Όχι, δεν ήμουν καθόλου μια χαρά. Ένιωθα χάλια, ότι όλα ήταν στραβά, όμως δεν έβγαλα τσιμουδιά. Καθόμουν ακίνητη και βουβή όπως το Μωρό.

Η δασκάλα ύψωσε τα φρύδια της. Αναρωτήθηκα αν θα μου έβαζε τις φωνές. Ή μήπως θα με χτυπούσε. Πιθανόν να είχε μια βέργα μέσα στο συρτάρι της και την έβγαζε για να με χτυπήσει...

Ο παππούς μού είχε περιγράψει πώς ήταν το σχολείο στις μέρες του, όταν ήταν εκείνος πιτσιρίκι. Οι δάσκαλοι μονίμως φώναζαν ή σου πετούσαν την κιμωλία ή σου χτυπούσαν τις παλάμες με τον χάρακα, και αν ήσουν πολύ άτακτος, σου τις έβρεχαν με τη βίτσα. Έξι φορές, στον πισινό!

Ο παππούς ισχυριζόταν πως τη σήμερον ημέρα δεν επιτρεπόταν στους δασκάλους να τιμωρούν τα παιδιά

κατ' αυτό τον τρόπο. Όμως η κυρία Γελασίδου ήταν ηλικιωμένη. Ποιος μου λέει ότι δεν ήταν της παλιάς σχολής...;

Η δασκάλα δε μου έβαλε τις φωνές, ούτε με χτύπησε, ούτε έβγαλε καμιά βέργα από το συρτάρι της. Αρκέστηκε σε ένα κούνημα του κεφαλιού.

«Τώρα, παιδιά, θέλω να γράψετε στην πρώτη γραμμή του καινούριου τετραδίου σας την επικεφαλίδα: *Οι καλοκαιρινές διακοπές μου*. Θα σας τη γράψω στον πίνακα, γιατί δε φαντάζομαι να θέλετε να εγκαινιάσετε το ολοκαίνουριο τετράδιό σας με ορθογραφικά λάθη. Τι πιστεύετε ότι θέλω να μου γράψετε;» μας ρώτησε.

Μείναμε να την κοιτάμε. Ήταν ερώτηση-παγίδα;

«Άντε, παιδιά, ξυπνήστε!»

Η Φιλ σήκωσε το χέρι της. «Θέλετε να γράψουμε πώς περάσαμε το καλοκαίρι στις διακοπές μας;» είπε λιγάκι νευρικά.

«Πολύ σωστό συμπέρασμα, Φιλίπα», είπε η δασκάλα. «Ξεκινήστε, λοιπόν. Θέλω να μου γράψετε δύο σελίδες τουλάχιστον. Και ενώ γράφετε, θέλω ένας ένας να έρχεστε στον πίνακα με τη σειρά. Θέλω να σας ακούσω να κάνετε ανάγνωση».

Βαρύς στεναγμός αντήχησε στην αίθουσα. Δυο ολόκληρες σελίδες! Και τι τρομακτικό, να είσαι αναγκασμένος να σηκωθείς στον πίνακα, δίπλα στη δασκάλα, και να διαβάσεις δυνατά σε όλη την τάξη.

Εγώ θα σηκωνόμουν πρώτη!

Ο λαιμός μου στέγνωσε όταν η δασκάλα έδειξε εμένα

και μου έκανε νόημα. Έπρεπε να σταθώ ακριβώς δίπλα της. Μύριζε δυόσμο και φρεσκοπλυμένα ρούχα. Είχε πολύ περισσότερες ρυτίδες άμα την έβλεπες από κοντά.

«Ξεκίνα το διάβασμα, Τίνα», με παρακίνησε.

Ξεροκατάπια. Άνοιξα το στόμα μου. Καμία λέξη δε βγήκε. Έσφιξα το Μωρό, που ήταν κρυμμένο μέσα στο αριστερό χέρι μου.

«Έλα, Τίνα». Η κυρία Γελασίδου έδειξε την πρώτη λέξη. «Τι γράφει εδώ;»

Η δασκάλα είχε κοντά κομμένα και πολύ καθαρά νύχια. Η γιαγιά μου έχει μακριά και μυτερά κόκκινα νύχια. Η μαμά έχει επίσης κοντά νύχια, αλλά συχνά επισκέπτεται ένα ινστιτούτο περιποίησης άκρων και όταν επιστρέφει έχει τα τέλεια νύχια, ακόμα πιο μακριά από της γιαγιάς, με αστραφτερά σχεδιάκια πάνω τους. Οι αδελφές μου κι εγώ ανυπομονούμε να μεγαλώσουμε για να πάμε και εμείς σε ινστιτούτο περιποίησης.

«Τίνα, περιμένω. Ξέρω ότι μπορείς να διαβάσεις. Ξεκίνα λοιπόν», επέμεινε η δασκάλα.

Ασφαλώς και εγώ ήξερα ότι μπορώ να διαβάσω. Όμως προτιμώ να μου διαβάζουν οι άλλοι. Η Φιλ και η Μάντι μερικές φορές παριστάνουν ότι είμαι το κοριτσάκι τους και μου διαβάζουν ιστορίες εναλλάξ.

Η μαμά διαβάζει και στις τρεις μας. Μας διαβάζει ιστορίες που αγαπούσε όταν ήταν παιδί.

Ο μπαμπάς μάς διαβάζει από τα παλιά κόμικς του. Κάνει όλες τις αστείες προφορές και διάφορες χειρονομίες.

Η γιαγιά μάς διαβάζει από τα περιοδικά της. Μας λέει ένα σωρό πράγματα για τις διασημότητες.

Ο παππούς δε μας διαβάζει ούτε από βιβλίο ούτε από κόμικς ούτε από περιοδικό. Μας αφηγείται ιστορίες απευθείας από το μυαλό του. Πάντοτε ξεκινά με τον ίδιο τρόπο: «Μια φορά και έναν καιρό, ήταν τρεις αδελφούλες με μαλλιά στο χρώμα του μελιού και μάτια γαλανά σαν τον ουρανό». Ρυθμικά απαγγέλλουμε κι εμείς τα λόγια μαζί του.

Οι ιστορίες του παππού μπορεί να ξεκινούν πάντα με τον ίδιο τρόπο, αλλά μετά καθεμιά διαφοροποιείται και γίνεται ολοκαίνουρια. Υπάρχει η ιστορία με τις τρεις αδελφές που δάμασαν ένα άγριο λιοντάρι και μια μανιασμένη αρκούδα και έναν αφηνιασμένο ελέφαντα.

Υπάρχει η ιστορία με τις τρεις αδελφές που πέταξαν ως το φεγγάρι μέσα σε πύραυλο. Υπάρχει η ιστορία με τις τρεις αδελφές που έβγαλαν βράγχια και διέσχισαν κολυμπώντας τις επτά θάλασσες. Υπάρχει η ιστορία με τις τρεις αδελφές που σκαρφάλωσαν στο ψηλότερο βουνό του κόσμου και έφτιαξαν το σπιτικό τους παρέα με δυο χιονάνθρωπους των Ιμαλαΐων και τα μικρά τους. Υπάρχει η ιστορία με τις τρεις αδελφές σε ορφανοτροφείο της βικτοριανής εποχής που έδωσαν ένα γερό μάθημα στην κακιά οικονόμο. Υπάρχει η ιστορία με τις τρεις αδελφές που αιχμαλώτισαν κακούς πειρατές και ανακάλυψαν το σεντούκι του θησαυρού. Υπάρχει η ιστορία με τις τρεις αδελφές που γύρισαν πίσω στον χρόνο, στην εποχή των δεινοσαύρων, και έγιναν φίλοι με τον Τυραννόσαυρο Ρεξ. Α, τα παραμύθια τελειωμό δεν έχουν.

«Τίνα!» με επανέφερε στην τάξη η δασκάλα. «Άσε την ονειροπόληση και διάβασέ μας».

Τρόμαξα. Δεν ήμουν συνηθισμένη να μου φωνάζουν οι μεγάλοι και ένιωσα τα μάτια μου να δακρύζουν πάλι. Κοίταξα τη σελίδα, όμως οι λέξεις κολυμπούσαν πάνω κάτω σαν ψαράκια.

Εντελώς αναπάντεχα άκουσα θροΐσματα δεξιά και αριστερά μου. Η Φιλ βρισκόταν στα αριστερά μου και η Μάντι στα δεξιά μου.

«Σας παρακαλούμε, κυρία Γελασίδου, πάντοτε διαβάζουμε μαζί», είπε η Φιλ.

«Η Τίνα δεν μπορεί να το κάνει μόνη της, αλλά θα τα

καταφέρει περίφημα άμα είμαστε μαζί της», σιγοντάρισε η Μάντι.

«Σας παρακαλούμε, κυρία Γελασίδου, να σας δείξουμε πώς το κάνουμε;» ρώτησε με επιμονή η Φιλ.

«Πείτε ναι, κυρία Γελασίδου! Σας παρακαλούμε!» επέμεινε η Μάντι.

«Φιλίπα! Μάντλιν! Μήπως είστε εσείς οι δασκάλες της τάξης;» τις επέπληξε η κυρία Γελασίδου.

«Όχι, αλλά είμαστε οι αδελφές της Τίνα».

«Και ανυπομονούμε να σας δείξουμε ότι η Τίνα διαβάζει σχεδόν τόσο καλά όσο εμείς».

«Δε μου αρέσει να εισβάλλετε στην έδρα, γιατί εγώ είμαι αυτή που πρέπει να βάζει σε τάξη τα πράγματα, αλλά ας είναι. Αυτή τη φορά θα σας τη χαρίσω», είπε η κυρία Γελασίδου. «Διαβάστε μαζί. Μόνο την πρώτη παράγραφο, για να πάρει μπρος η Τίνα».

Μείναμε και οι τρεις μας να την κοιτάμε κατάπληκτες. Είχαμε μόλις καταφέρει να της επιβληθούμε;

Η δασκάλα μάς παρέδωσε το βιβλίο. Το κρατήσαμε και οι τρεις μαζί, εγώ στριμωγμένη ανάμεσα στις αδελφές μου, και η Φιλ ξεκίνησε την ανάγνωση.

«Μια φορά και έναν καιρό, ήταν ένας βιολιστής που ταξίδευε σε ολόκληρη την οικουμένη, παίζοντας τη μουσική του όπου και αν πήγαινε».

«Ο κόσμος γελούσε και χειροκροτούσε όποτε έπαιζε μουσική ο βιολιστής», συνέχισε την ανάγνωση η Μάντι.

Εκείνη τη στιγμή, με σκούντησαν οι δυο τους. Πήρα μια βαθιά ανάσα. Το βλέμμα μου καρφώθηκε στην επόμενη πρόταση. Έτριψα τα μάτια μου. Οι λέξεις σταμάτησαν να κολυμπούν πάνω κάτω.

«Τα μικρά παιδιά τραγουδούσαν στον ρυθμό της μουσικής. Χτυπούσαν παλαμάκια στον σκοπό. Συχνά πυκνά χόρευαν. Ο βιολιστής σκορπούσε την ευτυχία σε όλα τα μέρη που πήγαινε», διάβασα.

Γνώριζα κάθε λέξη. Διάβασα ολόκληρη τη σελίδα μέχρι το τέλος. Κατόρθωσα να βάλω συναίσθημα στις λέξεις, να κάνω εκφραστική την αφήγησή μου, σαν να είναι αληθινή ιστορία.

Η Φιλ μού χαμογέλασε. Και η Μάντι μού χαμογέλασε. Ακόμα και η δασκάλα μού χαμογέλασε!

«Ορίστε!» αναφώνησε. «Τώρα που ξέρω ότι διαβάζεις τόσο καλά, Τίνα, θα περιμένω από σένα να διαβάσεις μόνη σου την επόμενη φορά. Μπορείτε να καθίσετε, κορίτσια».

Ανησύχησα για την επόμενη φορά – αλλά τουλάχιστον η δοκιμασία είχε λήξει για σήμερα! Κάθισα στη θέση μου, δίπλα στη Σέλμα, νιώθοντας τα γόνατά μου να τρέμουν λίγο. Η διπλανή μου μου έκανε μια απαίσια γκριμάτσα. Το ίδιο έκανε και η Κέιλι. Επιχείρησα να της κάνω και εγώ μια μουτσούνα, αλλά δε νομίζω να ήμουν αρκούντως τρομακτική.

Μετά ήρθε η σειρά της Σέλμα να κάνει ανάγνωση δίπλα στη δασκάλα. Τέντωσα τα αυτιά μου. Η Σέλμα δε διάβαζε καθόλου καλά. Συνεχώς σκόνταφτε στις λέξεις και μπέρδευε τα «που» με τα «όπου» και δεν μπορούσε να αρθρώσει τη λέξη «φωτογραφία». Ήταν μεγάλη έκπληξη.

Όταν κάθισε στη θέση της, έδειχνε αγριότερη από ποτέ. «Τι κοιτάς εσύ, Ζουζουνάκι;» μου πέταξε.

«Τη δουλειά μου», αποκρίθηκα. «Πώς να μη σε κοιτάξω, αφού είσαι μπροστά στα μούτρα μου...»

«Μακάρι να μην ήμουν! Μου τη δίνει που πρέπει να κάθομαι μαζί με μια χαζή κλαψιάρα σαν εσένα», είπε η Σέλμα.

«Εσύ είσαι η χαζή», είπα εγώ. Τι το 'θελα...

Η Σέλμα έμπηξε τον μυτερό αγκώνα της στα πλευρά μου και με κλότσησε δυνατά στον αστράγαλο κάτω από το θρανίο. Δεν κατάφερα να συγκρατήσω ένα μικρό τσίριγμα πόνου.

Η δασκάλα το άκουσε, παρότι ο Άλιστερ διάβαζε μεγαλόφωνα και με στόμφο μέσα στο αυτί της, σαν να βρισκόταν πάνω σε εξέδρα με κοινό του όλο το σχολείο.

«Έι, έι, Τίνα, Σέλμα! Τι σκαρώνετε οι δυο σας; Πώς τολμάτε να κάνετε αταξίες στην τάξη μου! Συμμαζευτείτε αμέσως και γράψτε την έκθεσή σας», είπε κο-

φτά η δασκάλα. Είχε πάψει να χαμογελά τώρα. Ήταν πάλι κακιά και τρομακτική. Ξέραμε ότι καλά θα κάναμε να γράψουμε την εργασία μας, διαφορετικά...

Άνοιξα το καινούριο μου τετράδιο ασκήσεων. Διάλεξα ένα καλοξυσμένο μολύβι από την κασετίνα μου. Έγλειψα λίγο το μολύβι, για να γράψει όμορφα και μαύρα. Ήμουν πανέτοιμη, αλλά δεν μπορούσα να ξεκινήσω.

Δεν ήμουν συνηθισμένη να γράφω τις δικές μου ιστορίες. Η Φιλ και η Μάντι και εγώ σκαρφιζόμασταν ένα σωρό ιστορίες μαζί. Μερικές φορές ξεκινούσαν όπως οι ιστορίες με τις τρεις αδελφές του παππού. Άλλοτε ήταν ιστορίες που τις βγάζαμε από το κεφάλι μας.

Η Φιλ διασκέδαζε αφάνταστα σκαρώνοντας οικογενειακές ιστορίες. Επινοούσε μεγάλες οικογένειες με πάρα πολλά παιδιά. Ζωγράφιζε όλα τα μέλη και τους έδινε ιδιαίτερα ονόματα.

Η Μάντι απολάμβανε να σκαρώνει περιπετειώδεις ιστορίες.

Η αγαπημένη της ήταν μια ιστορία με κάτι παιδιά που μπήκαν σε ένα φανταστικό αερόστατο και με αυτό ταξίδεψαν σε αμέτρητες διαφορετικές χώρες.

Εμένα μου άρεσε να σκαρφίζομαι μαγικά παραμύθια.

Έγραφα για νεραϊδένιες πριγκίπισσες κλειδωμένες μέσα σε κάστρα, για κακές μάγισσες που έκαναν ξόρκια, για αιμοβόρους γίγαντες που πατούσαν όλους τους μικρούς νεραϊδένιους ανθρώπους με τις πελώριες μπότες τους.

Μου άρεσε πολύ να ζωγραφίζω τους ήρωές μου, όμως δεν έγραφα τις ιστορίες μόνη μου. Το χέρι μου δε συντονιζόταν με την ιστορία μέσα στο μυαλό μου και ξεχνούσα πώς γράφονται οι λέξεις. Έτσι, εγώ τις έλεγα φωναχτά, και η Φιλ ή η Μάντι τις έγραφαν αντί για μένα.

Αν οι αδελφές μου κάθονταν στο θρανίο μαζί μου, θα

με βοηθούσαν, όπως έκαναν στις προηγούμενες τάξεις. Όμως τώρα έπρεπε να στηριχτώ στις δικές μου δυνάμεις και μόνο. Τι φρίκη!

Ήξερα ότι έπρεπε να γράψουμε δύο σελίδες, όμως μέχρι το τέλος του μαθήματος, το μόνο που κατάφερα ήταν οι δυο παρακάτω αράδες:

Κάναμε πολά στις καλοκερηνές διακοπές.
Πίγαμε στη θαλασα. Κολιμπισαμε. Φτιάκσαμε ένα κασρο.

Κεφάλαιο 4

Η δασκάλα δεν εντυπωσιάστηκε με την ιστορία μου. Ούτε με τις επιδόσεις μου στην προπαίδεια. Θύμωσε όταν ξεκινήσαμε το σχέδιο εργασίας με θέμα την αρχαία Αίγυπτο, επειδή μπέρδεψα το «γ» με το «υ» και το «π», παρόλο που μας είχε γράψει την επικεφαλίδα στον πίνακα.

Πίεσα το Μωρό μέσα στην παλάμη μου για να μη βάλω τα κλάματα. Ήξερα ότι η Σέλμα δε θα έχανε την ευκαιρία να μου κάνει επίθεση. Όμως, ύστερα από λίγο, άρχισα να δείχνω ενδιαφέρον για τους αρχαίους Αιγύπτιους. Κυρίως για τις μούμιες. Ακόμα και οι απλοί άνθρωποι είχαν ενδιαφέρον στις εικόνες της αρχαίας Αιγύπτου. Όλοι τους περπατούσαν πλάγια τότε... ακόμα και οι σκύλοι τους και οι γάτες τους και οι θεοί τους!

Στο διάλειμμα η Φιλ, η Μάντι και εγώ παίξαμε τις αρχαίες Αιγύπτιες.

Αχ, τι όμορφα που ήταν που βρέθηκα με τις αδελφές μου! Ήταν πολύ γλυκές και παρηγορητικές, και με λυπόνταν που ήμουν αναγκασμένη να έχω τη Σέλμα Τζόνσον για διπλανή μου.

«Θα το πούμε στη μαμά», με διαβεβαίωσε η Φιλ.

«Ναι, θα έρθει στο σχολείο και θα πει στη δασκάλα να αλλάξεις θέση και να καθίσουμε όλες μαζί», συμπλήρωσε η Μάντι.

Τουλάχιστον θα καθόμασταν μαζί στο μεσημεριανό. Καθεμιά μας έχει το δικό της κουτί φαγητού. Και τα τρία έχουν επάνω σχέδια με γατούλες, αλλά το δικό μου είναι κόκκινο, της Φιλ είναι ροζ και της Μάντι γαλάζιο. Είχαμε και οι τρεις ακριβώς τα ίδια για μεσημεριανό. Σάντουιτς με τυρί με δύο ντοματίνια και ένα καρότο. Για επιδόρπιο καρυδόπιτα και ένα γυαλιστερό κόκκινο μήλο. Ήπιαμε χυμό για να πάει κάτω το φαγητό.

Η Φιλ και η Μάντι καθάρισαν το φαγητό τους γρήγορα. Εγώ χόρτασα και βαρέθηκα να τρώω, γι' αυτό άφησα λίγη ποσότητα στην άκρη.

Δεν είχε σημασία. Η Φιλ και η Μάντι το έφαγαν αντί για μένα, για να μη θυμώσει η μαμά.

Μετά το μεσημεριανό, καταπιαστήκαμε με μια δραστηριότητα που λεγόταν «Οι κύκλοι της ζωής», σε ένα καινούριο τετράδιο ασκήσεων. Ξεκινήσαμε με τις κάμπιες.

«Κυρία, να πω κάτι; Αυτά τα μάθαμε πέρυσι», πετάχτηκε ο Άλιστερ.

«Σ' ευχαριστώ για την πληροφόρηση, Άλιστερ», αποκρίθηκε η δασκάλα. «Ωστόσο, σκοπεύω να σας θυμίσω κάποια πράγματα και μεταξύ αυτών το θαύμα της μεταμόρφωσης. Ποιος ξέρει τι σημαίνει αυτή η μεγάλη λέξη στο ζωικό βασίλειο;»

Φυσικά, ο Άλιστερ ήξερε. «Είναι όταν οι κάμπιες υφαίνουν ένα κουκούλι και αργότερα βγαίνουν ως πεταλούδες. Είναι τέλειο!» φώναξε.

«Πράγματι», είπε η δασκάλα. «Τώρα, παιδιά, παρατηρήστε τις κάμπιες στο φύλλο εργασιών σας. Αντιγράψτε μία με μεγάλη προσοχή».

Κάμπιες είχαμε ζωγραφίσει στην περσινή τάξη, αλλά τότε μας επέτρεπαν να βγαίνουμε από τα περιγράμματα και να κάνουμε λίγες πράσινες μουντζούρες. Στην τάξη της κυρίας Γελασίδου έπρεπε να τις σχεδιάσουμε σωστά, βάζοντας όλα τα μεταμερή, και τα ποδαράκια στα σωστά σημεία. Μπορούσαμε να χρησιμοποιήσουμε τους χρωματιστούς μαρκαδόρους μας. Δεν περιοριζόμασταν στο πράσινο χρώμα.

Με μεγάλη προσοχή αντέγραψα μια ασπρόμαυρη ριγωτή κάμπια με κόκκινο κεφάλι. Χμ, ίσως και να ήταν ο κόκκινος πισινός της – δεν ήμουν σίγουρη.

Η κάμπια της Σέλμα δε βλεπόταν, τόσο χάλια ήταν. Η διπλανή μου είχε επιχειρήσει να κάνει μια αγκαθερή κάμπια, όμως σχεδίασε τα αγκάθια με τέτοια βιασύνη, ώστε έμοιαζαν με ορνιθοσκαλίσματα.

«Ω Σέλμα, νομίζω ότι είναι καλύτερα να γυρίσεις τη σελίδα και να ξεκινήσεις από την αρχή», τη συμβούλεψε η κυρία Γελασίδου.

Η δασκάλα σούφρωσε τα χείλια της όταν είδε την κάμπια της Κέιλι. «Κέιλι, δεν παρατήρησες προσεκτικά. Οι κάμπιες δεν έχουν πόδια σε κάθε τμήμα τους».

«Η δικιά μου δεν είναι κάμπια, είναι σαρανταποδαρούσα», εξήγησε η Κέιλι.

«Σου είπα εγώ να ζωγραφίσεις σαρανταποδαρούσα;» ρώτησε η κυρία Γελασίδου. «Όχι, δε σου είπα!»

Μετά η δασκάλα παρατήρησε την κάμπια του Πίτερ. Γούρλωσε τα μάτια της γιατί η κάμπια του ήταν τόση δα, όχι μεγαλύτερη από μια βλεφαρίδα. «Πίτερ, πρέπει να κάνεις μεγαλύτερες ζωγραφιές. Είμαι μεγάλη γυναίκα. Τα μάτια μου δε με βοηθούν πολύ πια», είπε μισοκλείνοντας τα βλέφαρα.

Απεναντίας, η κάμπια του Μικ δε θα περνούσε με τίποτα απαρατήρητη. Ήταν πελώρια, με τεράστια μπροστινά δόντια και κέρατα και νύχια.

«Το δικό μου δεν είναι μικροσκοπικό τερατάκι. Είναι τέρας-γίγαντας, κυρία», είπε, φουσκώνοντας από περηφάνια.

«Κυρία *Γελασίδου*. Είναι σίγουρα τερατώδες, Μικ. Δε θα διαφωνήσω σε αυτό. Άριστα παίρνεις για τη φαντασία και τη δημιουργικότητά σου και κουλούρα για τη βιολογική σου ακρίβεια».

«Την... ποια, κυρία Γελασίδου;»

«Η κυρία εννοεί ότι το έκανες λάθος, και ότι πρέπει να αντιγράφεις πιστά όταν κάνεις βιολογία. Η βιολογία είναι η μελέτη όλων των ζωντανών πλασμάτων», ανήγγειλε ο Άλιστερ, φουσκώνοντας πάλι σαν διάνος.

«Τι είσαι εσύ, ηλεκτρονική εγκυκλοπαίδεια;» του πέταξε ο Μικ και όλοι έσκασαν στα γέλια.

Ακόμα και τα χείλια της δασκάλας στράβωσαν προς τα πάνω, αν και κοίταξε βλοσυρά τον Μικ.

«Μπράβο σου, Άλιστερ», τον επαίνεσε όταν παρατήρησε τη δική του κάμπια. «Προς μεγάλη σου χαρά σε ενημερώνω ότι η κάμπια σου είναι εκατό τοις εκατό βιολογικά ακριβής».

Ύστερα, η δασκάλα ήρθε πάνω από τη δική μου ζωγραφιά. «Μπράβο σου, Τίνα!» θαύμασε. «Άριστα. Ω, είσαι καταπληκτική στα εικαστικά. Η ριγωτή κάμπια σου είναι εξαιρετική!»

Η δασκάλα μού χαμογέλασε και εγώ της ανταπέδωσα το χαμόγελο, λησμονώντας τον φόβο μου. Κάτω στη σελίδα, η ριγωτή κάμπια μου χαμογελούσε και εκείνη, περιχαρής που τη θαύμαζαν.

Έπειτα, η δασκάλα προχώρησε στο επόμενο θρανίο.

«Για να δούμε αυτή την περίφημη κάμπια, Ζουζουνάκι», είπε η Σέλμα. Μου άρπαξε το τετράδιο από τα χέρια. «Χμμ, εγώ νομίζω ότι δεν είναι καθόλου καλή. Εσύ τι λες, Κέιλι;»

«Νομίζω ότι είναι για πέταμα», συμφώνησε η Κέιλι.

«Τι συμβαίνει όταν οι κάμπιες βαριούνται να είναι κάμπιες;» Η Σέλμα μού έριξε μια γερή σκουντιά. «Για πες, Ζουζουνάκι, τι συμβαίνει;»

Δεν είχα καμία διάθεση να της απαντήσω. Ζάρωσα στη θέση μου, σφίγγοντας το Μωρό κάτω από το θρανίο.

«Εγώ ξέρω τι συμβαίνει – είναι πανεύκολο», επενέβη ο Άλιστερ. «Γίνονται χρυσαλλίδες. Υφαίνουν το κουκούλι τους, που είναι σαν πάπλωμα ολόγυρά τους».

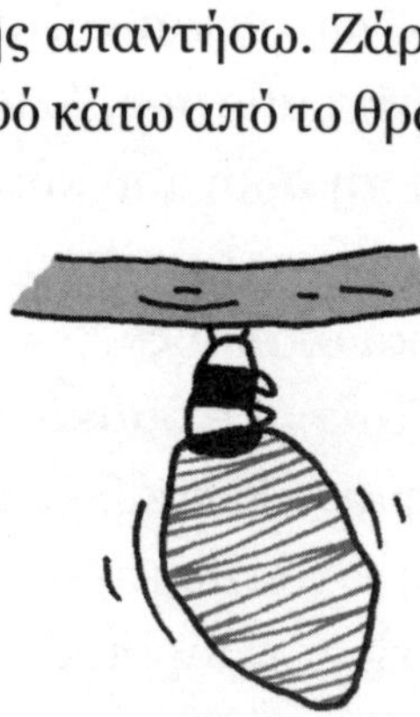

«Σωστά. Ολόσωστα!» επιβεβαίωσε η Σέλμα. «Για να

φτιάξουμε λοιπόν ένα κουκούλι στην κάμπια σου». Στα λόγια αυτά, η Σέλμα πήρε τον μαύρο μαρκαδόρο της και μουντζούρωσε ξανά και ξανά τη ριγωτή κάμπια μου, ακόμα και το κόκκινο κεφαλάκι της ή πισινό της.

Αισθάνθηκα σαν να μουντζούρωσε εμένα την ίδια.

Παγωμάρα απλώθηκε στο θρανίο μας. Ώσπου η Κέιλι χασκογέλασε λίγο αβέβαια.

Τα τρία αγόρια έμειναν με μάτια γουρλωμένα.

«Γιατί το έκανες αυτό;» της πέταξε ο Μικ.

«Για πλάκα το έκανες;» είπε ο Πίτερ.

«Έγινε χάλια. Τι θα πει τώρα η δασκάλα;» είπε ο Άλιστερ.

Όλοι τους έστρεψαν το βλέμμα σ' εμένα.

«Θα μαρτυρήσεις τη Σέλμα, Τίνα;»

Ήθελα πάρα πολύ να τη μαρτυρήσω. Λαχταρούσα πολύ να τιμωρηθεί η Σέλμα που μου κατέστρεψε την όμορφη ζωγραφιά μου. Ανέκαθεν μας έλεγαν να το λέμε αμέσως στη δασκάλα αν κάποιος μας συμπεριφερθεί άσχημα. Αλλά στα παιδιά στην τάξη μας δεν αρέσει καθόλου αν πας τρέχοντας στη δασκάλα. Μετά σε φωνάζουν «καρφί». Και αν κάρφωνα τη Σέλμα, αυτή θα μου συμπεριφερόταν ακόμα χειρότερα, αν αυτό ήταν δυνατό.

Κούνησα αρνητικά το κεφάλι μου και έκλεισα το τετράδιο ασκήσεων, γιατί δεν άντεχα να βλέπω άλλο τη μουντζούρα της Σέλμα. Βούλιαξα στην καρέκλα μου, σφίγγοντας το Μωρό τόσο δυνατά, ώστε αυτό έκανε μια τρυπούλα στο χέρι μου.

Ώσπου, επιτέλους, χτύπησε το κουδούνι για το σχόλασμα.

«Ακούστε, παιδιά. Αφήνετε τώρα τα τετράδια ασκήσεών σας μέσα στην τσάντα σας, στη ράχη της καρέκλας σας. Καλό απόγευμα, τρίτη τάξη», είπε η δασκάλα. Η ματιά της πλανήθηκε πάνω μας. «Περιμένω να μου πείτε: *Καλό απόγευμα, κυρία Γελασίδου*».

«Καλό απόγευμα, κυρία Γελασίδου», επαναλάβαμε εν χορώ.

«Αναχωρείτε, λοιπόν», μας κατευόδωσε η δασκάλα νεύοντάς μας με τα χέρια της. Έπειτα, πέρασε τη μεγάλη τσάντα της στον ώμο της και βγήκε από την τάξη.

Η Φιλ και η Μάντι ήρθαν σ' εμένα τρέχοντας.

«Τι συνέβη, Τίνα;»

«Σου έκανε κάτι η Σέλμα;»

Δεν κατάφερνα να αρθρώσω λέξη. Άνοιξα τη σελίδα του τετραδίου μου βουβά, ώστε οι αδελφές μου να δουν τη μουντζούρα.

«Αμάν! Και η δασκάλα είπε ότι ήταν εξαιρετική ζωγραφιά, το άκουσα!» αναφώνησε η Φιλ.

«Εντάξει λοιπόν!» φώναξε αγανακτισμένη η Μάντι.

«Αφού η Σέλμα σού χάλασε τη ζωγραφιά, θα χαλάσουμε και εμείς τη δική της!»

«Όχι, Μάντι», έκανε να την αποτρέψει η Φιλ. «Τότε θα είμαστε και εμείς εξίσου κακές με τη Σέλμα. Ξέρω τι θα κάνουμε, Τίνα. Για δες!» Χωρίς να χάσει χρόνο, η Φιλ πήρε το τετράδιό μου και με μεγάλη προσοχή έκοψε τη σελίδα με τη μουντζουρωμένη κάμπια, καθώς και τη σελίδα με την οποία ενωνόταν στο πίσω μέρος του τετραδίου. «Τώρα βάλε το τετράδιο ασκήσεων μέσα στην τσάντα σου για το σπίτι και εκεί θα κάνεις μια δεύτερη ωραία κάμπια. Σύμφωνοι;» πρότεινε η Φιλ. «Σου αρέσει η ιδέα μου, Τίνα;»

Έγνεψα καταφατικά.

«Εξακολουθώ να πιστεύω ότι η καλύτερη ιδέα είναι να της κάνουμε τα πράγματα μαντάρα». Σε πείσμα της Φιλ, η Μάντι έβγαλε το τετράδιο της Σέλμα από την τσάντα της και σήκωσε έναν μαρκαδόρο.

«Μάντι! Μην τολμήσεις!» φώναξε η Φιλ.

Η Μάντι τα άφησε κάτω διστακτικά. Η Μάντι είναι η πιο φασαριόζα από τις τρεις μας, αλλά με κάποιο τρόπο η Φιλ είναι το αφεντικό.

«Φύγαμε. Η μαμά μάς περιμένει», μας παρακίνησε η Φιλ.

Βγήκαμε ολοταχώς από την τάξη, διασχίσαμε τον διάδρομο και κατόπιν το προαύλιο. Εκεί ήταν η μαμά και μας κουνούσε το χέρι. Τη χαιρετήσαμε και εμείς από μακριά και τρέξαμε να χωθούμε στην αγκαλιά της. Κάναμε μια πολύ, πολύ μεγάλη αγκαλιά.

«Γεια σας, μεγάλα μου κορίτσια. Πώς τα πήγατε;» μας ρώτησε με ζωηρό ενδιαφέρον.

«Μαμά, η κυρία Γελασίδου είναι πολύ κακιά. Μας χώρισε», πήρε πρώτη τον λόγο η Μάντι.

«Της ζήτησα πολύ ευγενικά να καθίσουμε όλες μαζί και προσπάθησα να της εξηγήσω ότι πρέπει να φροντίζουμε την Τίνα, αλλά εκείνη δεν ήθελε να ακούσει κουβέντα!» είπε η Φιλ.

Άνοιξα το στόμα μου να μιλήσω και εγώ, αλλά με πήραν τα κλάματα.

«Βλέπεις, μαμά; Βλέπεις πόσο αναστατωμένη είναι η Τίνα; Είναι επειδή αναγκάστηκε να καθίσει μαζί με τα δύο χειρότερα κορίτσια της τάξης, την Κέιλι και τη Σέλμα Τζόνσον!»

«Τη Σέλμα!» επανέλαβε η μαμά άναυδη. Η Σέλμα είχε τη φήμη ότι ήταν πολύ μισητή. Ακόμα και οι μαμάδες την ήξεραν. Η μοναδική μαμά που συμπαθούσε τη Σέλμα ήταν η ίδια της η μητέρα, και αυτό όχι πάντα!

«Ναι, και η Σέλμα μουντζούρωσε την εργασία της Τίνα», συνέχισε η Φιλ.

«Εγώ ήθελα να μουντζουρώσω την εργασία της Σέλμα, αλλά η Φιλ δε με άφησε», είπε η Μάντι.

«Καλά σου είπε», επιδοκίμασε η μαμά. «Αχού, τι πάθαμε. Καημένη μου Τίνα».

Η μαμά με σήκωσε ψηλά και αγκάλιασε εμένα μόνο. Η Φιλ και η Μάντι είναι μεγάλες πια για αγκαλιές στον αέρα, αλλά με εμένα η μαμά τα καταφέρνει ακόμη.

«Για πάμε στο σπιτάκι μας, αγάπες μου», είπε η μαμά.

Για ένα μέρος της διαδρομής η μαμά με είχε στην αγκαλιά της, αλλά όταν άρχισα να τη βαραίνω, με κατέβασε. Προτίμησε να κρατήσει την τσάντα μου, και η Φιλ με τη Μάντι κρατούσαν εναλλάξ το κουτάκι με το μεσημεριανό μου.

Επιστρέφοντας σπίτι, η μαμά μάς ετοίμασε smoothie φράουλας και έδωσε στην καθεμιά μας από ένα μπισκοτένιο ανθρωπάκι. Για την ακρίβεια, ήταν μπισκοτένιο κοριτσάκι με φουστίτσα και κίτρινο γλάσο στο κεφάλι της σαν μαλλιά. Και οι τρεις τους ήταν πανομοιότυπες.

«Τρίδυμα», αναφώνησε η Φιλ.

«Σαν εμάς», πρόσθεσε η Μάντι.

«Μμ, για περιμένετε», είπα εγώ. Είχα πάρει τα πάνω μου τώρα με το smoothie και πεινούσα, επειδή δεν είχα φάει όλο το μεσημεριανό μου. Ροκάνισα τη φουστίτσα του μπισκότου μου, ωσότου η μισή είχε εξαφανιστεί. «Τώρα είναι σαν εμάς!»

«Για πείτε μου, κορίτσια, την ημέρα σας», άρχισε να λέει η μαμά. «Ώστε αλήθεια καθόσαστε και οι τρεις σε διαφορετικά θρανία;»

«Ναι, και είναι πολύ χάλια χωρίς τη Μάντι και την Τίνα», αποκρίθηκε η Φιλ. «Αν και εγώ στάθηκα τυχερή, γιατί κάθομαι με τη Νίρα και αυτή έχει ωραίες, μακριές πλεξούδες. Μαμά, να αφήσουμε και εμείς τα μαλλιά μας να μακρύνουν και να τα κάνουμε πλεξούδες;»

«Δεν ενθουσιάζομαι στην ιδέα να κάνω τρία ζευγάρια πλεξούδες κάθε πρωί», απάντησε η μαμά. «Εσένα είναι καλή η διπλανή σου, Μάντι;»

«Εγώ κάθομαι με αγόρι! Είμαι πολύ τυχερή, γιατί είναι ο Χάρι και είναι πολύ αστείος», είπε η Μάντι.

«Εγώ είμαι πολύ άτυχη», είπα. «Διπλανή μου είναι η Σέλμα, και είναι το χειρότερο κορίτσι στον κόσμο».

Χαιρόμουν για τη Φιλ γιατί ήξερα ότι η Νίρα ήταν εξαιρετικό κορίτσι. Και εγώ θα ήθελα να την είχα διπλανή μου, αν δεν μπορούσα να είμαι μαζί με τις αδελφές μου.

Επίσης, χαιρόμουν για τη Μάντι, γιατί ήξερα ότι ο Χάρι ήταν πολύ καλό παιδί. Θα μου άρεσε ιδιαίτερα να καθίσω μαζί του, εάν δεν μπορούσα να είμαι μαζί με τις αδελφές μου.

Τα μάτια μου βούρκωσαν και η μαμά με αγκάλιασε. «Μην ανησυχείς, καρδουλίνι», μου είπε. Έτσι με φώναζε η μαμά από μωρό. «Αύριο πρωί πρωί θα πάω να δω τη δασκάλα σας. Είμαι σίγουρη ότι θα σας αφήσει να καθίσετε όλες μαζί μόλις της εξηγήσω την κατάσταση».

Ωστόσο, η μαμά δεν ακουγόταν πολύ βέβαιη.

Μόλις γύρισε σπίτι ο μπαμπάς από τη δουλειά, ήθελε να ακούσει τα πάντα για την πρώτη μας μέρα στο σχολείο. Και έτσι του τα είπαμε από την αρχή.

Έπειτα ο παππούς και η γιαγιά συνδέθηκαν μέσω Skype, και ήθελαν και εκείνοι με τη σειρά τους να μάθουν πώς περάσαμε στο σχολείο. Σε εκείνους το κάναμε παντομίμα.

Ύστερα πήγαμε στο δωμάτιό μας. Η Φιλ και η Μάντι έπαιζαν, ενώ εγώ επί μισή ώρα σχεδίαζα ξανά την κάμπια μου. Έβαλα τα δυνατά μου αυτή τη φορά.

Την ώρα που έπρεπε να πέσουμε για ύπνο, ήμασταν ήδη πάρα πολύ κουρασμένες. Δε διαμαρτυρηθήκαμε πολύ όταν η μαμά έσβησε το φως. Όλες μας κοιμηθήκαμε αμέσως. Αλλά εγώ έβλεπα παράξενα όνειρα όλη τη νύχτα. Ονειρεύτηκα ότι ήμουν κάμπια και η Σέλμα ετοιμαζόταν να με πατήσει, να με κάνει χαλκομανία.

Κεφάλαιο 5

Το επόμενο πρωί η μαμά ήρθε πάλι στο σχολείο μαζί μας. Η κυρία Γελασίδου βρισκόταν μέσα στην τάξη και φαινόταν αρκετά απασχολημένη.

«Α, η κυρία Μέιναρντ. Ξανά», σχολίασε.

«Θα ήθελα να συζητήσουμε λιγάκι για τις κόρες μου, κυρία Γελασίδου». Η φωνή της μητέρας μου ήταν πολύ σταθερή, αλλά η παλάμη της ήταν υγρή. Το ξέρω γιατί την κρατούσα.

«Καλώς», αρκέστηκε να πει η δασκάλα, σε τόνο που σήμαινε: *Κακώς*. «Ωστόσο, είμαι λίγο απασχολημένη με την προετοιμασία του πρωινού μαθήματος. Γενικά βρίσκομαι στον χώρο του σχολείου το μεσημέρι, μετά το σχόλασμα, για όποιον γονιό θέλει να με δει. Ίσως θα θέλατε να μιλήσουμε τότε».

«Εντάξει, απλώς ήθελα να σας ζητήσω –αν γίνεται– να καθίσουν μαζί οι κόρες μου σήμερα. Πιστεύω ότι είδατε από μόνη σας πως είναι ανάγκη να είναι όλες τους μαζί, κυρίως όταν έρχεται η ώρα της ανάγνωσης. Η Τίνα αντλεί μεγάλη αυτοπεποίθηση όταν βρίσκεται με τις αδελφές της», είπε θαρραλέα η μαμά.

«Ώστε έτσι», άρχισε η λέει η κυρία Γελασίδου. «Όμως η Τίνα δεν πρόκειται να είναι μαζί με τις αδελφές της για την υπόλοιπη ζωή της. Νομίζω ότι έχει έρθει η ώρα να μάθει η Τίνα να συμπεριφέρεται αυτόνομα. Επίσης, θα είναι εξίσου καλό για τη Φιλίπα και τη Μάντλιν να κάνουν καινούριες φιλίες».

«Συμφωνώ, όμως δε βρίσκετε ότι είναι κάπως νωρίς, ιδίως για την Τίνα;»

«Θεωρώ ότι δεν είναι καθόλου νωρίς, ιδίως για την Τίνα», είπε σταθερά η δασκάλα. «Και τώρα, με συγχωρείτε, όμως πρέπει να συνεχίσω τις ετοιμασίες μου».

Η μαμά δεν ήταν διατεθειμένη να εγκαταλείψει τη μάχη. «Τότε, εφόσον τα κορίτσια δε θα καθίσουν μαζί, θα ήθελα να σας ζητήσω να καθίσει η Τίνα σε άλλο θρανίο». Η μαμά χαμήλωσε τη φωνή της. «Φοβάται λίγο τη Σέλμα. Είμαι σίγουρη ότι είναι καταπληκτικό κορίτσι, αλλά γίνεται κάπως... εκφοβιστική ώρες ώρες».

Δεν είχα ξανακούσει αυτή τη λέξη, όμως ήξερα τη σημασία της.

«Κατανοώ τις ανησυχίες σας, κυρία Μέιναρντ», είπε η κυρία Γελασίδου. «Όμως η Τίνα πρέπει να μάθει να τα πηγαίνει καλά με όλους και να δίνει τις μάχες της. Δεν μπορούμε να την έχουμε στα πούπουλα εσαεί».

Η μαμά κοκκίνισε. Και ο μπαμπάς το λέει ορισμένες φορές. Ότι η μαμά θέλει να με έχει στα πούπουλα.

Μάλλον το περιτύλιγμα με φυσαλίδες μού φαίνεται καλύτερο! Έτσι θα μπορούσα να σκάω πού και πού καμιά φυσαλίδα όποτε βαριόμουν.

«Νομίζω ότι σας έκανα σαφές πως η Τίνα είναι λίγο ευαίσθητη, κυρία Γελασίδου». Η φωνή της μαμάς ακούστηκε σχεδόν τόσο τρομακτική όσο της κυρίας Γελασίδου τώρα.

Η Φιλ, η Μάντι και εγώ μείναμε να κοιτάμε με μάτια γουρλωμένα μια τη μαμά, μια τη δασκάλα. Έδειχναν θυμωμένες. Θα πιάνονταν στα χέρια άραγε;

«Αντιλαμβάνομαι ότι η υγεία της Τίνα θέλει προσοχή ακόμη, όμως νομίζω ότι το υποτιμάτε το κορίτσι», δήλωσε η δασκάλα. «Κυρία Μέιναρντ, σε καμία περίπτωση δε θα σας υποδείκνυα πώς να συμπεριφέρεστε στις κόρες σας στο σπίτι. Είμαι βέβαιη ότι δε θα προβείτε σε υποδείξεις για το πώς να χειρίζομαι τα παιδιά της τάξης μου στο σχολείο».

Εκείνη τη στιγμή χτύπησε το κουδούνι.

«Α, το κουδούνι», έκανε η δασκάλα. «Με συγχωρείτε, αλλά πρέπει να φέρω το παρουσιολόγιο. Καλή σας μέρα».

«Τη γριά μάγισσα», μουρμούρισε φουρκισμένη η μαμά μέσα από τα δόντια της. «Θα της δείξω εγώ! Θα πάω να μιλήσω απευθείας στη διευθύντρια!»

«Όχι, μαμά, μην το κάνεις! Θα κάνεις τα πράγματα χειρότερα. Ακόμα και η κυρία Τσουπωτή τη φοβάται την κυρία Γελασίδου», αναφώνησε η Φιλ.

«Ναι, μαμά, μην πεις τίποτα, αλλιώς θα μπλέξουμε χειρότερα», συμφώνησε η Μάντι.

«Αχ, μαμά», κατόρθωσα να ψελλίσω. Δε μου έβγαινε η φωνή.

«Βρε, πού μπλέξαμε», είπε αγανακτισμένη η μαμά. Προσπάθησε να μας πάρει μια γρήγορη αγκαλιά, όμως ήταν η ώρα που οι μαθητές έμπαιναν στην τάξη. Η Φιλ και η Μάντι αποτραβήχτηκαν ντροπιασμένες. Εγώ δεν κουνήθηκα σπιθαμή. Είχα ανάγκη από όλες τις αγκαλιές που θα μου έδινε!

Έπειτα η μαμά έφυγε και εμείς ξεκινήσαμε τη δεύτερη μέρα της σχολικής χρονιάς. Αυτή ήταν χειρότερη από την πρώτη. Βέβαια, εδώ που τα λέμε, κάποια από τα μαθήματα αποδείχτηκαν εξαιρετικά ενδιαφέροντα. Μάθαμε και άλλα πράγματα για τον κύκλο της ζωής της πεταλούδας, καθώς και για τα κουκούλια.

Η Σέλμα δεν μπορούσε να πάρει τα μάτια της από το τετράδιο των ασκήσεών μου, όταν αντίκρισε την όμορφη ασπρόμαυρη κάμπια με το κόκκινο κεφάλι (ή πισινό).

«Τι απέγινε η μουντζούρα, Ζουζουνάκι;» με ρώτησε.

«Κατάφερες να τη σβήσεις;» είπε η Κέιλι.

Ακόμα και τα αγόρια γούρλωσαν τα μάτια τους.

«Πώς το έκανες;» Η Σέλμα με σκούντησε με τον μυτερό αγκώνα της. «Λέγε, σου μιλάω!»

«Έκανα κάτι μαγικά και εξαφανίστηκαν οι μουντζούρες», απάντησα αινιγματικά.

«Ορίστε;»

«Απλώς κοίταξα τη σελίδα, χρησιμοποίησα τη μυστική μου μαγική σκόνη και εξαφάνισα τη μουντζούρα».

«Αποκλείεται!» είπε η Σέλμα, όμως με κοίταξε σαν να το πίστεψε.

«Μας δουλεύεις ψιλό γαζί», είπε η Κέιλι. (Η μαμά απεχθάνεται αυτή την έκφραση. Δε μας αφήνει να τη χρησιμοποιούμε. Της φαίνεται μεγαλίστικη.)

«Ουάου», έκανε ο Πίτερ.

«Μα τις δέκα τρελές αγελάδες!» αναφώνησε έκπληκτος ο Μικ. (Νομίζω ότι ούτε αυτή η έκφραση θα άρεσε στη μαμά.)

Αλλά ο Άλιστερ μου τα χάλασε. Κούνησε το κεφάλι του στους άλλους. «Δεν υπάρχει μαγεία», τους εξήγησε.

«Φυσικά και υπάρχει, Ξερόλα. Πώς γίνονται όλα αυτά τα μαγικά στην τηλεόραση;» του πέταξε ο Μικ.

«Είναι έξυπνα κόλπα και τίποτα παραπάνω», τον προσγείωσε ο Άλιστερ. «Και η Τίνα σάς ξεγέλασε όλους».

«Και πώς το έκανε, Σέρλοκ Χολμς;» απαίτησε να μάθει η Σέλμα.

«Παιχνιδάκι. Έκοψε τη μουντζουρωμένη σελίδα και ζωγράφισε την κάμπια της από την αρχή. Απλό;»

Ενοχλήθηκα πολύ με τον Άλιστερ. Και τι δε θα ’δινα για να νομίζουν όλοι ότι διέθετα μαγικές δυνάμεις. Κυρίως η Σέλμα.

Μετά τους κύκλους της ζωής είχαμε να κάνουμε γραπτή εργασία. Μόνο που η δασκάλα μας έμπλεξε την εργασία με τους κύκλους της ζωής, γιατί έγραψε στον πίνακα: *Μια ημέρα από τη ζωή μιας κάμπιας.*

«Τι είναι πάλι αυτό, κυρία;» πετάχτηκε ο Μικ.

«*...Κυρία Γελασίδου;*» του επισήμανε η δασκάλα. «Η επικεφαλίδα, νομίζω, τα λέει όλα. Θέλω να φανταστείτε μια μέρα από τη ζωή μιας κάμπιας και να μου την περιγράψετε».

«Ναι, αλλά ποια κάμπια, κυρία Γελασίδου;» ρώτησε ο Πίτερ.

«Μία οποιαδήποτε. Επινοήστε μια ιστορία για μια κάμπια».

«Μπορεί να είναι μια κάμπια-τέρας, κυρία Γελασίδου;» είπε ο Μικ.

«Και βέβαια μπορεί. Ιστορία είναι και μπορείτε να γράψετε ό,τι θέλετε».

«Μπορεί να είναι μια πέρα για πέρα αληθινή ιστορία;» ρώτησε ο Άλιστερ.

«Ασφαλώς. Ξεκινήστε λοιπόν. Αντιγράψτε την επικεφαλίδα στα τετράδιά σας. Και προσέξτε ιδιαιτέρως την ορθογραφία των λέξεων στον πίνακα!» τόνισε η δασκάλα.

Πράγματι, εγώ πρόσεξα πολύ την ορθογραφία των λέξεων, αλλά όχι τόσο πολύ όσο έπρεπε. Μπέρδεψα το *μ* με το *π*, το *ω* με το *ο* και τα *ι*. Κοίταζα στον πίνακα, αλλά δεν κατάφερα να γράψω το ίδιο στη σελίδα μου.

Μια ημέρα από τη ζοί μιας κάπμιας

Η δασκάλα περνούσε από τα θρανία για να ελέγχει και μόλις κοίταξε τη σελίδα μου, άφησε έναν αναστεναγμό. «Τίνα, για κοίταξε καλύτερα στον πίνακα τις λέξεις *ζωή* και *κάμπια*. Καλύτερα να γράψεις από πέντε φορές την κάθε λέξη πριν ξεκινήσεις την ιστορία σου, έτσι ώστε να θυμάσαι τη σωστή ορθογραφία στο μέλλον», είπε η δασκάλα.

Έτσι, έγραψα από πέντε φορές καθεμιά από τις δύο λέξεις, για να βεβαιωθώ ότι τις έμαθα καλά. Όση ώρα τις έγραφα, έπλαθα στο μυαλό μου την ιστορία μου. Φαντάστηκα ότι ήμουν μια τοσοδούλα ασπρόμαυρη κάμπια με κόκκινο κεφάλι (ή πισινό). Θα δυσκολευόμουν αρκετά να κρύβομαι από τα πουλιά. Όλες οι συνηθισμένες πράσινες κάμπιες θα σέρνονταν μέσα σε έναν θάμνο ή σε κάποιο δέντρο και θα κρύβονταν ανάμεσα στα φύλλα, και τα πουλιά δε θα μπορούσαν με τίποτα να τις εντοπίσουν. Εγώ θα έπρεπε να βρω μια ασπρόμαυρη κρυψώνα.

Απλό! Αποφάσισα ότι θα έπιανα φιλίες με μια ζέβρα. Ήμουν απόλυτα βέβαιη ότι οι ζέβρες δεν τρώνε κάμπιες. Έτσι, έσπευσα να φτάσω στον ζωολογικό κήπο – εξαιρετικά μεγάλη διαδρομή αν είσαι μια μικροσκοπική κάμπια. Δε θα πλήρωνα εισιτήριο γιατί οι κάμπιες μπαίνουν δωρεάν. Αντίκρισα κίτρινα λιοντάρια και γκρίζους ελέφαντες. Υπήρχε μια ριγωτή τίγρη, αλλά παραήταν πορτοκαλιά. Είδα ασπρόμαυρους πιγκουίνους, μα δεν είχαν ρίγες. Ώσπου αντίκρισα μια ζέβρα. «Γεια σας, κυρία Ζέβρα», χαιρέτησα όσο δυνατότερα μπορούσα. «Γεια σου, μικρή κυρία Κάμπια», με χαιρέτησε η ζέβρα. «Θα ήθελες να ανέβεις στη χαίτη μου; Θα σε πηγαίνω εγώ όπου σου κάνει κέφι, αρκεί εσύ να μου ξύνεις το κεφάλι όποτε με φαγουρίζει». Πραγματικά, πήδηξα πάνω στη χαίτη της και ζήσαμε εμείς καλά κι εσείς καλύτερα, και κάθε πρωί, όταν ξυπνούσε η ζέβρα και είχε φαγούρα στο κεφάλι, εγώ την έξυνα με τα ποδαράκια μου και η φαγούρα τής περνούσε.

Αν η Φιλ ή η Μάντι βρίσκονταν δίπλα μου για να τα καταγράψουν, αυτή θα ήταν μια πρώτης τάξεως ιστορία. Όμως οι αδελφές μου δεν ήταν κοντά μου. Έπρεπε να γράψω την ιστορία ολομόναχη, και το χέρι μου με πονούσε κιόλας από την αντιγραφή των δύο λέξεων, και ούτως ή άλλως δε μου είχε απομείνει πολύς χρόνος για την ιστορία μου.

Δε διατυπώθηκε σωστά. Η δασκάλα κάθε άλλο παρά εντυπωσιάστηκε.

κάμπια

Είμε μια μική μική ~~κόμπια~~. Φοβάμαι τα πολιά. Έχο για φιλη μου μια ζέρβα.

Στο διάλειμμα η Φιλ και η Μάντι μού είπαν τι είχαν γράψει. Η Φιλ έγραψε μια ιστορία για μια αρσενική κάμπια που έκανε παρέα με μια θηλυκή κάμπια σε έναν λαχανόκηπο και απέκτησαν πολλά μικρά.

«Η δασκάλα είπε ότι ήταν καλογραμμένο και είχα σωστή ορθογραφία», άρχισε να λέει η Φιλ, «αλλά μου υπέδειξε ότι δεν ήταν πολύ ακριβές, αφού οι κάμπιες δε ζευγαρώνουν. Μου φάνηκε υπερβολικά αυστηρό εκ μέρους της – γιατί μας είπε ότι μπορούσαμε να γράψουμε ό,τι θέλουμε, εφόσον ήταν ιστορία. Και να φανταστείτε, είχα σκαρώσει πολύ ωραία ονόματα για τα μωρά κάμπιες: Κρίστοφερ και Κάρολ και Κόλιν και Κρίσταλ».

«Εγώ επινόησα μια ιστορία για έναν αγώνα ανάμεσα σε όλα τα έντομα του κήπου», άρχισε να λέει η Μάντι. «Η κάμπια έβγαινε πάντα τελευταία, γιατί είχε μικρά ποδαράκια, αλλά μετά ήπιε λίγο λίπασμα και τα πόδια της μεγάλωσαν και δυνάμωσαν, έτσι που η κάμπια εκτοξευόταν εμπρός και τους νικούσε όλους. Η δασκάλα είπε ότι έχω πολλή φαντασία, όμως δεν της άρεσε η ιδέα του λιπάσματος, επειδή είπε ότι θα ήταν δηλητηριώδες. Και εγώ το βρήκα υπερβολικά αυστηρό το σχόλιο, γιατί το λίπασμα στις ιστορίες δεν είναι ντε και σώνει δηλητηριώδες. Δεν είναι δα ότι θα πιω *εγώ* λίπασμα».

«Εγώ επινόησα μια ιστορία για μια μικροσκοπική ασπρόμαυρη κάμπια και μια ζέβρα. Η δασκάλα δυσαρεστήθηκε με την ορθογραφία μου και είπε ότι δεν ήταν αρκετά μεγάλη ιστορία και ότι δεν προσπάθησα αρκετά», είπα με παράπονο. «Δε μου αρέσει καθόλου στην τάξη της».

Πίστευα ότι θα μου άρεσε η επόμενη ώρα, γιατί θα είχαμε εικαστικά και η δασκάλα είχε πει ότι ήμουν πολύ καλή στα εικαστικά. Ωστόσο, δεν κάναμε κανονικά εικαστικά. Κάναμε χαρτοκοπτική.

Η κυρία Γελασίδου μάς μίλησε για έναν άντρα που τον έλεγαν Ματίς, ο οποίος έφτιαχνε εικόνες με την τεχνική του κολάζ, με σαλιγκάρια και παράξενους ανθρώπους και αλλόκοτα σχήματα. Στη συνέχεια, η δασκάλα κρέμασε αντίγραφα από τις εικόνες του στον τοίχο.

Έπειτα, ανέθεσε στη Σέλμα να μοιράσει χρωματιστά χαρτόνια σε κάθε θρανίο –κόκκινα, κίτρινα, γαλάζια και απλά λευκά–, από ένα σωληνάριο κόλλα, και ένα ψαλίδι. Δεν ήταν τα κανονικά ψαλίδια, αλλά αυτά που προορίζονται για τα μικρά παιδάκια, τα στρογγυλεμένα στις άκρες. Από την άλλη μεριά, ίσως ήταν καλύτερα έτσι, μια και καθόμουν δίπλα στη φοβερή Σέλμα.

Έπρεπε να κάνουμε τα δικά μας κολάζ, κολλώντας χρωματιστά σχήματα πάνω σε λευκό χαρτί.

Εγώ ήθελα να σχεδιάσω πρώτα τα σχήματά μου σε περίπτωση που έκανα κάποιο λάθος.

«Όχι, όχι, άφησε στην άκρη το μολύβι, Τίνα. Όλη η ουσία είναι να απελευθερωθείς και να φτιάξεις μεγάλα, τολμηρά σχήματα», μου συνέστησε η κυρία Γελασίδου.

Δεν πέταξα τη σκούφια μου στην ιδέα να φτιάξω μεγάλα, τολμηρά σχήματα. Προτιμούσα να σχεδιάζω τα πάντα, να σβήνω κάθε φορά τις ατέλειες και να χρωματίζω με μεγάλη προσοχή, χωρίς να βγαίνω από τα περιγράμματα. Επίσης μου άρεσε να επιλέγω εγώ τα χρώματά μου. Το κόκκινο και το κίτρινο και το γαλάζιο ήταν –όπως και να το κάνεις– περιοριστικά.

Είχα μια εικόνα στο μυαλό μου. Ήξερα ακριβώς πώς ήθελα να γίνει.

Όμως όταν επιχείρησα να την κόψω με το ψαλίδι, βγήκε πέρα για πέρα λάθος.

«Βλακεία είναι», σχολίασε η Σέλμα.

Δίκιο είχε, ήταν όντως βλακεία. Το κεφάλι της Φιλ παραήταν μικρό και η καημένη η Μάντι έχασε το ένα πόδι στο γύρισμα του ψαλιδιού μου, ενώ εγώ ήμουν γερμένη από τη μια μεριά, σαν να έπεφτα κάτω. Και τα χρώματα βγήκαν λάθος. Μοιάζαμε και οι τρεις μας σαν να είχαμε χρησιμοποιήσει τη βαφή μαλλιών της γιαγιάς και επιπλέον είχαμε καεί από τον ήλιο.

«Η δική μου κατασκευή είναι απείρως καλύτερη», θριαμβολόγησε η Σέλμα.

Και πάλι είχε δίκιο. Δεν είχε αυτοσχεδιάσει, μόνο αρκέστηκε να αντιγράψει τον Ματίς και κόλλησε κομμάτια χαρτιού σε σχήμα σαλιγκαριού. Όμως το αποτέλεσμα ήταν καλό.

Ενοχλήθηκα πάρα πολύ.

«Μπράβο σου, Σέλμα! Αυτό ακριβώς ήθελα», την επαίνεσε η δασκάλα.

Πλατύ χαμόγελο ζωγραφίστηκε στα χείλη της Σέλμα.

Στο τέλος της ώρας, η Φιλ και η Μάντι ήρθαν να δουν την κατασκευή μου. Ήταν εμφανές ότι και οι δυο τους ήταν προετοιμασμένες να τη θαυμάσουν. Απεναντίας, την κοίταξαν για λίγη ώρα χωρίς να πουν λέξη.

«Δεν είναι κι άσχημο», σχολίασε η Φιλ, θέλοντας να πει: *Είναι πολύ άσχημο*.

«Μήπως σε σκούνταγε η Σέλμα την ώρα που έκοβες τα σχήματα;» με ρώτησε η Μάντι. «Βάζω στοίχημα ότι αυτό έγινε. Σε ενοχλούσε, γι' αυτό έκοψες το πόδι μου και ένα μέρος από το κεφάλι της Φιλ».

«Ακριβώς!» συμφώνησε η Φιλ. «Στοιχηματίζω ότι σε σκούντησε ξανά όταν κολλούσες, και γι' αυτό γέρνεις από τη μια μεριά, Τίνα».

Τίποτε από αυτά δεν είχε συμβεί. Εγώ δεν είπα ότι έτσι έγιναν τα πράγματα.

«Δε θέλω να λέω ιστορίες», είπα τελικά. Αυτό δεν ήταν ακριβώς ψέμα.

Ύστερα ακούμπησα το σαγόνι μου στο στήθος μου

και έδειξα θλιμμένη. Έτσι, φυσικά η Φιλ και η Μάντι υπέθεσαν ότι πράγματι η Σέλμα με είχε σκουντήσει και εξαιτίας αυτού χάλασε η χαρτοκοπτική μου. Δεν ήταν δικό μου το φταίξιμο, ή μήπως ήταν;

Οι αδελφές μου έγιναν έξω φρενών. Ξεστόμισαν ένα σωρό άσχημα πράγματα για τη Σέλμα. Ήταν πολύ απολαυστικό.

Ύστερα, όρμησαν καταπάνω της την ώρα του μεσημεριανού. Μάταια δοκίμασα να τις αποτρέψω. Δεν ήθελα να πάθουν κακό οι αδελφές μου, γιατί η Σέλμα μπορεί να γίνει πολύ απαίσια. Ούτε όμως ήθελα να αναλύψουν οι αδελφές μου την αλήθεια. Μάταιος κόπος. Είχαν φτάσει στη Σέλμα πολύ προτού τις προφτάσω.

«Να αφήσεις την αδελφή μου ήσυχη!» βρόντηξε η Φιλ.

Η Σέλμα σήκωσε το κεφάλι της κατάπληκτη. «Τι μου λες τώρα; Δεν έκανα τίποτα!»

«Χάλασες τη χαρτοκοπτική της!» είπε αποφασιστικά η Φιλ.

«Όχι βέβαια», της αντιγύρισε η Σέλμα. «Πάρε δρόμο τώρα αλλιώς θα σε συγυρίσω».

«Είσαι μεγάλη ψεύτρα. Και μη μας απειλείς, γιατί δε θα τη βγάλεις καθαρή μαζί μας. Άκουσες;» επενέβη η Μάντι.

Ήρθε και στάθηκε επιδεικτικά μπροστά στη Σέλμα για να της δείξει ότι δε φοβάται (αν και φοβόταν). Μάλλον έσπρωξε με λίγη παραπάνω δύναμη για να βρεθεί μπροστά, και σκούντησε λίγο το τραπέζι και το χέρι της βρήκε τυχαία το κουτί με το μεσημεριανό της

Σέλμα. Το κουτί έπεσε κάτω, και τα τσιπς και το αναψυκτικό της Σέλμα χύθηκαν παντού.

Ήταν ατύχημα, όμως η Σέλμα ήταν πεπεισμένη ότι έγινε σκόπιμα.

«Βρε, μικρή *σκατούλα*!» γρύλισε – αλλά δεν είπε «σκατούλα». Είπε μια πολύ χειρότερη λέξη. Η μαμά θα λιποθυμούσε αν άκουγε κάποια από εμάς να την ξεστομίζει.

Η Σέλμα πετάχτηκε πάνω με σφιγμένες τις γροθιές της. Η Μάντι έκανε ένα βήμα πίσω. Το ίδιο και η Φιλ. Εγώ πισωπάτησα αρκετά βήματα. Η Σέλμα φαινόταν έτοιμη να μας κοπανήσει και τις τρεις.

Εντελώς αναπάντεχα, μια από τις τραπεζοκόμους όρμησε προς το μέρος μας.

«Τι γίνεται εδώ, κορίτσια; Αχού, ακαταστασία! Πώς λερώθηκε έτσι το δάπεδο! Μα γιατί είσαι τόσο αδέξια;» είπε στη Σέλμα.

«Δεν έφταιγα εγώ, κυρία! Ήταν το τρίδυμο! Το έκανε επίτηδες!» φώναξε η Σέλμα.

Και έδειξε με το δάχτυλό της. Έδειξε τη Φιλ – που ήταν χαζομάρα, γιατί η Φιλ δε θα απειλούσε ποτέ να χτυπήσει κάποιον, ούτε τυχαία ή εξεπίτηδες θα του έριχνε κάτω το κουτί του φαγητού του.

Η Σέλμα έκανε βλακεία που μας μπέρδεψε. Είναι

ολοφάνερο: η Φιλ έχει τη μικρή ελιά, η Μάντι το σημάδι στο σαγόνι της.

Η τραπεζοκόμος αγριοκοιτούσε τη Φιλ. «Είναι αλήθεια λοιπόν; Της έριξες κάτω το φαγητό της;» απαίτησε να μάθει.

«Όχι, δεν είναι καθόλου έτσι!» Η Φιλ ήταν αναστατωμένη και αγανακτισμένη, και το ύφος της μαρτυρούσε απόλυτη ειλικρίνεια. Άλλωστε ήταν όντως ειλικρινής.

«Τότε ντροπή σου, Σέλμα, που προσπαθείς να ρίξεις σε άλλον το φταίξιμο», της είπε η τραπεζοκόμος. «Ξεκίνα να μαζεύεις τα ψίχουλα και εγώ θα φέρω ένα πανί να καθαρίσω τα χυμένα αναψυκτικά».

Η Σέλμα βάλθηκε να διαμαρτύρεται μανιασμένα.

«Σώπα, νεαρή μου, ειδεμή θα σε αναφέρω στη δασκάλα σου», είπε νευριασμένα η τραπεζοκόμος. «Δεν είσαι στην τάξη της κυρίας Γελασίδου; Για να δούμε τι

θα πει άμα της αναφέρω ότι έριξες κάτω το φαγητό σου, κατηγόρησες μια αθώα φίλη, και πάνω στα νεύρα σου ξεστόμισες άσχημες κουβέντες και για μένα την ίδια!»

Αυτό ήταν αρκετό για να κάνει τη Σέλμα να σωπάσει. Εμείς πήγαμε να καθίσουμε στην άλλη άκρη του εστιατορίου. Από εδώ και μπρος έπρεπε να μένουμε μακριά από τη Σέλμα. Δε μας συμπαθούσε που δε μας συμπαθούσε πριν, τώρα είχαμε γίνει θανάσιμες εχθροί. Και ήμουν ακόμη αναγκασμένη να την έχω για διπλανή μου στο μάθημα!

Κεφάλαιο 6

Αυτό θα μου το πληρώσεις!» σφύριξε η Σέλμα. Και αυτό έκανε. Φριχτά. Κάθε μέρα.

Με σκουντούσε με τους αγκώνες της. Με κλοτσούσε κάτω από το θρανίο. Μου τραβούσε τα μαλλιά. Μου έσπασε το μολύβι μου. Άνοιξε το κουτί του μεσημεριανού μου, δάγκωσε την μπάρα δημητριακών μου, και επειδή δεν της άρεσε, την έφτυσε πάλι μέσα στο κουτί μου. Πέταξε τη γόμα-αρκουδάκι μου στην άλλη μεριά της τάξης και δεν την ξαναβρήκα ποτέ. Κόλλησε με σελοτέιπ ένα σημείωμα στην πλάτη μου που έγραφε: *Βα-*

ράτε με! Στην αυλή μού σήκωσε ψηλά τη φούστα μου για να δουν όλοι το βρακάκι μου. Μου πέταξε την μπάλα κατακέφαλα όταν καθόμουν παράμερα και παρακολουθούσα την τάξη μου να παίζει χάντμπολ.

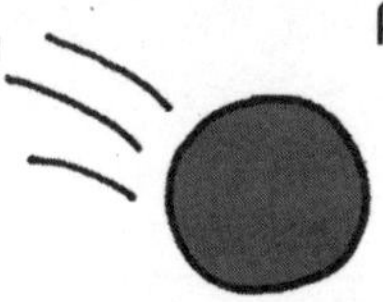

Δεν είχα κοντά μου τη Φιλ και τη Μάντι να με φροντίζουν, γι' αυτό αναγκαζόμουν να παίρνω το Μωρό καθημερινά μαζί μου στο σχολείο. Κάποια στιγμή η μαμά παρατήρησε ότι έλειπε, όταν συγύριζε το δωμάτιό μας.

Θύμωσε πολύ. «Τίνα, σου έχω πει να μην παίρνεις τη μικρή κουκλίτσα στο σχολείο! Ή θα τη σπάσεις ή θα τη χάσεις. Δεν είναι παιχνίδι, είναι στολίδι. Η γιαγιά πλήρωσε μια περιουσία για αυτές τις κούκλες. Υποσχέσου μου ότι θα την αφήσεις στο περβάζι του παραθύρου μαζί με την Μπουμπουκένια», είπε βλοσυρά η μαμά.

«Ναι, μαμά, το υπόσχομαι», είπα.

Δεν μπορούσα να κρατήσω την υπόσχεσή μου. Είχα μεγάλη ανάγκη να βρίσκεται μαζί μου το Μωρό. Έπρεπε να το παίρνω κάθε μέρα μαζί μου, αλλά φρόντιζα να το κρύβω επιμελώς. Μάλιστα ήμουν πολύ καλή σε αυτό. Το φυλούσα μέσα στην παλάμη μου και δεν το παρατηρούσε κανείς – ούτε καν τα γυαλιστερά, πορσελάνινα ποδαράκια του. Αν χρειαζόμουν και τα δύο χέρια μου ελεύθερα, φυλούσα το Μωρό στην τσέπη της φούστας μου. Του Μωρού τού άρεσε εκεί. Έβαλα ένα χαρτομάντιλο στο εσωτερικό της τσέπης, έτσι ώστε να έχει κάτι μαλακό για να τυλίγεται, και λίγα ψίχουλα από μπισκότα σε περίπτωση που πεινούσε. Το Μωρό αποδείχτηκε πολύ καλόβολο. Ούτε μια φορά δε δοκίμασε να κρυφοκοιτάξει έξω ή να φανερωθεί.

Ουδείς γνώριζε την παρουσία του. Εντάξει, η Φιλ και η Μάντι το ήξεραν, αλλά αυτές δεν πιάνονται, είναι αδελφές μου. Κανένας άλλος δε γνώριζε. Ακόμα και η κυρία Γελασίδου με τα χάντρινα μάτια της δεν είχε πάρει μυρωδιά ότι το Μωρό ερχόταν στο σχολείο καθημερινά. Η Σέλμα δεν είχε ιδέα για το Μωρό. Ώσπου μια αποφράδα μέρα...

Μαθαίναμε για τους κύκλους της ζωής πάλι. Οι κάμπιες μας είχαν υφάνει τα κουκούλια τους και ξαφνικά αναδύθηκαν μαγικά ως πεταλούδες. Έπρεπε να σχεδιάσουμε μια βρετανική πεταλούδα, αντιγράφοντας από ένα βιβλίο.

Η Σέλμα καταπιάστηκε με μια μεγάλη λευκή πεταλούδα, έτσι ώστε να τη σχεδιάσει μονάχα σε μια λευκή σελίδα, να προσθέσει δυο κουκκίδες σε κάθε φτερό, και μετά να πει ότι τελείωσε.

Η Κέιλι τη θεώρησε πολύ καλή ιδέα και την αντέγραψε.

Ο Πίτερ έκανε μια μικρή λευκή πεταλουδίτσα. Μόλις που φαινόταν με γυμνό μάτι.

Ο Μικ έφτιαξε μια νυχτοπεταλούδα «Ελπήνορα». Με

προσοχή τη ζωγράφισε ροζ και καφετιά, αλλά κατόπιν πρόσθεσε κεντρί μέλισσας και παραδίπλα μια κυψέλη.

Ο Άλιστερ σχεδίασε μια μικρή αγλαΐα. Του πήρε πολύ χρόνο να αποδώσει τα άσπρα και μαύρα σχέδια των φτερών της με απόλυτη πιστότητα. Εκνευρίστηκε πάρα πολύ όταν διαπίστωσε ότι τα φτερά δεν ήταν μεταξύ τους ολόιδια.

Αποφάσισα να κάνω μια πεταλούδα-«παγόνι», γιατί μου αρέσει το κόκκινο. Σχεδίασα τα τέσσερα σχέδια σαν μάτια πάνω στα φτερά της με μεγάλη προσοχή, χρωματίζοντάς τα με μαύρο και ανοιχτό καφέ και θαλασσί, πλαισίωσα τα κόκκινα φτερά της με σκούρο καφέ, και δεν παρέλειψα να της φτιάξω μακριές, ευδιάκριτες κεραίες.

Δε θέλω να φανώ ψωροφαντασμένη, όμως η πεταλούδα μου ήταν αληθινά θαυμάσια ζωγραφιά. Η κυρία Γελασίδου έφερε έναν γύρο το θρανίο μας για να δει τι είχε φτιάξει ο καθένας μας. Έκανε «τς τς τς» στη Σέλμα και την Κέιλι, λέγοντας ότι οι δυο τους δεν είχαν προσπαθήσει πολύ. Στον Πίτερ σχολίασε ότι η ίδια θα ’πρεπε να ξεκινήσει να φέρνει μεγεθυντικό φακό στο σχολείο. Κούνησε το κεφάλι της στον Μικ και του σύστησε να σβήσει το κεντρί και την κυψέλη. Αναγνώρισε ότι ο Άλιστερ είχε προσπαθήσει σκληρά. Αλλά μόλις είδε τη δική μου πεταλούδα, χτύπησε τα χέρια της.

«Τι εξαίσια πεταλούδα-“παγόνι”, Τίνα!» θαύμασε.

«Για κοιτάξτε όλοι σας». Στα λόγια αυτά, σήκωσε την πεταλούδα μου ψηλά για να τη δει ολόκληρη η τάξη. Η Φιλ και η Μάντι με κοίταξαν με βλέμμα όλο περηφάνια. Η Σέλμα κρέμασε τα μούτρα της. Ξαφνικά, έπαψα να είμαι ευτυχισμένη και άρχισα να φοβάμαι. Η Σέλμα είχε μουντζουρώσει την καλή μου ασπρόμαυρη ριγωτή κάμπια με το κόκκινο κεφάλι (ή πισινό). Άραγε τι θα έκανε στην όμορφη πεταλούδα-«παγόνι» μου;

Όμως, δεν έκανε απολύτως τίποτα στην πεταλούδα-«παγόνι» μου. Δεν μπορούσε.

«Νομίζω ότι η ζωγραφιά σου είναι εξαιρετική και αξίζει ένα χρυσό αστέρι, Τίνα», είπε η κυρία Γελασίδου.

Ολόκληρη η τάξη άφησε μια πνιχτή κραυγή. Αρκετοί δάσκαλοι σε ανταμείβουν με χρυσά αστέρια για ψύλλου πήδημα. Στην περσινή μας τάξη κέρδιζες χρυσό αστεράκι και μόνο αν έγραφες το όνομά σου σωστά. Κέρδισα και εγώ... αν και το όνομά μου είναι πανεύκολο. Ωστόσο, η κυρία Γελασίδου είχε τη φήμη ότι δεν έδινε ποτέ χρυσά αστεράκια. Ήσουν πολύ τυχερός αν κέρδιζες ένα ευτελές ψευτόπραμα, έστω και αν είχες πιάσει δέκα στα δέκα.

«Ξέρεις τι θα κάνω;» άρχισε να λέει η δασκάλα. «Με πολύ μεγάλη προσοχή θα σκίσω την πεταλούδα σου από το τετράδιό σου και θα την κολλήσω στον τοίχο, επειδή είναι πανέμορφη. Έτσι θα μπορώ να την κοιτάζω όταν θέλω να μου φτιάξει το κέφι. *Όλοι σας* θα μπορείτε να την κοιτάτε. Θα βλέπετε τι μπορείτε να καταφέρετε αν προσπαθείτε σκληρά. Σέλμα και Κέιλι, με παρακολουθείτε;»

Η Κέιλι ήταν αναστατωμένη. Όσο για τη Σέλμα, είχε ζαρώσει στην καρέκλα της.

«Κυρία, τότε η Τίνα δε θα έχει πεταλούδα μέσα στο βιβλίο της με τον κύκλο της ζωής», πετάχτηκε η Φιλ.

«Η Τίνα μπορεί κάλλιστα να σχεδιάσει και να ζωγραφίσει μια καινούρια πεταλούδα την ώρα που εσείς οι υπόλοιποι παίζετε μήλα», είπε η δασκάλα. «Μήπως σου έχει τύχει να ξαναφτιάξεις ζωγραφιά, Τίνα;»

Στράβωσα τα χείλη μου σε μια έκφραση που μπορούσε να εκληφθεί και ως *ναι* και ως *όχι*. Ήμουν απόλυτα βέβαιη ότι η δασκάλα ήξερε για το τέχνασμά μου με το «μαγικό» καθάρισμα της μουντζούρας στην ασπρόμαυρη κάμπια με το κόκκινο κεφάλι (ή πισινό). Και η ίδια η δασκάλα φαινόταν να διαθέτει μαγικές ικανότητες, έτσι όπως πάντα τα ήξερε όλα.

Έπειτα, η δασκάλα έβγαλε με προσοχή την πεταλούδα από το τετράδιο των ασκήσεών μου και την τοποθέτησε μέσα σε κορνίζα. Είχε τζάμι, οπότε η Σέλμα δε θα μπορούσε να τη μουντζουρώσει, ακόμα και αν το προσπαθούσε.

Πέρασα πολύ όμορφα ζωγραφίζοντας μια καινούρια πεταλούδα-«παγόνι», όση ώρα οι συμμαθητές μου έπαιζαν μήλα. Για πρώτη φορά δε με πείραξε που δε μου επιτρεπόταν να παίζω διασκεδαστικά παιχνίδια, επειδή ήμουν μικρόσωμη και λίγο άρρωστη. Βρισκόμουν σε απόσταση ασφαλείας, κι έτσι δε θα μπορούσε να με φιλοδωρήσει η Σέλμα με καμιά περιποιημένη μπαλιά.

Ένιωθα πολύ ευτυχισμένη. Την ώρα του μεσημεριανού, για πρώτη φορά έφαγα ολόκληρο το σάντουιτς και όλη την μπάρα δημητριακών μου, το φρούτο μου, και ήπια όλο τον χυμό μου μονορούφι. Ήπια και νερό από τις βρύσες. Παρίστανα το διψασμένο σκυλάκι κάνοντας *ρουφ ρουφ ρουφ* και οι αδελφές μου ξεκαρδίστηκαν στα γέλια.

Δεν ήμουν συνηθισμένη να πίνω τόσο πολύ νερό. Ήμουν αρκετά μικρόσωμη, και η κύστη μου ήταν πολύ μικρή. Στα μισά περίπου των μεσημεριανών μαθημάτων, συνειδητοποίησα ότι είχα ξεχάσει να πάω τουαλέτα την ώρα του μεσημεριανού φαγητού. Ήλπιζα να κρατηθώ μέχρι το σχόλασμα.

Με κατέλαβε νευρικότητα. Είχα φουντώσει από την

ταραχή μου. Άρχισα να ανησυχώ ότι δε θα κατάφερνα να κρατηθώ.

Δεν τόλμησα να σηκώσω το χέρι μου και να ζητήσω την άδεια της δασκάλας να πάω στην τουαλέτα. Εκνευριζόταν πάντοτε και άρχιζε τα ατέλειωτα κηρύγματα ότι πρέπει να πηγαίνουμε στην τουαλέτα τη σωστή ώρα.

Με το που χτύπησε το κουδούνι πετάχτηκα πάνω και όρμησα ολοταχώς στις τουαλέτες των κοριτσιών. Δεν περίμενα τη Φιλ. Δεν περίμενα τη Μάντι. Πάλι καλά που έφτασα στην τουαλέτα εγκαίρως.

Απέραντη ανακούφιση. Έπλενα τα χέρια μου όταν κάποια μπήκε στις τουαλέτες. Αυτή η κάποια ήταν η Σέλμα. Ήταν ακόμη συνοφρυωμένη.

Μεμιάς σταμάτησα να πλένω τα χέρια μου. Τα τίναξα με μανία για να τα στεγνώσω και έκανα να το σκάσω. Δεν ήμουν αρκετά γρήγορη. Η Σέλμα με γράπωσε.

«Τώρα δηλαδή, μας το παίζεις ότι κάτι είσαι, Ζουζουνάκι;» μου πέταξε. «Γλειφτρόνι είσαι!»

«Δεν είμαι!» ανταπάντησα με θυμό.

«Είσαι, είσαι, είσαι! Σε βαρέθηκα. Θα δεις τι θα πάθεις!»

Δεν ήμουν αρκετά σβέλτη. Η Σέλμα μού έριξε μια πολύ δυνατή σπρωξιά που με εκτόξευσε εμπρός. Το Μωρό πετάχτηκε από την τσέπη μου και διέγραψε ένα τόξο στον αέρα. Προσγειώθηκε στο δάπεδο, πέρα από τους νιπτήρες.

«Μωρό!» άφησα μια πνιχτή κραυγή, τρομοκρατημένη καθώς ήμουν ότι θα έσπαγε.

Η Σέλμα έτρεξε γοργά. Έσκυψε επιδέξια και άδραξε το Μωρό. «Μπα, μπα, τι έχουμε εδώ;» ρώτησε με αργή φωνή, καθώς περιεργαζόταν το Μωρό. «Ένα κουκλάκι. Παίζεις με κούκλες ακόμη, Ζουζουνάκι;»

«Δεν είναι κούκλα, είναι στολίδι», της αντιγύρισα. «Και πρόσεξε, είναι από πορσελάνη, σπάει εύκολα. Και τώρα δώσ' το μου!»

Δοκίμασα να της πάρω το Μωρό από τα χέρια, αλλά η Σέλμα το σήκωσε ψηλά, εκεί που δεν έφτανα με τίποτα.

«Μπα; Το μυξιάρικο θέλει το κουκλάκι του;» με περιγέλασε. «Ούτε στα όνειρά σου! Είναι δικό μου τώρα».

«Όχι, δεν είναι! Δικό μου είναι! Η γιαγιά μου μου το έδωσε! Δώσ' το μου!» έσκουζα.

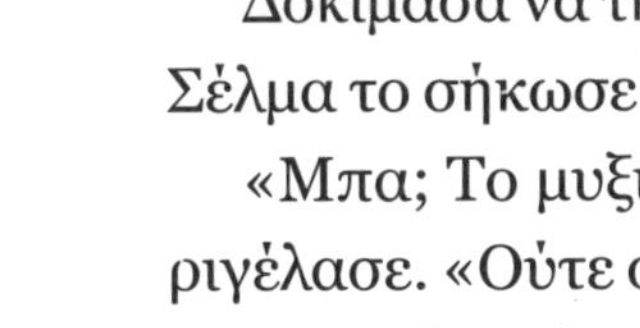

«Κοίτα να δεις που τελικά δε μου κάνει κέφι το παλιόπραμα. Λέω να το πετάξω μια και καλή», είπε η Σέλμα στοχεύοντας.

«Μην το κάνεις!» τσίριξα.

Η Σέλμα ήταν πολύ καλή στις μπαλιές και στα καρφώματα. Αν χτύπαγε με δύναμη το Μωρό, αυτό σίγουρα θα γινόταν χίλια κομμάτια.

«Δεν μπορείς να με σταματήσεις», μου πέταξε κοροϊδευτικά.

«Φιλ! Μάντι!» φώναζα με όλη τη δύναμη της φωνής μου.

«Οι ανεκτίμητες αδελφούλες σου δεν είναι εδώ, όμως. Τι κρίμα», συνέχισε η Σέλμα. «Είμαστε μονάχα εσύ κι εγώ και το αστείο κουκλάκι».

«Μην το πετάξεις, σε παρακαλώ», ικέτεψα και έβαλα τα κλάματα.

«Α, ετούτη είναι και κλαψιάρα! Καλά, καλά, δε θα το πετάξω».

«Αλήθεια;» ψέλλισα ρουφώντας τη μύτη μου.

«Όχι, δε θα το πετάξω. Θα το ρίξω στην τουαλέτα!»

Η Σέλμα έτρεξε σε μια τουαλέτα, έκλεισε με φόρα την πόρτα πίσω της και μετά άκουσα το τράβηγμα της αλυσίδας από το καζανάκι.

«Όχι, όχι, όχι!» ούρλιαζα.

«Ναι, ναι, ναι!» είπε η Σέλμα βγαίνοντας από την τουαλέτα, με ένα θριαμβευτικό χαμόγελο ζωγραφισμένο στο πρόσωπό της.

«Δεν το έκανες!» φώναξα.

«Και όμως, το έκανα!»

Έτρεξα μέσα στην τουαλέτα και κάρφωσα το βλέμμα μου στη λεκάνη, ελπίζοντας να δω το χιλιοταλαιπωρημένο Μωρό μέσα στο νερό. Αλλά αυτό ήταν άφαντο. Εκτός εάν...

«Το έκρυψες!» φώναξα, τρέχοντας έξω πάλι.

«Α, ναι;» είπε η Σέλμα. «Πού; Για πες μου». Και στα λόγια αυτά άνοιξε και τα δύο χέρια της. Γύρισε τις τσέπες της ανάποδα. Άνοιξε το τσαντάκι της και τίναξε τα περιεχόμενά του. Άνοιξε την κασετίνα της. Πουθενά το Μωρό!

Σωριάστηκα καταγής, στο ψυχρό δάπεδο, κραυγάζοντας: «Θα σε μαρτυρήσω! Θα σε μαρτυρήσω!»

«Και δεν πας να με μαρτυρήσεις; Σκασίλα μου μεγάλη», μου ανταπάντησε η Σέλμα και με νωχελικό βήμα βγήκε από τις τουαλέτες, χαμογελώντας ακόμη.

Έμεινα εκεί που ήμουν, κλαίγοντας γοερά. Ώσπου άκουσα ποδοβολητά.

«Τίνα!» Ήταν η Μάντι.

«Τίνα, τι σου συνέβη;» είπε η Φιλ, τρέχοντας ξοπίσω της.

«Σε ψάχναμε παντού», συμπλήρωσε η Μάντι.

«Τι έγινε; Για πες μας». Η Φιλ κάθισε στο δάπεδο και γλίστρησε το χέρι της γύρω μου.

«Η Σέλμα ήταν;» ρώτησε η Μάντι καθώς βολευόταν και εκείνη πλάι μου. «Σε χτύπησε; Την είδαμε στον διάδρομο και χαμογελούσε πολύ περίεργα».

«Έκανε το πιο απαίσιο πράγμα στον κόσμο», τραύλισα μέσα από τα αναφιλητά μου. «Πέταξε το Μωρό μέσα στην τουαλέτα και τράβηξε το καζανάκι!»

«Τι λες! Είσαι σίγουρη; Ούτε καν η Σέλμα δε θα μπο-

ρούσε να φανεί τόσο κακιά», ψέλλισε η Φιλ.

«Και όμως το έκανε, σας λέω».

«Σε ποια τουαλέτα;» με ρώτησε η Μάντι. «Θα το βγάλω εγώ».

«Όχι, Μάντι, θα γεμίσεις μικρόβια», της είπε η Φιλ.

Ωστόσο, η γενναία Μάντι αψήφησε τα πάντα και βούτηξε το χέρι της βαθιά μέσα στη λεκάνη της τουαλέτας. «Δεν πιάνω τίποτα. Μάλλον με το καζανάκι θα τραβήχτηκε στην αποχέτευση», διαπίστωσε, βγάζοντας το χέρι της, που έσταζε νερά.

«Πλύνε τα χέρια σου! Πλύν' τα ξανά και ξανά! Και μόλις φτάσουμε σπίτι, να τα τρίψεις κι άλλο και μετά να ρίξεις απολυμαντικό πάνω τους», σύστησε η Φιλ. «Και εσύ, Τίνα, καλά θα κάνεις να πλύνεις το πρόσωπό σου, φαίνεσαι κλαμένη. Αμάν, η μαμά θα ανησυχεί. Θα αναρωτιέται πού είμαστε».

«Πού να δεις τι έχει να γίνει μόλις ακούσει τι έκανε η Σέλμα», είπε η Μάντι, τρίβοντας τα χέρια της με μανία.

«Δε γίνεται να το πούμε στη μαμά», αναφώνησα. «Πόσες φορές μού είχε πει να μην παίρνω το Μωρό στο σχολείο. Θα μπλέξω πάρα πολύ άμα της το πω».

Η Μάντι και η Φιλ έδειξαν να το σκέφτονται.

«Ναι, πιστεύω ότι η μαμά θα θύμωνε πολύ. Ίσως

να το λέγαμε στη δασκάλα...» πρότεινε αβέβαια η Φιλ.

«Και εκείνη θα εκνευριζόταν», δήλωσε η Μάντι. «Δε θυμάσαι τι χαμός έγινε όταν ο Χάρι έφερε το ποδοσφαιράκι του στο σχολείο; Η κυρία Γελασίδου το κατάσχεσε επί μία ολόκληρη εβδομάδα».

«Ε, δεν μπορεί να κατασχέσει το Μωρό, γιατί τώρα είναι στην αποχέτευση», είπε η Φιλ.

Ξέσπασα πάλι σε λυγμούς, καθώς αναλογιζόμουν το καημένο το Μωρό να παρασύρεται μέσα στους υπονόμους.

«Έλα τώρα, Τίνα. Τέρμα τα κλάματα», με προέτρεψε η Φιλ, ξεπλένοντας το πρόσωπό μου. «Μάντι, καλύτερα να πλύνεις τα χέρια σου άλλη μια φορά. Πλύν' τα ψηλά, μέχρι τα μπράτσα, και κάτω από τα νύχια σου».

«Τα έπλυνα τόσο πολύ, που με πονούν», παραπονέθηκε η Μάντι.

Όταν πια διασχίσαμε το προαύλιο τρέχοντας, η μαμά έδειχνε εξαιρετικά ανήσυχη.

«Κορίτσια μου, γιατί καθυστερήσατε τόσο πολύ; Όλοι οι άλλοι έχουν βγει εδώ και κάνα δεκάλεπτο». Η ματιά της στυλώθηκε επάνω μου. «Ω Τίνα, έκλαιγες!»

«Όχι, μαμά, δεν έκλαιγε. Έπλυνε το πρόσωπό της, αυτό είναι όλο», έσπευσε να απαντήσει η Φιλ.

«Ναι, όλοι μας ξεπλυθήκαμε. Κοίτα τα χέρια μου», βιάστηκε να συμπληρώσει η Μάντι.

«Μα καλά, πώς βρομιστήκατε έτσι;» ρώτησε η μαμά.

«Κάναμε ζωγραφική στο σχολείο. Και έτσι λερωθήκαμε», δικαιολογήθηκε η Φιλ.

Η μαμά μάς περιεργάστηκε. Τα μάτια της ήταν σχεδόν χάντρινα, σαν της δασκάλας. «Και όμως, κάτι συνέβη», αποφάνθηκε. «Σας μάλωσε η κυρία Γελασίδου σήμερα;»

«Όχι, μαμά», απαντήσαμε όλες εν χορώ.

«Άρα κάτι συνέβη με τη Σέλμα; Πάλι μ' εσένα τα 'βαλε, Τίνα;»

Απέφυγα να μιλήσω για να μη με πάρουν τα κλάματα πάλι, και αρκέστηκα σε ένα γνέψιμο του κεφαλιού.

«Καημένο μου», είπε η μαμά και με πήρε αγκαλιά, σηκώνοντάς με ψηλά. «Δεν πειράζει. Αύριο είναι Σάββατο και θα πάτε μεγάλη βόλτα με τον παππού και τη γιαγιά. Έτσι, θα βγάλεις από το μυαλό σου το σχολείο και τη Σέλμα για λίγο. Αλλά ύστερα, τη Δευτέρα, θα χρειαστεί να κάνω άλλη μια κουβέντα με την κυρία Γελασίδου. Αχ!»

Κεφάλαιο 7

Φοβόμουν πάρα πολύ ότι η γιαγιά θα ήθελε να δει τις κούκλες μας το Σάββατο. Η μαμά δεν είχε παρατηρήσει ακόμη πως έλειπε το Μωρό, αλλά η γιαγιά ίσως το έβλεπε. Η αγκαλιά της Μπουμπουκένιας έδειχνε πολύ αδειανή.

«Ξέρω τι θα κάνουμε», είπε η Φιλ. «Θα πάρω ένα από τα ρόδα της Τριανταφυλλένιας και θα το βάλω στο χέρι της Μπουμπουκένιας. Να, αυτό το μικρό που μοιάζει με μπουμπούκι τριαντάφυλλου. Έτσι θα φαίνεται ότι αυτό βαστούσε εξαρχής η Μπουμπουκένια. Η γιαγιά θα ξεχάσει ότι η κούκλα κρατούσε ένα μωράκι από πορσελάνη».

«Μπορεί και να μην το έχει ξεχάσει», ψέλλισα.

«Το βρήκα, θα βάλουμε τα τρία χαμστεράκια μπροστά ακριβώς από τις κούκλες», αντιπρότεινε η Μάντι.

«Δε θα ενοχληθούν άμα μετακινήσουμε το κλουβί τους. Μπορεί και να τους αρέσει η διαφορετική θέα. Και ξέρετε πόσο μυστήρια είναι η γιαγιά με τα χάμστερ. Δεν τα πλησιάζει επ' ουδενί, άρα δε θα έρθει σε κοντινή απόσταση για να δει τις κούκλες».

«Τέλειο το σχέδιό σου, Μάντι!» παραδέχτηκε η Φιλ.

Άμ' έπος άμ' έργον. Με μεγάλη προσοχή μετακινήσαμε το κλουβί των χάμστερ ως το παράθυρο, στηρίζοντάς το πάνω στο παλιό μας κουκλόσπιτο.

«Έτοιμο!» ανήγγειλε θριαμβευτικά η Μάντι.

«Τέλεια!» είπε η Φιλ.

«*Σκουίκ, σκουίκ, σκουίκ,* μας αρέσει η μικρή αλλαγή της διεύθυνσής μας», είπαν ο Πεινάλας, ο Βολίδας και ο Τυροκροκέτας.

«Όμως η μαμά και πάλι θα το προσέξει», τόνισα.

«Ναι, αλλά εν καιρώ», είπε η Φιλ.

«Και θα θυμώσει πολύ», πρόσθεσα.

«Ε, τότε και εσύ θα κλάψεις πολύ, και η μαμά θα σε πάρει αγκαλιά, και θα σε γεμίσει χάδια και θα της περάσει ο θυμός», είπε η Μάντι. «Ξέρεις πώς να το κάνεις. Είσαι πρωταθλήτρια κόσμου στο να σταματάς τους ανθρώπους από το να σου κρατούν μούτρα».

«Συμφωνώ», είπε χαρούμενα η Φιλ. «Γι' αυτό κοίτα να ευθυμήσεις, αδελφούλα!»

Προσπάθησα να χαρώ, αλλά και πάλι δε μου έβγαινε. Το Μωρό μού έλειπε αφάνταστα. Κάθε φορά που το σκεφτόμουν, τα μάτια μου έτσουζαν και δεν μπορούσα να καταπιώ κανονικά.

Ο παππούς και η γιαγιά κατέφθασαν και ήπιαν καφέ με τη μαμά. (Ο καημένος ο μπαμπάς είναι αναγκασμένος να δουλεύει στο σούπερ μάρκετ τα περισσότερα Σάββατα.) Εμείς επιφορτιστήκαμε με τον ρόλο της σερβιτόρας. Η Φιλ μετέφερε τον δίσκο με τους καφέδες, γιατί έχει τα σταθερότερα χέρια. Η Μάντι μετέφερε τους χυμούς μας, επειδή τα χέρια της είναι σχεδόν εξίσου σταθερά. Εγώ μετέφερα το πιάτο με τα μπισκότα.

Έπειτα, η γιαγιά επισκέφθηκε το μπάνιο, και η Φιλ, η Μάντι και εγώ κρατήσαμε την ανάσα μας. Συνήθως η γιαγιά κόβει βόλτες όταν ανεβαίνει στον επάνω όροφο. Αφότου βγήκε από το μπάνιο, την ακούσαμε να περπατάει από την αντίθετη μεριά. Αμάν, κατευθυνόταν στο δωμάτιό μας!

Περιμέναμε με αγωνία. Ακούσαμε ένα τσιριγματάκι. Μήπως η γιαγιά ανακάλυψε ότι το Μωρό έλειπε;

«Γιατί αφήνεις τις μικρές να έχουν αυτά τα απαίσια μικρά τρωκτικά μέσα στο κουκλίστικο δωμάτιό τους;» ρωτούσε η γιαγιά καθώς κατέβαινε τη σκάλα για να έρθει στο καθιστικό. «Δεν πρέπει να είναι πολύ υγιεινό. Και μυρίζουν!»

Αχ, τετραπέρατη Μάντι!

Η γιαγιά και η μαμά διαπληκτίστηκαν λίγο για τα χάμστερ. Εμείς πήραμε όλες το μέρος της μαμάς. Ο Πεινάλας, ο Βολίδας και ο Τυροκροκέτας δε μυρίζουν. Εντάξει, ίσως πολύ λίγο. Η γιαγιά μυρίζει πολύ έντονα. Φοράει τόσο πολύ άρωμα, που τσούζει η μύτη μας, ιδίως όταν έρχεται να μας αγκαλιάσει.

Όμως τότε ο παππούς μάς έκανε να ξεκαρδιστούμε μιμούμενος το χάμστερ, και η γιαγιά και η μαμά σταμάτησαν να μαλώνουν. Βολευτήκαμε στο αμάξι του παππού και της γιαγιάς, ενώ η μαμά είπε ότι θα καταπιανόταν με τις δουλειές του σπιτιού.

Συνήθως έχει πολλή πλάκα όταν βρισκόμαστε στο αυτοκίνητο με τον παππού και τη γιαγιά. Τραγουδάμε άπειρα τραγούδια, χορεύουμε με τα χέρια μας, τρώμε ζελεδάκια φρούτων, παίζουμε «Εντοπίζω το Αμάξι» και ακούμε ιστορίες. Ωστόσο, σήμερα δε μου έκανε καρδιά να συμμετάσχω. Το Μωρό μού έλειπε αφάνταστα.

«Τι έχεις, ματάκια μου;» ρώτησε ο παππούς.

«Τίποτα», έσπευσε να απαντήσει η Φιλ αντί για μένα.

«Μια χαρά δεν είσαι, Τίνα;» μου έκανε η Μάντι.

Κατένευσα. «Καλά είμαι», τραύλισα με μια τόση δα φωνούλα. Δεν ήμουν πολύ πειστική.

«Φταίει το σχολείο, καρδούλα μου;» ρώτησε η γιαγιά. «Η μαμά σου μου είπε ότι υπάρχει ένα κακό κορίτσι... η Σάρα, Σίλια... τέλος πάντων, που σε πειράζει συνέχεια. Έτσι είναι;»

«Ονομάζεται Σέλμα, γιαγιά, και συμπεριφέρεται απαίσια στην Τίνα μας», αποκρίθηκε η Φιλ.

«Προσπαθούμε να ανταποδίδουμε το κακό της φέρσιμο, αλλά τότε αυτή ξεσπάει στην Τίνα ακόμα περισσότερο», εξήγησε η Μάντι. «Και το χειρότερο είναι πως η Τίνα την έχει διπλανή της».

«Γιατί δε ζητάτε από τη δασκάλα να της αλλάξει θέση;» ρώτησε ο παππούς.

«Δεν υπάρχει καμία περίπτωση να πει ναι η κυρία Γελασίδου», είπε η Φιλ. «Μπορείς να το ζητήσεις πάρα πολύ ευγενικά...»

«Μπορείς να πέσεις στα γόνατα και να παρακαλέσεις...» συνέχισε η Μάντι.

«Μπορείς να της δωρίσεις ένα τεράστιο μπουκέτο τριαντάφυλλα...» πρόσθεσε η Φιλ.

«Μπορείς να της χαρίσεις ένα τεράστιο κουτί με σοκολατάκια...» είπε η Μάντι.

«Όμως ποτέ, ποτέ, ποτέ δε θα πει ναι», είπαν εν χορώ η Φιλ και η Μάντι.

«Γνώμη μου είναι ότι η μαμά σας πρέπει να πάει στο σχολείο και να πει στη δασκάλα ότι δε διευκολύνει τα πράγματα», σχολίασε η γιαγιά. «Καημένη Τίνα!»

«Η μαμά θα πάει να δει ξανά τη δασκάλα τη Δευτέρα», εξήγησε η Φιλ.

«Όμως θα είναι μάταιος κόπος», παρατήρησε η Μάντι.

«Εντάξει, ας μην το σκεφτόμαστε τώρα», είπε ο παππούς. «Σήμερα είναι η μέρα μας, κορίτσια».

«Και πρώτα απ' όλα θα πάμε για ψώνια», ανακοίνωσε χαρούμενη η γιαγιά.

Παρκάραμε σε ένα μεγάλο εμπορικό κέντρο. Η γιαγιά μάς πήγε στο αγαπημένο μας κατάστημα και πήρε σε καθεμιά μας από ένα δωράκι.

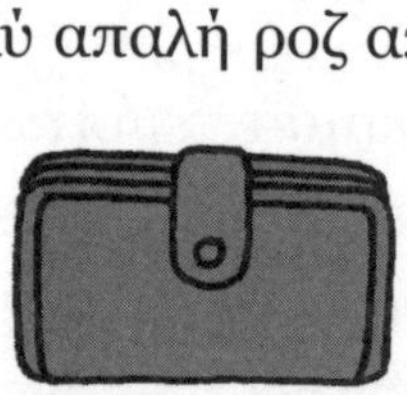

Η Φιλ διάλεξε ένα κραγιόν σε πολύ απαλή ροζ απόχρωση και βερνίκι νυχιών. Η Μάντι ξεχώρισε ένα γαλάζιο πορτοφολάκι. Εγώ, όσο κι αν έψαχνα, δεν μπορούσα να καταλήξω σε κάτι.

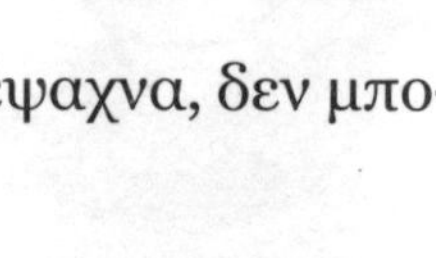

Βρήκα ένα όμορφο τσαντάκι με χάντρες, που θα γινόταν τέλειο κρεβατάκι για το Μωρό – μόνο που δεν είχα το Μωρό πια.

Υπήρχε ένα μποά με λευκά φτερά, που θα ήταν το ιδανικό νυφικό με μακριά ουρά για το Μωρό – μόνο που δεν είχα το Μωρό πια.

Βρήκα ένα μικρό, γυαλιστερό δαχτυλιδάκι, που θα ήταν ένα πανέμορφο στέμμα για το Μωρό – μόνο που δεν είχα το Μωρό πια.

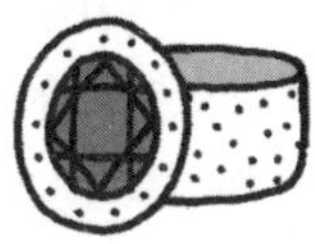

«Πες μου, Τίνα, τι θα ήθελες να πάρεις;» ρώτησε η γιαγιά.

Δίστασα. «Δε νομίζω ότι θέλω κάτι, γιαγιάκα».

«Μα και βέβαια θέλεις!» πετάχτηκε η Μάντι.

«Θα σε βοηθήσουμε εμείς να διαλέξεις», πρότεινε η Φιλ. «Κοίτα! Τι θα έλεγες για αυτά τα ωραία τσιμπιδάκια μαλλιών; Κοίτα αυτό με τη γαλάζια πεταλούδα!»

«Φανταστικό!» αναφώνησε η Μάντι. «Γιαγιά, σου είπαμε για την όμορφη πεταλούδα που η Τίνα ζωγράφισε στο σχολείο;»

«Η δασκάλα ενθουσιάστηκε τόσο πολύ, ώστε χάρισε στην Τίνα ένα χρυσό αστέρι και κρέμασε την πεταλούδα της στον τοίχο, μέσα σε μια ιδιαίτερη κορνίζα», εξήγησε η Φιλ.

«Αλήθεια; Ε, τότε πιθανόν η δασκάλα σας να μην είναι τόσο κακή όσο πίστευα», σχολίασε η γιαγιά. «Μπράβο σου, Τίνα. Είσαι πολύ ικανό κορίτσι!»

Αισθάνθηκα κάπως καλύτερα τότε. Επέλεξα να πάρω το τσιμπιδάκι-πεταλούδα, και έδειχνε όμορφο όταν η γιαγιά το πέρασε στα μαλλιά μου.

Ύστερα συνοδεύσαμε τη γιαγιά στις αγορές της. Της αρέσουν πολύ τα παπούτσια.

Για να μην είναι μόνος του ο παππούς, πήγα και του έπιασα την κουβέντα.

«Δε σου αρέσουν τα ψώνια, παππού;» τον ρώτησα.

«Μου φαίνονται λίγο βαρετά», αποκρίθηκε εκείνος και με ανέβασε στο γόνατό του.

«Και τι είναι αυτό που σου αρέσει περισσότερο να κάνεις, παππού;»

«Να τρώω!» μου απάντησε. «Κάντε γρήγορα, κυρίες μου! Ανυπομονώ για το μεσημεριανό μου!»

Απολαύσαμε ένα λαχταριστό μεσημεριανό σε ένα φαστ φουντ του εμπορικού. Όλοι διαλέξαμε τα αγαπημένα μας πιάτα.

Ο παππούς πήρε ινδικό κοτόπουλο με κάρι, συνοδευόμενο από ρύζι, και μια μπίρα.

Η γιαγιά αρκέστηκε σε μια σαλάτα και μεταλλικό νερό. Ισχυρίστηκε ότι ακολουθούσε τη δίαιτά της χωρίς παρασπονδίες. Αλλά μόλις τελείωσε τη σαλάτα της, λύγισε στον πειρασμό και παρήγγειλε ένα μεγάλο εκλέρ με κρέμα και καπουτσίνο με σαντιγί.

Η Φιλ, η Μάντι και εγώ διαλέξαμε ακριβώς τα ίδια. Πήραμε πατάτες τηγανητές με κέτσαπ και παγωτό χωνάκι. Παραγγείλαμε από τρεις μπάλες παγωτού η καθεμία, με σιρόπι σοκολάτα, σαντιγί και βατόμουρα.

Τα παγωτά ήταν τόσο μεγάλα, ώστε ούτε η Φιλ και η Μάντι κατόρθωσαν να τελειώσουν τα δικά τους. Πάντως, ήταν πεντανόστιμα.

«Σλουρπ, σλουρπ, σλουρπ!» έλεγε η Μάντι.

«Γιάμι, γιάμι», έκανε η Φιλ. «Αν και δεν πρέπει να τρώμε πατάτες τηγανητές χωρίς κάτι άλλο. Καλύτερα να μην το πούμε στη μαμά».

«Ούτε πρέπει να τρώμε τόσο μεγάλα παγωτά», συμπλήρωσε η Μάντι.

«Για ηρεμήστε, κορίτσια», μας προέτρεψε η γιαγιά. «Φάγατε κέτσαπ με τις πατάτες σας. Τι είναι η κέτσαπ; Ντομάτα! Λαχανικό δηλαδή. Και το παγωτό είναι γαλακτοκομικό, παρασκευάζεται από γάλα και κρέμα. Περιέχει αρκετό ασβέστιο για να έχετε γερά οστά».

«Σερβιτόρε, για φέρε δέκα παγωτά στην Τίνα μας να καρδαμώσει! Να γίνει ψηλή σαν κυπαρίσσι», είπε εύθυμα ο παππούς αγκαλιάζοντάς με. Το καινούριο μου πιαστράκι σε σχήμα πεταλούδας έξυσε το μάγουλό του, αλλά δεν τον πείραξε διόλου.

«Πού θα πάμε μετά, παππού;» ρώτησε με ζωηρό ενδιαφέρον η Φιλ.

«Θα πάμε να δούμε τα ζώα», απάντησε αινιγματικά ο παππούς.

«Α, ώστε θα επισκεφθούμε το κατάστημα με τα κατοικίδια, απ' όπου πήραμε τα χαμστεράκια μας;» ρώτησε η Μάντι.

«Μπα. Σκέφτομαι μεγαλύτερα ζώα», είπε ο παππούς.

«Θα κάνουμε βόλτα στο πάρκο, όπου κυκλοφορούν ελεύθερα τα ελάφια;» ρώτησε η Φιλ.

«Όχι. Θα πάμε... στον ζωολογικό κήπο!»

Όλες πανηγυρίσαμε. Όλες εκτός από τη γιαγιά. Είναι παράξενη – δεν της αρέσουν πολύ τα ζώα.

«Δεν έχει κρύο για να πάμε στον ζωολογικό κήπο;» ρώτησε διστακτικά.

«Τα κορίτσια είναι ζεστά ντυμένα. Θα δώσω στην Τίνα το κασκόλ μου για να είναι ακόμα πιο ζεστή», είπε ο παππούς.

Η γιαγιά άφησε έναν αναστεναγμό. «Εντάξει. Αν είναι να πάμε, ας πάμε», είπε. «Τουλάχιστον θα γελάσει το χειλάκι της Τίνα».

Πάντως, το χειλάκι της γιαγιάς δε γελούσε καθόλου, καθώς περιδιαβάζαμε στον ζωολογικό κήπο. Κάθε λίγο και λιγάκι καθόταν σε παγκάκια και έτριβε τα πόδια της, επειδή τα καινούρια μποτάκια της τη χτυπούσαν.

Περισσότερο μας άρεσαν οι μαϊμούδες. Τις χαζεύαμε ατελείωτα. Μία από αυτές ήταν πολύ κατεργάρα, και σκάσαμε στα γέλια με τα καμώματά της. Οι μικροί κίτρινοι σκιουροπίθηκοι ήταν η αδυναμία μας. Η Φιλ άρχισε να δίνει σε όλους ονόματα.

«Δείτε! Αυτή είναι η Τζέσικα η σκιουροπιθηκίνα και η Σούζαν η σκιουροπιθηκίνα και ο Σάμι ο σκιουροπίθηκος και ο Σάιμον ο σκιουροπίθηκος και... και η Σέλμα η σκιουροπιθηκίνα», είπε, δείχνοντας με το χέρι.

«Αυτή δεν είναι η Σέλμα η σκιουροπιθηκίνα. Παραείναι όμορφη. Είναι η Σεμίραμις. Θα σου δείξω εγώ τη Σέλμα», είπε η Μάντι με μια λάμψη στο βλέμμα της, και κατευθύνθηκε στο διπλανό κλουβί. Με το χέρι έδειξε έναν μπαμπουίνο με πολύ μεγάλο, γυμνό πισινό. «Αυτή είναι η Σέλμα!»

Ξεκαρδιστήκαμε στα γέλια. Παραλίγο να πέσω κάτω από τα χάχανα.

«Για σοβαρευτείτε, κορίτσια», μας επανέφερε στην τάξη η γιαγιά.

«Άσ' τες να γελάσουν λίγο. Καλό τους κάνει», παρατήρησε ο παππούς. «Προπαντός στην Τίνα. Δε λες καλά που ευθύμησε το παιδί;»

Ευθύμησα ακόμα περισσότερο μόλις μπήκαμε στον Τροπικό Κόσμο. Μου άρεσε να περιεργάζομαι όλα τα ζώα του τροπικού δάσους, πόσο μάλλον τον γιγάντιο βραδύπου.

Η Φιλ, η Μάντι και εγώ παριστάναμε τους γιγάντιους βραδύποδες (εγώ ήμουν μωρό γιγάντιος βραδύπους) και όλες κινούμασταν χαρακτηριστικά α-ρ-γ-ά.

Η γιαγιά πέρασε μέσα από κάποιες πλαστικές κουρτίνες στο τέρμα της αίθουσας, αναζητώντας ένα κάθισμα για να ξαποστάσει. Έπειτα γύρισε πίσω και μας έκανε νόημα. «Ελάτε να θαυμάσετε!» μας είπε.

Μόλις είχε ανακαλύψει πεταλούδες. Μυριάδες πεταλούδες ολόγυρά μας. Γαλάζιες πεταλούδες και κόκκινες και πράσινες και κίτρινες και με πανέμορφα μοτίβα. Πετούσαν γύρω από το κεφάλι μας και ξαπόσταιναν στα χαμόδεντρα και στους θάμνους, ώστε να τις θαυμάζουμε από κοντά. Αχ, πόσο τις αγαπούσα τις πεταλούδες! Μία από αυτές πέταξε γύρω από τον παππού και κάθισε στο κεφάλι του. Τυχεράκια παππού!

Σε διάφορα σημεία ολόγυρα υπήρχαν μικροί σωροί από φρούτα, ώστε να κολατσίζουν οι πεταλούδες όποτε κουράζονταν να πετούν. Μια ενημερωτική πινακίδα εξηγούσε ότι όλες προέρχονταν από μια πολύ ζεστή χώρα της Αφρικής. Φαντάστηκα πώς θα ήταν να είσαι μια τόση δα κάμπια που έρπει γύρω από εξαίσια τροπικά λουλούδια στο εκτυφλωτικό φως του ήλιου, έπειτα να

γίνεσαι χρυσαλλίδα και κάποτε να ξυπνάς σε μια ψυχρή γκρίζα χώρα όπως είναι η Αγγλία. Δεν είναι περίεργο λοιπόν που το περιβάλλον των πεταλούδων ήταν πολύ ζεστό, σε σημείο μάλιστα που ζήτησα από τη γιαγιά να μου κρατάει το μπουφάν.

Παντού γύρω είχε εικόνες από κάθε λογής πεταλούδες, με τα ονόματά τους. Η Φιλ, η Μάντι και εγώ διαλέξαμε τις αγαπημένες μας και μετά επιχειρήσαμε να τις εντοπίσουμε.

«Περισσότερο μου αρέσει αυτός ο “πράσινος παλίνουρος”», είπε πρώτη η Φιλ. «Και κοιτάξτε τον! Να τος, σε εκείνο το κλαδί με τα φύλλα! Δεν είναι πολύ ωραίος;»

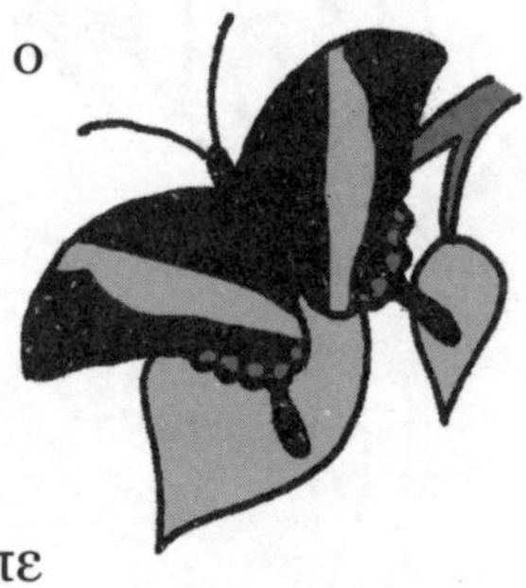

«Εμένα μου αρέσει η “γαλάζια Μορφώ”», είπε η Μάντι. «Δεν είναι το πιο φωτεινό, το καταπληκτικότερο γαλανό;»

Φέραμε έναν κύκλο ολόκληρο τον περίβολο, ώσπου εντελώς απάντεχα εντοπίσαμε μία, να ρουφάει μια φέτα πορτοκαλιού.

«Έι, της αρέσει η πορτοκαλάδα όπως και σ’ εμένα», φώναξε η Μάντι.

Μου πήρε άπειρο χρόνο να βρω τη δική μου αγαπημένη. Μου άρεσαν όλες τους. Εντάξει, η αλήθεια είναι ότι οι ανοιχτόχρωμες με τα πιο φωτεινά χρώματα μου άρεσαν πολύ περισσότερο σε σύγκριση με αυτές που είχαν πιο γήινα χρώματα, όμως δεν εξωτερίκευσα τη σκέψη μου, για να μην τις πληγώσω. Ήμουν λιγάκι εκνευρισμένη με τη Φιλ και τη Μάντι – θα μπορούσα κάλλιστα να είχα διαλέξει τον πράσινο παλίνουρο ή τη γαλάζια Μορφώ ως τη *δική μου* αγαπημένη. Όμως τότε αντίκρισα την εικόνα μιας μικρής πεταλουδίτσας με την ονομασία «Μελπομένη» και με το παρατσούκλι «ταχυδρόμος». Μου φάνηκε πολύ αστείο όνομα για πεταλούδα. Ξέρω ακριβώς πώς θα τη σχεδίαζε ο Μικ στο θρανίο μου στο σχολείο.

Πιθανόν η πεταλούδα «Μελπομένη» να είχε αυτό το παρατσούκλι επειδή το μεγαλύτερο μέρος των φτερών της ήταν στη ζωηρή κόκκινη απόχρωση που έχουν τα υπαίθρια γραμματοκιβώτια στην Αγγλία, αλλά οι άκρες τους ήταν μαύρες. Σε κάθε πλευρά ξεχώριζαν δύο μεγάλες λευκές βούλες.

«Νομίζω ότι η πεταλούδα "Μελπομένη" είναι η αγαπημένη μου. Γρήγορα, πάμε να τη βρούμε!» τους παρακίνησα.

Φέραμε έναν γύρο τον περίβολο παρατηρώντας με προσοχή κάθε κλαδί, κάθε θάμνο, κάθε σωρό φρούτων. Περιεργαστήκαμε άπειρες πεταλούδες, όμως ελάχιστες ήταν οι κοκκινόμαυρες.

«Να τη η Μελπομένη σου, Τίνα», είπε ο παππούς δείχνοντας ψηλά.

Ύψωσα το βλέμμα μου, αλλά σύντομα κούνησα αρνητικά το κεφάλι.

«Δεν είναι Μελπομένη, παππού. Είναι πολύ μεγάλη. Βλέπω ότι είναι κοκκινόμαυρη, αλλά πρόσεξε: δεν έχει άσπρες βούλες».

«Ίσως χρησιμοποιεί κρέμα προσώπου», σχολίασε η γιαγιά. «Είμαι σίγουρη ότι αυτή είναι η Μελπομένη σου, Τίνα».

Εγώ κατάλαβα ότι η γιαγιά βαρέθηκε τις πεταλούδες.

«Δεν είναι». Συμβουλεύτηκα τον κατάλογο ξανά. «Αυτή εδώ είναι, κοίταξε... πεταλούδα-"νυχτερίδα". Είναι κοκκινόμαυρη χωρίς κηλίδες. Χωρίς αμφιβολία, αυτή είναι "νυχτερίδα"».

«Δεν μπορεί να γίνει αυτή η αγαπημένη σου;» ρώτησε η γιαγιά.

«Μου αρέσει, αλλά νομίζω ότι συμπαθώ τη Μελπομένη πολύ περισσότερο», είπα.

Η γιαγιά άφησε έναν αναστεναγμό. Περπατήσαμε ολόγυρα την περίφραξη άλλη μια φορά. Θαυμάσαμε τους μυριάδες πράσινους παλίνουρους και τις γαλάζιες Μορφώ, και μια στρατιά από ποικίλα είδη πεταλούδων, αλλά ούτε ίχνος της Μελπομένης.

«Δε νομίζω ότι θα δούμε Μελπομένες σήμερα, καρδιά μου», είπε ο παππούς.

«Έχουν βγει να μοιράσουν την αλληλογραφία, φαίνεται», αστειεύτηκε η γιαγιά. «Για μαζευτείτε, κορίτσια. Ποια θέλει παγωτό;»

«Εγώ!» πετάχτηκε η Φιλ.

«Εγώ!» πετάχτηκε η Μάντι.

«Εγώ... αλλά μπορούμε να ψάξουμε πρώτα για μια Μελπομένη;» ρώτησα.

«Μα ψάξαμε παντού», είπε η Φιλ.

«Ψάξαμε μέχρι που πονέσανε τα μάτια μας», συμπλήρωσε η Μάντι.

«Δε γίνεται να ρίξουμε μια τελευταία ματιά;» παρακάλεσα.

Έτσι, διασχίσαμε ακόμα μία φορά την περίφραξη. Κοιτάξαμε ψηλά. Κοιτάξαμε χαμηλά. Κοιτάξαμε μέσα από θάμνους και πρασινάδες. Εν ολίγοις, κοιτάξαμε παντού.

Παρ' όλα αυτά, δεν εντοπίσαμε ούτε μία πεταλούδα «Μελπομένη».

«Έλα, Τίνα, τώρα πραγματικά είναι ώρα να φεύγουμε». Η γιαγιά με πήρε από το χέρι και με τράβηξε προς την έξοδο. Φτάνοντας στις κρεμαστές πλαστικές λωρίδες, που τρεμούλιασαν στο πέρασμά μας, εγώ σήκωσα το βλέμμα μου – και ακριβώς εκεί, από πάνω μου, κουρνιασμένη στην επιγραφή ΕΞΟΔΟΣ, ήταν μια μικρούλα κατακόκκινη πεταλούδα με μαύρο περίγραμμα στα φτερά της και δυο μεγάλες λευκές κηλίδες στα δεξιά και στ' αριστερά.

«Ω! Τι θαυμάσιο! Κοιτάξτε, κοιτάξτε! Η Μελπομένη μου!» φώναξα ενθουσιασμένη.

Η Μελπομένη πέταξε προς τα μένα και διέγραψε έναν κύκλο γύρω από το κεφάλι μου, σαν να με χαιρετούσε. Ύστερα πέταξε μακριά και γρήγορα χάθηκε από τα μάτια μου.

Ήμουν τόσο περιχαρής, ώστε ένιωθα τα μάγουλά μου να κοκκινίζουν, να παίρνουν το ίδιο ακριβώς χρώμα με τα φτερά της Μελπομένης. Ήμουν τόσο αναψοκοκκινισμένη, ώστε δεν ήθελα με τίποτα να φορέσω το μπουφάν μου, όταν βγήκαμε έξω στο κρύο. Η γιαγιά θύμωσε μαζί μου και ο παππούς έκανε να με κυνηγήσει, αλλά δεν κατάφερναν να με πιάσουν με τίποτα. Άνοιγα τα χέρια μου στην έκταση σαν φτερά και προσποιούμουν ότι πετούσα, όπως η Μελπομένη.

Όταν έπεσα για ύπνο το ίδιο βράδυ, ονειρεύτηκα ότι οι πεταλούδες είχαν κατακλύσει το δωμάτιό μας – πράσινοι παλίνουροι και γαλάζιες Μορφώ, και εκατοντάδες Μελπομένες.

Κεφάλαιο 8

Όταν ξύπνησα, οι πεταλούδες είχαν εξαφανιστεί. Τότε θυμήθηκα ότι και το Μωρό είχε χαθεί και στενοχωρήθηκα αφάνταστα. Το χέρι μου ήταν αδειανό πια. Έσφιξα στην αγκαλιά μου το αρκουδάκι μου, αλλά δε βρήκα παρηγοριά. Δεν ήθελα να νιώθω το μαλακό τρίχωμά του. Ήθελα το σκληρό Μωράκι μου, την μπεμπούλα μου – το στρογγυλό κεφάλι της, τα λεία χέρια της, το φούσκωμα της κοιλίτσας της, τις αυλακώσεις των δαχτύλων στα πόδια της.

Ήθελα το Μωρό τόσο πολύ, ώστε με πήραν τα κλάματα. Δεν ήταν τα γοερά κλάματα που θα έκαναν τη μαμά να έρθει τρέχοντας. Ήταν βουβά, αξιοθρήνητα αναφιλητά μέσα στο μαξιλάρι μου.

Η Φιλ άκουσε. Και η Μάντι άκουσε. Οι δυο τους

τρύπωσαν στο κρεβάτι μου, αν και ήμασταν στριμωγμένα οι τρεις μας. Ήμασταν σαν τριπλό σάντουιτς. Εγώ ήμουν η μαρμελάδα.

Ένιωσα κάπως καλύτερα, ζουληγμένη καθώς ήμουν ανάμεσα στις αδελφές μου, αλλά δεν μπορούσα να σταματήσω τα κλάματα για πολλή ώρα. Και όταν κάποτε σώθηκαν τα δάκρυά μου, η μύτη μου έτρεχε ασταμάτητα και πονούσε το κεφάλι μου.

Δεν αισθανόμουν καλύτερα την ώρα του πρωινού. Δεν είχα την παραμικρή όρεξη να φάω το φρούτο μου ή το γιαούρτι μου. Δεν είχα διάθεση να φάω το φρυγανισμένο ψωμί μου. Ήπια μονάχα χυμό.

«Αγάπη μου όμορφη, τι έχεις, καρδουλίνι μου;» ρώτησε η μαμά. «Είσαι χλωμή και τα μάτια σου είναι κόκκινα». Στα λόγια αυτά, έπιασε το μέτωπό μου. «Είσαι ζεστή, βλέπω. Ελπίζω να μην κρυολόγησες. Σήμερα θα έλεγα να κάνεις ένα πιτζάμα πάρτι».

Όταν κάποια από εμάς κρυολογεί ή κολλάει κάποια ίωση, μένουμε με τις πιτζάμες μας και η μαμά μάς φέρνει το φαγητό μας σε δίσκο, και καταπιανόμαστε με τη ζωγραφική ή το διάβασμα στο κρεβάτι. Εγώ έχω κάνει πολύ περισσότερα πιτζάμα πάρτι σε σύγκριση με τη Φιλ και τη Μάντι.

Στις αδελφές μου δεν αρέσουν αυτά τα πιτζάμα πάρτι. Η

Μάντι γίνεται ιδιαίτερα νευρική. Απεναντίας, εγώ τα απολαμβάνω πολύ.

Έτσι, άραξα στο κρεβάτι όλη την Κυριακή. Δεν ένιωσα μοναξιά ούτε μια στιγμή.

Η Φιλ, η Μάντι και εγώ παίξαμε με τις Monster High κούκλες μας και τις Μπάρμπι μας. Παριστάναμε ότι αυτές πήγαιναν σε διαφορετικά σχολεία και ήταν θανάσιμες αντίζηλες, και κατέληξαν να ρίξουν έναν καβγά τρικούβερτο.

Κάποτε η μαμά είπε ότι κάναμε μεγάλη φασαρία και ότι εγώ είχα ανάγκη από ηρεμία και ησυχία. Έτσι, η Φιλ και η Μάντι βγήκαν να παίξουν μόνες τους όση ώρα η μαμά διάβαζε σ' εμένα – τρία ολόκληρα κεφάλαια.

Ύστερα η μαμά έπρεπε να φύγει για να ετοιμάσει το κυριακάτικο τραπέζι, έτσι ήρθε ο μπαμπάς και έπαιξε χαρτιά μαζί μου.

Σερβιρίστηκα το κυριακάτικο φαγητό μου σε δίσκο. Η μαμά μού έβαλε μια πολύ μικρή μερίδα, παρ' όλα αυτά εγώ κατάφερα να φάω μόνο μια πατάτα. Και δυο φασόλια. Και τρεις κουταλιές παγωτό.

Έπειτα πήρα έναν υπνάκο. Ξύπνησα νιώθοντας χειρότερα: η μύτη μου ήταν ολότελα μπουκωμένη, πονούσε ο λαιμός μου, ζεσταινόμουν πολύ και συνάμα είχα ρίγη.

«Αχού, τι πάθαμε», είπε η μαμά. «Για να βάλουμε θερμόμετρο».

Το απόγευμα γκρίνιαζα και βογκούσα.

Την ώρα του τσαγιού έφαγα κι άλλο παγωτό. Δεν ήθελα τίποτε άλλο.

Αργότερα, φόρεσα τη ρόμπα μου και πήγα στο σαλόνι να παρακολουθήσω ένα DVD. Μου επέτρεψαν να διαλέξω το αγαπημένο μου, το *Ψυχρά κι ανάποδα*. Βολεύτηκα στην αγκαλιά του μπαμπά. Ήταν όμορφα στην αρχή, αλλά μετά αισθάνθηκα ατονία και κατάπτωση.

«Για να σε βάλω πάλι στο κρεβάτι σου», είπε η μαμά.

«Δεν πειράζει, ματάκια μου. Να δεις που αύριο πρωί θα είσαι περδίκι», σχολίασε ο μπαμπάς.

«Μην το 'χεις και σίγουρο», είπε η μαμά, ελαφρώς τσιτωμένη. «Έχω την αίσθηση ότι άρπαξε γερό κρύωμα χθες. Ήταν ανευθυνότητα από πλευράς των γονιών σου που πήγαν τις μικρές στον ζωολογικό κήπο μια τέτοια κρύα μέρα».

«Για όνομα του Θεού, δεν είναι δα και καταχείμωνο!»

«Είχε πολύ παγωμένο αέρα. Και ξέρεις πόσο εύκολα αρρωσταίνει η Τίνα», δήλωσε η μαμά. «Τη βλέπεις; Αύριο δε θα πάει σχολείο».

Χμμ... Αυτή η κουβέντα με χαροποίησε, αν και φρόντισα να συνεχίσω να δείχνω περίλυπη.

«Αχού, νομίζω ότι αρρώστησα και εγώ», βιάστηκε να πει η Μάντι. «Δώστε μου... αχ... ένα χαρτομάντιλο... αψούουου!»

«Και εγώ δεν είμαι καλά. Έχει μπουκώσει η μύτη μου», πήρε τον λόγο η Φιλ. «Το πιο σωστό είναι να μείνουμε όλες στο σπίτι αύριο».

«Δες τώρα τι προκάλεσες», αναφώνησε ο μπαμπάς. «Βρε σεις, παμπόνηρα αλεπουδάκια! Θα πάτε οπωσδήποτε στο σχολείο, ακόμα και αν σας ξεκολλήσει η μύτη από το πολύ φτάρνισμα!»

Προς μεγάλη τους δυσαρέσκεια, η Φιλ και η Μάντι ήταν πράγματι περδίκι το επόμενο πρωί. Αντίθετα εγώ ήμουν ακόμη αδιάθετη. Δεν ανάσαινα κανονικά και πονούσα παντού. Η μαμά με φάσκιωσε με δυο πουλόβερ και δυο κολάν το ένα πάνω στο άλλο, μου φόρεσε και το βαρύ χειμωνιάτικο παλτό μου και με πήγε στην παιδίατρο.

Συμπαθώ την κυρία Τζέσοπ. Είμαστε φίλες από παλιά.

«Μμ, έχεις λίγα ακροαστικά», διέγνωσε η παιδίατρος. «Θα σου γράψω κάποια φάρμακα, Τίνα».

«Και θα πάω στο σχολείο;» ρώτησα με σιγανή, τσακισμένη φωνή.

«Συστήνω να μείνεις μια δυο μέρες στο κρεβάτι», είπε η γιατρός.

Έτσι, η μαμά και εγώ επιστρέψαμε στο σπίτι, και εγώ φόρεσα μαλακές, καθαρές πιτζάμες, ενώ η μαμά άλλαζε σεντόνια στο κρεβάτι μου, και μετά κουλουριάστηκα στην πεντακάθαρη, μοσχομυριστή φωλίτσα μου και επιχείρησα να ξανακοιμηθώ.

Ήταν παράξενη αίσθηση να βρίσκομαι στο δωμάτιο ολομόναχη, δίχως τους ήχους από τη βαριά ανάσα της Φιλ και τα στριφογυρίσματα της Μάντι. Βασίλευε υπερβολική σιωπή. Μάλιστα άκουγα τη μαμά να τηλεφωνεί στην εργασία της και να λέει ότι δε θα μπορούσε να έρθει σήμερα, και στη συνέχεια να ανοιγοκλείνει ντουλάπια στην κουζίνα, όμως εδώ στο δωμάτιό μου τα πάντα ήταν ασάλευτα και βουβά.

Κρυφοκοίταξα μέσα από τα σεντόνια. Πάνω στο περβάζι, και οι τρεις κούκλες με παρατηρούσαν. Η Μπουμπουκένια αγριοκοίταζε, κρατώντας το τριαντάφυλλό της σαν να το απεχθανόταν. Και σε εκείνην έλειπε το Μωρό.

Αισθάνθηκα πολύ άσχημα και έβαλα τα κλάματα και τα αναφιλητά μου δεν είχαν σταματημό, ώσπου οι μαλακές καθαρές πιτζάμες μου και τα ευωδιαστά σεντόνια μου έγιναν ένα καυτό και απαίσιο κουβάρι.

«Αγάπη μου», είπε τρυφερά η μαμά, μπαίνοντας στο δωμάτιο. «Καημένο μου! Γιατί δε με φώναξες; Πού πονάς, μωρό μου;»

Στη λέξη «μωρό», οι λυγμοί μου δυνάμωσαν.

«Τρέχω να τηλεφωνήσω στην παιδίατρο», είπε η μαμά.

«Δεν... δεν κλαίω... γιατί... πονάω... αν και πονάω... Κλαίω γιατί... γιατί... ήμουν... άτακτη», τραύλισα μέσα στα αναφιλητά μου.

«Αγάπη μου, τι έκανες; Πες στη μανούλα». Η μαμά

είχε τα χέρια της τυλιγμένα γύρω μου και με κρατούσε σφιχτά.

«Πή-πήρα το Μωρό στο σχολείο», κλαψούρισα συντετριμμένη.

«Αυτό ήταν μεγάλο λάθος», παραδέχτηκε η μαμά, αλλά μου σκούπισε τα μάτια στοργικά με χαρτομάντιλο και με βοήθησε να φυσήξω τη μύτη μου. «Σου είχα πει να μην πάρεις το Μωρό στο σχολείο. Αλλά δεν πειράζει. Δεν έγινε δα και τίποτα».

«Και όμως έγινε! Κάτι πολύ κακό», θρήνησα. «Η Σέλμα μού το άρπαξε και το πέταξε μέσα στην τουαλέτα!»

«Τι έκανε λέει; Στην τουαλέτα; Τι απαίσιο κορίτσι. Πώς τόλμησε να κάνει κάτι τέτοιο! Το έκανε εσκεμμένα;»

«Ναι».

«Ώστε έτσι! Το μεσημέρι που θα πάω να πάρω τη Φιλ και τη Μάντι από το σχολείο, θα τα πω ένα χεράκι με τη Σέλμα και τη μητέρα της», δήλωσε η μαμά αγανακτισμένη.

«Μαμά, δε μου φαίνεται καθόλου καλή ιδέα. Η Σέλμα και η μαμά της μπορεί να σου επιτεθούν!» Στα λόγια αυτά, φαντάστηκα τη σκηνή.

Αυτό με στοίχειωσε για την υπόλοιπη ημέρα... παρότι η μαμά μού φέρθηκε τόσο καλά, ενώ εγώ υπήρξα πολύ άτακτη.

Μου έδωσε ντοματόσουπα για μεσημεριανό. Δεν την πείραξε που άφησα στο πιάτο μου την περισσότερη. Και πάλι με άφησε να φάω παγωτό για επιδόρπιο.

Έπειτα μου διάβασε ξανά και μετά κουκουλώθηκα κάτω από τα σκεπάσματα για να κοιμηθώ, και η μαμά μού χάιδευε το μέτωπο και μου τραγουδούσε νανουρίσματα σαν να ήμουν μωράκι.

Κοιμήθηκα κανονικά, και δεν ξύπνησα ούτε όταν η γειτόνισσα από δίπλα, η κυρία Ρίτσαρντς, ήρθε για να με προσέχει όση ώρα θα έλειπε η μαμά για να φέρει τις αδελφές μου από το σχολείο.

Ωστόσο, ξύπνησα από τον λήθαργο όταν η Μάντι όρμησε σαν σίφουνας μέσα στο δωμάτιο, ενώ η Φιλ ακολουθούσε ξοπίσω της.

«Τίνα, ξύπνα! Πού να φανταστείς τι έγινε!» είπε μεγαλόφωνα η Μάντι.

«Σσσσς, Μάντι, η Τίνα θα έχει πονοκέφαλο σίγουρα», ψιθύρισε η Φιλ. «Αλλά πού να σου πούμε τα νέα, Τίνα!»

Μολονότι ήμουν νυσταγμένη και είχα πράγματι πονοκέφαλο, ανακάθισα στο κρεβάτι για να μάθω τι έγινε.

«Είναι καλά η μαμά;» ρώτησα, διερωτώμενη αν η Σέλμα ή η μαμά της την είχαν χτυπήσει.

«Ναι. Βρίσκεται στο σαλόνι και φτιάχνει τσάι στη γειτόνισσα. Και smoothie για εμάς, θέλω να πιστεύω, γιατί έχω λυσσάξει στην πείνα», αποκρίθηκε η Μάντι. «Άκου να δεις, Τίνα. Όταν η μαμά ήρθε να μας πάρει στο σχόλασμα, πήγε στη μαμά της Σέλμα και άρχισε να καβγαδίζει μαζί της!»

«Δεν ξεκίνησε με καβγά – ήταν εξαιρετικά ευγενής στην αρχή, αλλά σε ψυχρό τόνο», διόρθωσε η Φιλ. «Της είπε: *Με συγχωρείτε, κυρία Τζόνσον, απ' ό,τι μαθαίνω, η κόρη σας, η Σέλμα, πήρε ένα πορσελάνινο κουκλάκι που ανήκε στην Τίνα, την κόρη μου, και το έριξε μέσα στην τουαλέτα την περασμένη Παρασκευή*».

«Και η μαμά της Σέλμα είπε: *Τι πράγμα;* Έτσι η μαμά τα ξαναείπε από την αρχή. Και η Σέλμα είπε: *Εγώ; Ποτέ.* Ωστόσο, είχε τόσο ανήσυχο και ένοχο ύφος, που ήταν εμφανές ότι έλεγε ψέματα. Δε θα πιστέψεις τι έκανε η μαμά της Σέλμα εκείνη την ώρα!» είπε η Μάντι.

«Κοπάνησε τη μαμά;» ρώτησα έντρομη.

«Όχι, χαζούλα! Τη Σέλμα κοπάνησε», αποκρίθηκε η Φιλ.

«Την *κοπάνησε;*»

«Ναι, την κοπάνησε με δύναμη στο κεφάλι – *μπαμ, μπαμ, μπαμ*», έκανε η Μάντι.

Η είδηση μου φάνηκε τόσο εξωπραγματική, ώστε λησμόνησα την αρρώστια μου και τινάχτηκα όρθια στο κρεβάτι. «Μα ποτέ δε χτυπάμε παιδιά! Πόσο μάλλον αν είναι το δικό σου το παιδί!»

«Το ξέρω. Δεν επιτρέπεται. Κι όμως, αυτό έκανε», επιβεβαίωσε η Φιλ.

«Και το έκανε πολλές φορές», συμπλήρωσε η Μάντι. «Και η Σέλμα έβαλε τα κλάματα».

«Έκλαιγε και εμείς την είδαμε, και νομίζω ότι αυτό την έκανε να κλάψει περισσότερο», είπε η Φιλ.

«Δικό της φταίξιμο ήταν», σχολίασε η Μάντι. «Δεν έπρεπε να πετάξει το Μωρό στην τουαλέτα και να τραβήξει καζανάκι. Ήταν πολύ κακή η πράξη της».

«Ναι, αλλά όχι σε τέτοιο βαθμό, που να κάνει την ίδια της τη μαμά να τη χτυπήσει στο κεφάλι», ανταπάντησε η Φιλ.

«Πολύ χαίρομαι που η δική μας η μαμά δε μας δέρνει», είπα.

Δεν το χωρούσε το μυαλό μου. Η μαμά θύμωνε –και γινόταν έξω φρενών πολλές φορές– όμως δε μας είχε χτυπήσει ούτε μια φορά, ούτε τόσο δα.

Και ο μπαμπάς θύμωνε, αλλά ούτε αυτός μας είχε δείρει ποτέ.

Ορισμένες φορές η γιαγιά έλεγε ότι θα μας κάνει τον

ποπό μαύρο στο ξύλο, όταν γινόμασταν πολύ άτακτες, αλλά ποτέ της δεν το πραγματοποίησε.

Ο παππούς ποτέ δεν είχε εκφράσει κάτι τέτοιο. Ποτέ δε θύμωνε. Η γιαγιά έλεγε ότι θα μας άφηνε να τη βγάλουμε καθαρή ακόμα και με φόνο.

Όταν η μαμά μάς έφερε τα smoothie μας σε δίσκο, δεν κρατήθηκα και ρώτησα: «Μαμά, στ' αλήθεια έφαγε ξύλο η Σέλμα;»

«Ναι, έτσι έγινε. Και ήταν φριχτό. Μετάνιωσα που άνοιξα το στόμα μου. Προσπάθησα να σταματήσω τη μαμά της Σέλμα, αλλά εκείνη δεν άκουγε τίποτα. Και έβριζε πολύ την κόρη της. Αχ, την καημένη τη μικρούλα Σέλμα».

Μου φάνηκε πολύ παράξενο που κάποιος έλεγε τη Σέλμα *καημένη* και *μικρούλα*. Για μια στιγμή τη σκέφτηκα διαφορετικά.

«Κάθε άλλο παρά καημένη είναι, μαμά», της αντιγύρισε η Φιλ.

«Και σε καμία περίπτωση δεν είναι μικρή. Είναι το ψηλότερο κορίτσι στην τάξη», τόνισε η Μάντι.

«Το καταλαβαίνω, αλλά και πάλι τη λυπάμαι, με τη μαμά που έχει», είπε η μαμά.

«Είναι το χειρότερο κορίτσι του κόσμου», είπε η Φιλ.

«Και συμπεριφέρεται πολύ άσχημα στην Τίνα», τόνισε η Μάντι.

«Το ξέρω, και είναι απαίσιο», είπε η μαμά, «αλλά πιστεύω ότι η Σέλμα είναι κακιά επειδή η μαμά της της φέρεται με κακία. Ίσως... ίσως εάν οι τρεις σας φροντίζατε να φέρεστε με καλοσύνη στη Σέλμα, και εκείνη με τη σειρά της να σας φερόταν όμορφα...»

«Πιθανόν», είπε η Φιλ, πολύ διστακτικά.

«Αδύνατον!» αναφώνησε η Μάντι. «Μαμά, με συγχωρείς που το λέω, αλλά είναι πολύ χαζή ιδέα. Δεν μπορείς να φανταστείς πόσο κακή γίνεται η Σέλμα».

«Ας ξεχάσουμε τη Σέλμα για την ώρα. Πιείτε τα smoothie σας και μετά λέω να αφήσετε την Τίνα να ησυχάσει», συνέστησε η μαμά.

«Όχι, η Τίνα μάς θέλει κοντά της, έτσι δεν είναι, αδελφούλα;» είπε η Φιλ.

«Θα ήταν περίεργα για κείνη χωρίς εμάς όλη την ημέρα», πρόσθεσε η Μάντι.

«Μην ανησυχείς, μαμά, δε θα κάνουμε φασαρία», τη διαβεβαίωσε η Φιλ.

«Σαν τα ποντικάκια», επιβεβαίωσε η Μάντι.

Έτσι, η μαμά μάς άφησε να μείνουμε μαζί. Ήταν πολύ όμορφα. Οι αδελφές μου μου διάβαζαν εναλλάξ, με πολύ σιγανή, απαλή φωνή.

Έπειτα η Φιλ έπαιξε τη «Χρυσομαλλούσα και τις τρεις αρκούδες» με την Τριανταφυλλένια και τα αρκουδάκια μας.

Η Μάντι έβγαλε τον Τυροκροκέτα από το κλουβί του για να έρθει να με χαιρετήσει.

Δεν επιτρέπεται να βγάζουμε τα χάμστερ από το κλουβί τους. Μια φορά, εκεί που τα χαϊδεύαμε, εκτοξεύθηκαν προς πάσα κατεύθυνση και έπρεπε να παίξουμε «Κυνήγησε τα χάμστερ» παντού μέσα στο σπίτι.

Η μαμά θα γινόταν έξαλλη αν έβλεπε τον Τυροκροκέτα κουλουριασμένο στο κρεβάτι μαζί μου. Όμως η μαμά δεν επέστρεψε και ο Τυροκροκέτας δεν επιχείρησε να φύγει, οπότε κανείς μας δεν έμπλεξε. Ένιωσα τόσο όμορφα κρατώντας τον ζεστό, μαλλιαρό Τυροκροκέτα, ώστε πίστεψα ότι θα γινόμουν καλύτερα.

Ο μπαμπάς γύρισε σπίτι από τη δουλειά με ένα μεγάλο τσαμπί σταφύλια. «Αυτά είναι για το αρρωστούλι μας», δήλωσε.

Το αρρωστούλι ήμουν εγώ. Αλλά φυσικά τα μοιράστηκα με τη Φιλ και τη Μάντι.

Έπειτα από αυτό, δεν είχα όρεξη για βραδινό. Ούτε παγωτό ήθελα. Ανακατευόμουν. Και λίγο αργότερα, έκανα εμετό.

«Ω παιδάκι μου, παιδάκι μου», επαναλάμβανε τρυφερά η μαμά.

Έπεσα για ύπνο νωρίς το βράδυ, έχοντας έναν κουβά πλάι στο κρεβάτι μου, για παν ενδεχόμενο. Κοιμήθηκα για λίγες ώρες, αλλά κάποια στιγμή ξύπνησα και έκανα εμετό ξανά. Και ξανά.

Τότε ο μπαμπάς αναγκάστηκε να κοιμηθεί στο κρεβάτι μου, ενώ εγώ ήμουν κουκουλωμένη στο μεγάλο κρεβάτι μαζί με τη μαμά. Συνήθως αυτό είναι εξαιρετικά μεγάλο δώρο, εντούτοις δε με βοήθησε να νιώσω καλύτερα.

Ήταν αδύνατον να πάω σχολείο το επόμενο πρωί. Δεν ήμουν απλώς αδιάθετη. Ήμουν άρρωστη για τα καλά.

Κεφάλαιο 9

Ξεκίνησε ως κρυολόγημα, αλλά μετά κατέβηκε στα πνευμόνια μου. Όταν επισκέφθηκα και πάλι την παιδίατρο, μουρμούρισε στη μαμά ότι είχα κολλήσει ιό γρίπης και ότι φοβόταν πως θα μου γύριζε σε πνευμονία. Αυτή είναι η πιο ενδιαφέρουσα λέξη. Και πιστέψτε με, την έγραψα ολόσωστα. Ρώτησα τη μαμά. Νόμιζα ότι θα γραφόταν *πνεβμονία*.

Όπως και να γράφεται, το σίγουρο είναι ότι με κατατάραξε. Το στήθος μου πονούσε αφόρητα και το κεφάλι μου σφυροκοπούσε, και τα χέρια μου και τα πόδια μου πονούσαν. Βασικά πονούσα παντού.

Έπρεπε να μένω στο κρεβάτι συνεχώς και να παίρνω μεγάλα χάπια που σχεδόν μου κάθονταν στον λαιμό.

Ολόκληρη την πρώτη εβδομάδα η μαμά έμεινε στο

στο σπίτι μαζί μου. Μου διάβαζε.

Αλλά μετά είχε εξαντλήσει όλη την άδειά της και έπρεπε αναγκαστικά να επιστρέψει στη δουλειά της.

Ο μπαμπάς έμεινε μαζί μου στο σπίτι για λίγες ημέρες. Και εκείνος μου διάβαζε. Δε διάβαζε πάντα από βιβλίο.

Και η γιαγιά ήρθε. Όμως επέμεινε σθεναρά να πάρει ο μπαμπάς τον Πεινάλα, τον Βολίδα και τον Τυροκροκέτα από το δωμάτιό μου. Τα χαμστεράκια τσίριξαν με μένος. Ύστερα, ήρθε η σειρά της γιαγιάς να τσιρίξει, γιατί, καθώς ξεσκόνιζε την Τριανταφυλλένια, την Πρίμουλα και την Μπουμπουκένια πάνω στο περβάζι του παραθύρου, διαπίστωσε ότι η Μπουμπουκένια κρατούσε ένα λουλούδι αντί για το πορσελάνινο μωράκι της.

Η γιαγιά δε θύμωσε μαζί μου. Θύμωσε με τη μαμά αργότερα, όταν επέστρεψε από το σχολείο, όπου είχε πάει για να πάρει τη Φιλ και τη Μάντι.

«Μα καλά, πώς σου ήρθε να αφήσεις την Τίνα να πάρει το πορσελάνινο κουκλάκι στο σχολείο; Ήταν σίγουρο ότι θα το χάσει», γκρίνιαξε η γιαγιά, κάνοντας «τς, τς,τς».

Η γιαγιά και η μαμά έδειχναν έτοιμες να αρπαχτούν για τα καλά.

Η Φιλ με σκούντησε. «Ξεκίνα να βογκάς, Τίνα», μου σφύριξε.

Έτσι, βόγκηξα αρκετά, και η μαμά μαζί με τη γιαγιά ήρθαν τρέχοντας στο κρεβάτι μου, φανερά ανήσυχες, κι ώσπου να μου φέρουν δροσερή κομπρέσα για το καυτό μέτωπό μου και άλλη μια κουβέρτα για το σώμα μου που έτρεμε από ρίγη, είχαν λησμονήσει τα πάντα για το Μωρό και τον διαπληκτισμό τους.

Η γιαγιά επέστρεψε την επόμενη μέρα, κρατώντας το επαγγελματικό βαλιτσάκι της. Εργάζεται ως μανικιουρίστα μερικής απασχόλησης. Έφτιαξε τα δικά της νύχια και μετά, όταν στέγνωσαν, έφτιαξε τα δικά μου! Δε χρειάστηκε να ανακαθίσω στο κρεβάτι. Μονάχα έβγαλα τα χέρια μου έξω από το πάπλωμα. Η γιαγιά μού έφτιαξε τα πιο φανταστικά νύχια, με αστραφτερά τελειώματα και χαμογελάκια. Δεν μπορούσα να συγκρατήσω τα δικά μου χαμόγελα, παρότι ένιωθα πολύ άρρωστη.

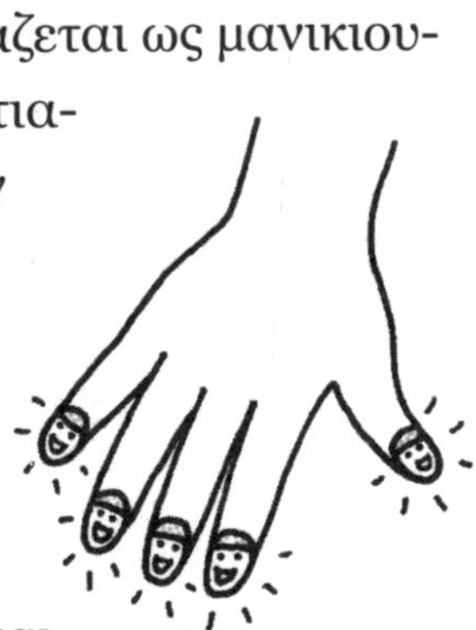

Η Φιλ και η Μάντι ζήλεψαν αφόρητα όταν επέστρεψαν από το σχολείο.

Αλλά τον περισσότερο καιρό με φρόντιζε ο παππούς. Εργαζόταν πολύ λίγες ώρες το τελευταίο διάστημα, μοιράζοντας εφημερίδες νωρίς το πρωί.

«Πώς τα φέρνει η ζωή», σχολίαζε χαμογελώντας. «Η πρώτη μου δουλειά ήταν να μοιράζω εφημερίδες».

Όταν ο παππούς επέστρεφε από τη διανομή εφημερίδων, ξάπλωνε λίγο στο κρεβάτι της Φιλ ή της Μάντι. Ισχυριζόταν ότι θα ξεκούραζε μόνο τα μάτια του, αλλά αρκετές φορές ροχάλιζε. Και εγώ ξεκούραζα τα μάτια μου. Δε νομίζω να ροχάλιζα.

Και οι δυο μας ξυπνούσαμε γύρω στα μέσα του πρωινού.

«Ώρα για το εντεκατιανό μας», έλεγε ο παππούς.

Ορισμένες φορές δεν ήταν ώρα έντεκα ακριβώς, οπότε ο παππούς το προσάρμοζε αναλόγως, λέγοντας: «Ώρα για το έντεκα-παρά-εικοσιανό μας» ή «Ώρα για το δέκα-και-μισιανό μας».

Ύστερα πήγαινε στην κουζίνα και έφτιαχνε για τους δυο μας από μια κούπα ζεστή σοκολάτα με σαντιγί και ένα μάρσμελοου στην κορυφή.

«Είναι αταξία, αλλά είναι ωραία αταξία», έλεγε ο παππούς.

Πάντοτε άδειαζε όλη την κούπα του. Τις περισσότερες φορές εγώ έπινα λίγες μόνο γουλιές, αλλά κατάφερνα να τρώω το μάρσμελοου.

Έπειτα ο παππούς σκαρφιζόταν ένα παραμύθι καταδικό μου – όχι ένα παραμύθι με ηρωίδες τη Φιλ, τη Μάντι και εμένα. Αυτή ήταν μια ιστορία για την Τίνα, την

Πριγκίπισσα Πεταλούδα. Δεν έμοιαζε ούτε στο ελάχιστο με τους υπόλοιπους πρίγκιπες και τις πριγκίπισσες. Αυτή ήταν ένα μικροκαμωμένο κοριτσάκι που κοιμόταν μέσα στο κέλυφος ενός καρυδιού όταν ήταν μωρό. Από την κορυφή ως τα νύχια ήταν καταπράσινη, γεγονός που τράβηξε πολλά αρνητικά σχόλια. Ο βασιλιάς και η βασίλισσα ήταν πολύ ανήσυχοι, αλλά η νοσοκόμα απλώς τύλιξε το αλλόκοτο πράσινο μωρό μέσα σε ένα μεγάλο κουκούλι στο βασιλικό βρεφικό δωμάτιο. Η Τίνα κοιμόταν πολλά μερόνυχτα, ωσότου μια μέρα πετάχτηκε έξω από το κουκούλι της και φανέρωσε πανέμορφα, πολύχρωμα φτερά. Δεν ήταν μια απλή πριγκιποπούλα πια. Ήταν μια πριγκιπική πεταλούδα. Πετούσε ολούθε στους βασιλικούς κήπους και ξαπόσταινε με περίσσια χάρη από λουλούδι σε λουλούδι, ενώ όλοι τη θαύμαζαν μαγεμένοι. Το λάτρευα το παραμύθι μου με την Πριγκίπισσα Πεταλούδα.

Μετά την εξιστόρηση έπαιρνα άλλον έναν υπνάκο, ενόσω ο παππούς διάβαζε την εφημερίδα του.

Ύστερα ο παππούς ετοίμαζε μεσημεριανό. Ανησυχούσε όταν δεν είχα όρεξη να φάω καθόλου. «Μάλλον θα δοκιμάσω να σου δώσω νέκταρ. Αυτό δεν τρώνε οι πεταλούδες;» μου έλεγε.

Ο παππούς μού έφτιαχνε μίνι σαντουιτσάκια με ψωμί, βούτυρο και μέλι. «Το μέλι είναι σαν το νέκταρ», μου εξηγούσε.

Σερβίριζε τα σαντουιτσάκια στο πορσελάνινο σετ τσαγιού της κούκλας μου. Φαίνονταν τόσο περιποιημένα, ώστε έπρεπε οπωσδήποτε να δοκιμάσω ένα. Και δύο ακόμα. Ο παππούς ήταν πολύ ευχαριστημένος μαζί μου. Το απομεσήμερο έπαιρνα άλλον έναν υπνάκο. Δεν έκανα τίποτε άλλο πέρα από το να κοιμάμαι.

«Ακριβώς, είσαι η μικρή μας Ωραία Κοιμωμένη», έλεγε στοργικά ο παππούς. «Ο ύπνος σού κάνει πολύ καλό».

Εγώ πάντως ήξερα ότι ο παππούς μού έκανε πολύ καλό.

Τα χάπια της παιδιάτρου έκαναν δουλειά και η πνευμονία πέρασε, όμως αισθανόμουν ακόμη αδυναμία και καταπόνηση.

«Έχεις ανάγκη από ξεκούραση στο κρεβάτι, Τίνα. Δε γίνεται να πας στο σχολείο ακόμη – όχι για μία εβδομάδα τουλάχιστον», δήλωσε η κυρία Τζέσοπ.

«Τυχερούλα, τυχερούλα Τίνα», αναφώνησαν η Φιλ και η Μάντι.

Τότε δεχτήκαμε μια πολύ απρόσμενη επίσκεψη.

Άκουσα το χτύπημα στην εξώπορτα. Άκουσα τη μαμά και τη Φιλ και τη Μάντι. Κατάλαβα από τον τόνο της φωνής τους ότι ήταν κατάπληκτες.

Μεσολάβησαν αρκετές συζητήσεις στο καθιστικό,

και κάποτε άκουσα τη μαμά να λέει: «Θα σας πάω να δείτε την Τίνα».

Αναρωτήθηκα ποιος μπορούσε να είναι. Ήμουν πεπεισμένη ότι δεν ήταν ο παππούς ή η γιαγιά. Μήπως ήταν η γειτόνισσα, η κυρία Ρίτσαρντς;

Κόντεψα να πέσω από το κρεβάτι όταν η μαμά οδήγησε την κυρία Γελασίδου στο δωμάτιό μου! Μήπως θα με επέπληττε που έλειπα από το σχολείο τόσο καιρό;

«Μην ξαφνιάζεσαι, Τίνα, ήρθα για μια σύντομη επίσκεψη», άρχισε να λέει η δασκάλα. «Πέρασα να δω πώς είσαι. Η Φιλίπα και η Μάντλιν μού λένε τα νέα σου. Αντιλαμβάνομαι ότι είσαι στην ανάρρωση τώρα».

Έγνεψα καταφατικά.

«Και πάλι δε δείχνεις πολύ καλά, καλή μου».

Καλή μου!!!

«Χαίρομαι που σε φροντίζουν τόσο καλά. Ξέρω ότι θα σου πάρει λίγο χρόνο να γυρίσεις στο σχολείο, γι' αυτό σου έφερα μερικά βιβλία και τα τετράδια των ασκήσεών σου, ώστε να αναπληρώσεις όσα έχασες, όποτε έχεις διάθεση». Η κυρία Γελασίδου άφησε μια πολύ βαριά τσάντα στην άκρη του κρεβατιού μου.

Όποτε είχα διάθεση;;; Ποτέ δεν είχα διάθεση να κάνω πολλαπλασιασμούς ή να μάθω ορθογραφία, ακόμα και όταν ήμουν καλά. Και εκείνη η τσάντα έδειχνε ξέχειλη από εργασίες για το σπίτι.

«Τι λες, Τίνα μου;» πήρε τον λόγο η μαμά. «Δεν είναι πολύ ευγενικό από πλευράς της δασκάλας σου που ήρθε ως εδώ;»

Έγνεψα καταφατικά ξανά. «Σας ευχαριστώ, κυρία Γελασίδου», μουρμούρισα.

Η κυρία Γελασίδου κάθισε πλάι μου στο κρεβάτι. Ήταν παράξενο να βρίσκεται έτσι κοντά μου.

«Λείπεις σε όλους μας, ξέρεις», είπε. Σώπασε για λίγο. «Ακόμα και η Σέλμα δείχνει λίγο μελαγχολική».

Έμεινα εμβρόντητη.

«Ίσως της λείπει να έχει κάποιον να πειράζει», συνέχισε η κυρία Γελασίδου. «Ολόκληρη η τάξη σού έγραψε γράμματα με ευχές για καλή ανάρρωση. Είναι και αυτά μέσα στην τσάντα».

«Η Σέλμα μού έγραψε ευχές για καλή ανάρρωση;» ψέλλισα σαστισμένη.

«Ναι! Όλα τα παιδιά της τάξης».

«Ακόμα και η Φιλ και η Μάντι;»

«Βεβαίως. Τους ζήτησα να μη σου πουν λέξη. Ήθελα να είναι μια όμορφη έκπληξη», εξήγησε η κυρία Γελασίδου. «Κοίταξε να αναπαυθείς όσο μπορείς περισσότερο και να γίνεις τελείως καλά».

Η δασκάλα χτύπησε το χέρι μου ελαφρά, σαν μια στοργική θεία, και μετά άφησε τη μαμά να την ξεπροβοδίσει.

Η Φιλ και η Μάντι όρμησαν στο δωμάτιο.

«Απίστευτο! Ήρθε η κυρία Γελασίδου να σε δει. Ποτέ δεν είπε ότι σκόπευε να έρθει», είπε ξέπνοη η Φιλ.

«Σου έδωσε τα γράμματα; Όλοι μας έπρεπε να γράψουμε από ένα. Ήταν κομματάκι περίεργο να σου γράφουμε η Φιλ και εγώ γράμμα, Τίνα», είπε η Μάντι.

«Σε επέπληξε καθόλου;» ρώτησε η Φιλ.

«Όχι. Όχι, βασικά ήταν πολύ γλυκιά. Με αποκάλεσε "καλή μου" και χτύπησε το χέρι μου ελαφρά», ψέλλισα, σαστισμένη ακόμη.

«Αποκλείεται!» αναφώνησε η Μάντι. «Δεν υπάρχει περίπτωση να ήταν η δικιά μας κυρία Γελασίδου. Πιθανότατα θα ήταν η κατά πολύ γλυκύτερη δίδυμη αδελφή της».

«Πάντως μου έφερε ένα κάρο πράγματα για διάβασμα», βαριαναστέναξα.

Σύρθηκα μέχρι την άκρη του κρεβατιού και βάλθηκα να ψαχουλεύω μέσα στην τσάντα. Υπήρχαν τα βιβλία του σχολείου και τα βιβλία μου για τις εργασίες και τα τετράδια ασκήσεων. Άφησα έναν αναστεναγμό.

Έπειτα εντόπισα ένα μεγάλο ντοσιέ με γράμματα. Είκοσι επτά γράμματα – ένα από κάθε παιδί της τάξης. Όλοι τους είχαν φτιάξει από μια ζωγραφιά. Ορισμένες από αυτές έδειχναν εμένα στο κρεβάτι, να έχω τα χάλια μου. Ο Μικ μού είχε σχεδιάσει απαίσια στίγματα και ένα μπαλόνι που έγραφε: *Μπλιαξ! Πνεβμονία!* Ο Πίτερ με ζωγράφισε μια σταλιά, έτσι που έμοιαζα με μικρό έντομο με μικροσκοπικές πιτζάμες. Ο Άλιστερ με είχε ζωγραφίσει σαν εικόνα ιατρικού περιοδικού με βελάκια. Το ένα βελάκι έδειχνε το μέτωπό μου και έγραφε: *Πυρετός*. Ένα άλλο έδειχνε τα χέρια και τα πόδια μου και έγραφε: *Πόνοι και ενοχλήσεις*. Κάποιο άλλο έδειχνε την κοιλιά μου και έγραφε: *Αναγούλα*. Ο Άλιστερ ήταν ο μόνος σε ολόκληρη την τάξη που έγραψε τη λέξη πνευμονία ολόσωστα.

Ο Χάρι με ζωγράφισε περδίκι και να βάζω γκολ σε αγώνα ποδοσφαίρου. Μου άρεσε το γράμμα του Χάρι. Το ίδιο και της Νίρα. Ζωγράφισε όλα τα αδέλφια της και τους γονείς της, ακόμα και τη γιαγιά και τη θεία της, όλους να εύχονται: *Γίνε γρήγορα καλά, Τίνα!* Ευχαριστήθηκα το γράμμα της Φιλ. Ζωγράφισε τον Πεινάλα και τον Βολίδα και τον Τυροκροκέτα σε μικρά κρεβατάκια για χάμστερ, να φυσούν τη μύτη τους με λιλιπούτεια χαρτομάντιλα, παριστάνοντας ότι πάσχουν από χαμστερίσια πνευμονία. Και το γράμμα της Μάντι μού άρεσε. Ζωγράφισε και τις τρεις μας μαζί να κρατιόμαστε από το χέρι, αλλά με ζωγράφισε πελώρια και το κεφάλι μου έβγαινε σχεδόν από τη σελίδα. Μου έγραψε: *Θα γίνεις ολότελα καλά, και τόσο μεγάλη και δυνατή, ώστε θα είσαι η ψηλότερη από τις τρεις μας.*

Μονάχα δύο γράμματα δε μου άρεσαν.

Η Κέιλι ζωγράφισε ένα κακάσχημο κορίτσι που δε μου έμοιαζε καθόλου και έγραψε μία φράση: *Αγαπητή Τίνα, εύχομαι να γίνεις καλά. Κέιλι.*

Και η Σέλμα έκανε μια άσχημη ζωγραφιά. Μου ζωγράφισε μάτια αλλήθωρα και στραβό στόμα, και χέρια και πόδια σαν κλαράκια. Μου έγραψε: *Αγαπητή Τίνα, εύχομαι να γίνεις σύντομα καλά. Ανυπομονώ να ξαναγυρίσεις στο σχολείο. Σέλμα.*

Ανυπομονώ να ξαναγυρίσεις στο σχολείο...

Κατάλαβα μια χαρά τι σήμαινε αυτό: *Δε βλέπω την ώρα και τη στιγμή να σε πιάσω στα χέρια μου!*

Τσαλάκωσα το γράμμα της Σέλμα και το παράχωσα στο βάθος της τσάντας. Μπα! Υπήρχε και κάτι άλλο στον πάτο. Ήταν ένα ογκώδες πακέτο τυλιγμένο σε γυαλιστερό χαρτί και δεμένο με γαλάζια κορδέλα. Μια καρτούλα, πιασμένη στην κορδέλα, έγραφε: *Ένα δωράκι από την κυρία Γελασίδου.*

«Η δασκάλα σού χάρισε δώρο; Θα τρελαθούμε τελείως;» ψέλλισε η Φιλ αποσβολωμένη.

«Άνοιξέ το, γρήγορα», με παρακίνησε η Μάντι.

«Στοιχηματίζω ότι είναι τετράδιο ορθογραφίας ή πίνακες μαθηματικών – κάτι εξαιρετικά βαρετό, τέλος πάντων».

Κάθε άλλο παρά βαρετό ήταν. Ήταν ένα εξαίσιο δώρο. Ένα βιβλιαράκι για τις πεταλούδες, ένα μπλοκ σχεδίασης για μεγάλους και μια κασετίνα με ξυλομπογιές.

Κεφάλαιο 10

Ανοιξα το καινούριο μου μπλοκ σχεδίασης αμέσως μετά το πρωινό την επόμενη μέρα. Ήξερα ακριβώς τι επρόκειτο να σχεδιάσω. Θα έφτιαχνα ένα ολόκληρο βιβλίο με πεταλούδες.

Μελέτησα το βιβλιαράκι με τις πεταλούδες που μου χάρισε η δασκάλα. Ευελπιστούσα να αντιγράψω καθεμιά από τις πεταλούδες με ακρίβεια και να πετύχω τις κηλίδες τους στην εντέλεια. Αναζήτησα μια Μελπομένη πρώτα. Δε βρήκα καμία. Ύστερα έψαξα για έναν πράσινο παλίνουρο. Τζίφος! Κατόπιν, δοκίμασα να βρω μια γαλάζια Μορφώ, αλλά δεν υπήρχε καμία.

Το βιβλίο της δασκάλας ήταν για πέταμα, σκέφτηκα φουρκισμένη. Το έκλεισα με δύναμη.

«Βαρέθηκες κιόλας;» ρώτησε ο παππούς έκπληκτος.

«Ναι! Δεν βρίσκω καμία από τις πραγματικά καλές πεταλούδες. Δεν υπάρχει Μελπομένη!» είπα θυμωμένα. «Ούτε πράσινος παλίνουρος, ούτε γαλάζια Μορφώ. Δεν είναι καλό το βιβλίο».

«Ηρεμήστε παρακαλώ, κυρία μου. Είναι προφανές ότι έχεις γίνει καλύτερα – έχεις τη σωστή μουρτζούφλικη διάθεση», σχολίασε ο παππούς χαμογελαστός. Σήκωσε το βιβλιαράκι μου και το ξεφύλλισε. «Να την! Αυτή δεν είναι η γαλάζια πώς-την-είπες;» με ρώτησε ο παππούς.

Το βλέμμα μου έπεσε στη σελίδα. «Όχι, παππού. Είναι μια όμορφη γαλάζια πεταλούδα, αλλά δεν είναι η γαλάζια Μορφώ – εδώ γράφει *μπλε Άδωνις*. Μου αρέσει πάντως. Αυτή θα σχεδιάσω πρώτα».

«Ξέρεις κάτι, Τίνα;» είπε ο παππούς. «Δε μας κόβει καθόλου το νιονιό. Αυτό είναι βιβλίο για τις βρετανικές πεταλούδες. Η Μελπομένη σου και οι άλλες δυο προέρχονται από την Αφρική. Εκτίθενται μόνο σε ειδικά περιβάλλοντα. Τις πεταλούδες του βιβλίου όμως θα τις δεις και στους κήπους μας».

«Αχ, μακάρι, παππού!» αναφώνησα.

Καταπιάστηκα με τη σχεδίαση της πεταλούδας «μπλε Άδωνις», και μετά επέλεξα τη φωτεινή γαλάζια ξυλομπογιά από την κασετίνα μου. Τη χρωμάτισα με μεγάλη πιστότητα, σκουραίνοντας το γαλάζιο κοντά στις άκρες των φτερών και αφήνοντας μια λευκή φάσα ολόγυρα από τις άκρες τους. Ακόμα και το σώμα της ήταν γαλανό και πολύ τριχωτό. Ήταν ίδιο και απαράλλαχτο με το ψεύτικο γουνάκι της γιαγιάς.

Μελέτησα τα πάντα για την πεταλούδα «μπλε Άδωνις», σημαδεύοντας με το δάχτυλό μου, επειδή τα γράμματα ήταν πολύ μικρά. Ύστερα έγραψα με προσοχή το παρακάτω κείμενο, κάτω από τη ζωγραφιά μου:

Λυπάμαι τις θηλυκές,
γιατί έχουν χρώμα σοκολατί
και δεν είναι καθόλου όμορφες
σαν τις αρσενικές. Ζουν σε
ασβεστούχους λειμώνες. Τους αρέσει
η μαντζουράνα και το αγιόκλημα.

Έδωσα μεγάλη σημασία στη σωστή αντιγραφή των λέξεων γιατί ήθελα το βιβλίο μου με τις πεταλούδες να βγει τέλειο.

«Παππού, πού έχει ασβεστούχους λειμώνες;» τον ρώτησα.

«Κάτσε να σκεφτώ. Α, ξέρω! Η γιαγιά σου και εγώ συνηθίζαμε να πηγαίνουμε για πεζοπορία στον λόφο Μποξ Χιλ, προτού ακόμη παντρευτούμε. Διασχίζαμε, θυμάμαι, ένα μικρό ασβεστολιθικό μονοπάτι... πόσο γλιστρούσε! Και ολόγυρά μας απλώνονταν βοσκοτόπια, δηλαδή λειμώνες. Προφανώς αυτοί είναι οι ασβεστούχοι λειμώνες».

«Θα με πας εκεί όταν γίνω καλά;»

«Πιθανόν εκείνο το μονοπάτι να είναι πολύ κουραστικό για σένα, εγγόνα μου. Άσε που ούτε κι εγώ θα κατάφερνα να ανέβω μέχρι εκεί τώρα πια».

«Μπορούμε πάντως να δοκιμάσουμε», δήλωσα αποφασιστικά. «Τι είναι η μαν-τζου-ρά-να, παππού;»

«Είναι ένα γνωστό μυρωδικό. Χρησιμοποιείται και για να δίνει γεύση στα φαγητά, αν σου αρέσουν οι πιο γκουρμέ γεύσεις».

«Και το αγιόκλημα; Τι είναι;»

«Νομίζω είναι λουλούδι. Ή μήπως κάποιο χορτάρι; *Χορταράκια μου εσείς!*» Ο παππούς είπε τη φράση «Χορταράκια μου εσείς» με αστεία φωνή. Τα Χορταράκια ήταν ένα τηλεοπτικό πρόγραμμα που παρακολουθούσε ο ίδιος όταν ήταν μικρό παιδί. Στο ίδιο πρόγραμμα έπαιζαν και τα Ανθολούλουδα. Αυτά μιλούσαν με ακόμα πιο αστείες φωνές. Ο παππούς έπαιζε πότε το Χορταράκι, πότε το Ανθολούλουδο.

Οι δυο μας είδαμε κάποια κινούμενα σχέδια που αγαπούσα πολύ όταν ήμουν μικρότερη. Επίσης, είδα και μια νέα εκπομπή, την Πορφυρένια Ρούμπι.

Μια αστεία κυρία, η Ρούμπι, άλλαζε του κόσμου τις φορεσιές υποδυόμενη διαφορετικούς ανθρώπους και ζώα. Ντυνόταν με φορεσιά γάτας και έγλειφε γάλα από μπολ, και αργότερα γινόταν γάιδαρος με μεγάλα αυτιά που γκάριζε: «Γκαααα, γκααα!» Τα κοστούμια της ήταν πολύ λιτά, όμως η ίδια ήταν τόσο καλή ηθοποιός, ώστε πίστευες στ' αλήθεια ότι μεταμορφωνόταν σε όλους εκείνους τους ανθρώπους και τα ζώα.

Θα λάτρευα την Πορφυρένια Ρούμπι αν ήμουν μικρότερη. Τώρα μου άρεσε αρκετά.

Μετά το μεσημεριανό (μπουκίτσες τυριού πάνω σε ψωμί του τοστ και μπαστουνάκια καρότου σερβιρισμένα στο σετ τσαγιού της κούκλας μου) πήρα έναν υπνάκο, και αργότερα ο παππούς μού αποκάλυψε ότι μου είχε μια μεγάλη έκπληξη. Έπρεπε να πάει στο σαλόνι για να τη φέρει· σε λίγο μπήκε παραπαίοντας στο δωμάτιο, κρατώντας ένα πελώριο κουτί με Lego.

«Είναι δώρο για όλες σας, αλλά σκέφτηκα εμείς να ξεκινήσουμε τώρα το μεσημεράκι. Τι λες, Τίνα;» μου πρότεινε.

Πέταξα τη σκούφια μου! Περάσαμε ένα φανταστικό μεσημέρι ξεκινώντας να χτίζουμε τη γέφυρα Τάουερ Μπριτζ.

Έπειτα από ώρα εγώ κουράστηκα, ο παππούς όμως όχι.

Όλοι μας αναλάβαμε από ένα μέρος της κατασκευής όταν η μαμά και ο μπαμπάς και η Φιλ και η Μάντι επέστρεψαν στο σπίτι.

Αυτή λοιπόν ήταν η καινούρια μου ζωή, μέρα με τη μέρα. Μου διάβαζαν ιστορίες, με κανάκευαν με μικρές λιχουδιές και χάδια κι έβλεπα τηλεόραση, και χτίζαμε μπόλικες κατασκευές από Lego.

Κόντεψα να ξεχάσω ολότελα το σχολείο. Μια δυο φορές χάζεψα τα βιβλία που μου είχε φέρει η δασκάλα, αλλά μετά βιάστηκα να τα ξαναβάλω στην τσάντα μου. Σιγά μην είχα διάθεση να γράψω για τους αρχαίους Αιγύπτιους, όπως και αν γράφονταν, και ασφαλώς δεν ήθελα να μαθαίνω την ορθογραφία λέξεων ούτε να κάνω μαθηματικές πράξεις.

Εντούτοις, ζωγράφισα αμέτρητες πεταλούδες.

Σχεδίασα μια κίτρινη πιερίδα – αρσενική ώστε να τη ζωγραφίσω κατακίτρινη με μια πορτοκαλιά βουλίτσα σε κάθε φτερό.

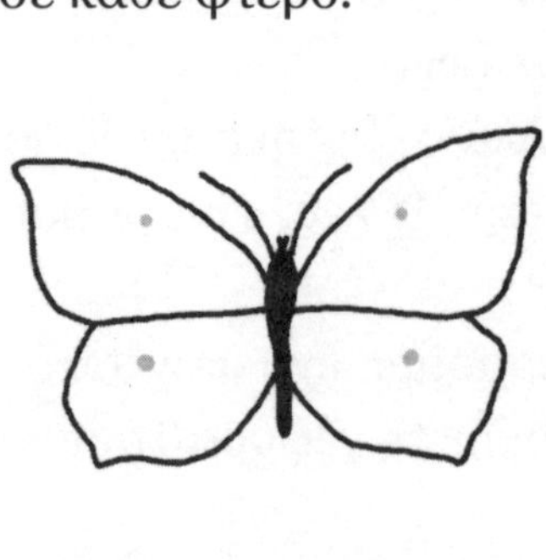

Αυτή είναι μια αρσενική κίτρινη πιερίδα. Οι θηλυκές είναι πιο ωχρές, οι καημένες. Ζουν σε ξέφωτα δασών και σε φράχτες από δενδρύλλια. Τρέφονται με νέκταρ βουδλέιας.

Ζωγράφισα την πιερίδα του λάχανου και μια μικρή άσπρη πιερίδα του λάχανου.

Αυτές είναι η πιερίδα του λάχανου
και η μικρή άσπρη πιερίδα του λάχανου.
Τους αρέσει να ζουν σε λαχανόκηπους.
Όταν είναι κάμπιες, τους αρέσει
ΠΑΡΑ ΠΟΛΥ να τρώνε λάχανο
(εγώ το απεχθάνομαι).

Ζωγράφισα μια μικρή αγλαΐα.

Αυτή είναι μια μικρή αγλαΐα.
Της αρέσει να ζει σε κήπους
με λουλούδια. Μακάρι
να είχαμε κι εμείς μία!
Λατρεύει να ρουφά τον χυμό
από μήλα και αχλάδια.

Ζωγράφισα μια καφέ πεταλούδα των λιβαδιών.

Αυτή είναι μια καφέ πεταλούδα
των λιβαδιών. Βρίσκουμε
παντού αυτές τις πεταλούδες,
στο χορτάρι και σε κήπους.
Ρουφούν το νέκταρ από κάθε είδους
λουλούδι. Λατρεύω τις κηλίδες τους
που μοιάζουν με μάτια.

Ζωγράφισα μια μεγάλη πεταλούδα της οικογένειας Εσπερίδες.

Αυτή είναι μια μεγάλη πεταλούδα
της οικογένειας Εσπερίδες.
Εδώ που τα λέμε, δεν είναι
πολύ μεγάλη. Ζει σε πάρκα
και σε φράχτες από δενδρύλλια.
Οι αρσενικές αρέσκονται
να κυνηγάνε τις άλλες αρσενικές.
Ξέρω αρκετά αγόρια που κάνουν το ίδιο.

Ζωγράφισα μια πεταλούδα «Βανέσα».

Αυτή είναι η πεταλούδα «Βανέσα».
Ζει σε κήπους και λιβάδια.
Τρέφεται με λουλούδια και χυμό
φρούτων. Πετά πάρα πολύ γρήγορα.

Ζωγράφισα μια πράσινη πεταλούδα των βατόμουρων.

Αυτή είναι η πράσινη πεταλούδα
των βατόμουρων. Τη βρίσκουμε
παντού: σε θάμνους, σε ρείκια,
σε λόφους, σε χέρσες εκτάσεις.
Συμπαθεί όλα τα λουλούδια.
Αναπαύεται με τα φτερά της
κλειστά. Έξυπνο αυτό, γιατί έτσι
δεν εντοπίζεται εύκολα.

Ζωγράφισα μια πεταλούδα-«παγόνι» από την αρχή, όμως τούτη τη φορά βγήκε καλύτερη από εκείνη που σχεδίασα για τη δασκάλα. Ζωγράφισα τις κεραίες της ολόσωστα. Οι κεραίες της, που προεξέχουν από το κεφάλι της, τη βοηθούν να μυρίζει και να αγγίζει. Χώρισα τον κορμό της με προσοχή, σχηματίζοντας τον άνω θώρακα τριχωτό και την κοιλιά ριγωτή. Μακάρι να είχα κι εγώ τριχωτό στήθος και ριγωτή κοιλιά.

Αυτή είναι μια πεταλούδα-«παγόνι». Πετά σε ανθόκηπους και σε λιβάδια. Τρέφεται με νέκταρ λουλουδιών και χυμό φρούτων. Η δασκάλα μου έχει στον τοίχο της την άλλη πεταλούδα-«παγόνι» που είχα φτιάξει.

«Μα την πίστη μου, τι ακάματη μελισσούλα ήσουν εσύ;» αστειεύτηκε ο παππούς όταν ξεφύλλισε το μπλοκ μου. «Ή μήπως να πω ακάματη *πεταλούδα*;»

Και ο παππούς δεν ήταν λιγότερο άοκνος. Είχε χτίσει μια τεράστια γέφυρα μέσα στο δωμάτιό μας. Το ανέλαβε σχεδόν εξ ολοκλήρου μόνος του, αν και με άφησε να τοποθετήσω τα τελευταία τουβλάκια. Λίγες σπιθαμές ελεύθερου χώρου είχαν μείνει στο δωμάτιό μας για να κινούμαστε πια.

«Θα την κρατήσουμε μέχρι τη Δευτέρα, που θα γυρίσει η Τίνα στο σχολείο», είπε η μαμά μόλις την αντίκρισε. «Έπειτα θα τη διαλύσουμε και θα βάλουμε όλα τα τουβλάκια πίσω στο κουτί τους».

«Τι κρίμα», βαριαναστέναξε ο παππούς. «Τι να γίνει... Τότε θα πάρω στο σπίτι μου την Τάουερ Μπριτζ και θα τη χτίσω από την αρχή».

«Μη σου μπαίνουν ιδέες», τον φοβέρισε η γιαγιά, που πέρασε από το σπίτι μας μετά τη δουλειά για να δει πώς ήμουν.

Διερωτήθηκα πώς ήμουν. Δεν ένιωθα άρρωστη ούτε είχα πονοκέφαλο πια. Δεν πονούσε το στήθος μου και έβηχα σπανιότατα. Ούτε ζαλιζόμουν όποτε στεκόμουν στα πόδια μου. Έτρωγα σχεδόν κανονικά. Βασικά, πλέον κατέβαζα ένα ολόκληρο μπολάκι παγωτού στην καθισιά μου. Επομένως ήμουν στ' αλήθεια καλύτερα; Αρκετά καλά ώστε να επιστρέψω στο σχολείο τη Δευτέρα, όπως είπε η μαμά;

Συλλογίστηκα το σχολείο. Συλλογίστηκα τη Σέλμα.

«Δεν αισθάνομαι πολύ καλά», είπα με ραγισμένη φωνή. Κρέμασα το κεφάλι μου και ζάρωσα το κορμί μου. «Δε νομίζω ότι είμαι ακόμη έτοιμη να επιστρέψω στο σχολείο».

Η μαμά με περιεργάστηκε με βλέμμα διεισδυτικό. Έπιασε το μέτωπό μου. «Γλυκό μου κορίτσι, είσαι περδίκι. Τη Δευτέρα έχεις μάθημα!»

Τη νύχτα της Κυριακής ονειρεύτηκα ότι ξαναπήγα στο σχολείο και ότι η Σέλμα είχε γιγαντωθεί – ήταν πια δέκα φορές ψηλότερη από εμένα. Με σήκωσε ψηλά και η Φιλ και η Μάντι δε στάθηκαν ικανές να τη σταματήσουν. Ούτε η δασκάλα μπορούσε να τη σταματήσει. Με

μεγάλη ευκολία η Σέλμα τις παραγκώνισε με ένα τίναγμα του μεγάλου χεριού της, ενώ με το άλλο χέρι της με κρατούσε σφιχτά. Με έβγαλε από την τάξη, με οδήγησε στον διάδρομο και με έμπασε στις τουαλέτες. Ύστερα άνοιξε μια πόρτα, με έριξε στη λεκάνη της τουαλέτας και τράβηξε το καζανάκι.

Πραγματικά δεν αισθανόμουν καλά το πρωί της Δευτέρας. Δε σηκώθηκα όταν με φώναξε η μαμά. Ούτε πήρα πρωινό. Έβαλα τα κλάματα όταν με μάλωσε η μαμά.

«Αγάπη, μη μου τα κάνεις αυτά», είπε η μαμά, σφίγγοντάς με στην αγκαλιά της. «Είσαι καλά πια. Πρέπει να πας στο σχολείο σήμερα. Δε γίνεται να μείνεις στο σπίτι για πάντα».

«Γιατί δεν μπορώ να μείνω;» τραύλισα μέσα στα αναφιλητά μου.

«Ξέρεις γιατί, καρδούλα μου. Το λέει ο νόμος, ότι όλα τα κοριτσάκια πρέπει να πηγαίνουν σχολείο».

«Θα παραβιάσω τον νόμο. Θα πάω φυλακή. Χίλιες φορές να πάω φυλακή παρά στο σχολείο», δήλωσα σπαρακτικά.

«Εγώ θα μπω φυλακή, χαζούλα, επειδή δε σε στέλνω στο σχολείο, όχι εσύ», εξήγησε υπομονετικά η μαμά.

«Τίνα, δε γίνεται να βάλεις τη μαμά μας στη φυλακή!» Η Φιλ γλίστρησε το μπράτσο της γύρω μου. «Μη σκοτίζεσαι για τη Σέλμα».

«Η Φιλ και εγώ της είπαμε ότι έπεσες βαριά άρρωστη εξαιτίας της, επειδή σε έσπρωξε και σε αναστάτωσε», είπε η Μάντι. «Αυτό την έκανε να μαζευτεί».

«Αλήθεια. Η Σέλμα είναι πολύ πιο ήσυχη από τότε. Δε μας έχει κάνει τίποτα κακό», συμπλήρωσε η Φιλ.

«Εγώ πάλι νομίζω ότι σ' εμένα θα φερθεί φριχτά», τραύλισα.

«Δεν πρόκειται να την αφήσω εγώ. Ούτε ο Χάρι», είπε η Μάντι. «Έκατσα και του είπα τι έκανε η Σέλμα στο Μωρό, και αυτός μου δήλωσε ότι αν επιχειρήσει τέτοια κόλπα, ο Χάρι θα συνασπιστεί με όλα τα αγόρια και θα τη βάλουν στη θέση της. Μιλάμε για τη μισή τάξη! Τότε η Σέλμα θα είναι ανίσχυρη».

«Η Σέλμα άνετα βάζει κάτω τη μισή τάξη», είπα δυστυχισμένα.

«Και εξήγησα την κατάσταση στη Νίρα, και ξέρω ότι και εκείνη θα σε φροντίζει, όπως και όλα τα κορίτσια στο θρανίο μου», δήλωσε η Μάντι.

«Και φυσικά θα σε φροντίσω κι εγώ γιατί είμαι η μαμά σου και σ' αγαπώ πάρα πολύ», είπε τρυφερά η μαμά. «Τόσο πολύ, που είμαι αποφασισμένη να καβγαδίσω με την κυρία Γελασίδου και δε θα σταματήσω μέχρι να σε βάλει να καθίσεις σε άλλο θρανίο!»

Με όλη αυτή την τρανταχτή εκδήλωση υποστήριξης, βελτιώθηκε η διάθεσή μου. Ετοιμάστηκα για να πάω στο σχολείο και φύλαξα στην τσάντα μου όλα τα βιβλία και τα τετράδια που μου είχε φέρει η δασκάλα. Στενοχωρήθηκα πάλι. Δεν είχα κάνει ούτε μία εργασία. Κρέμασα το κεφάλι μου. «Η δασκάλα θα θυμώσει πολύ μαζί μου», μουρμούρισα.

«Αποκλείεται. Είμαι σίγουρη ότι θα κατανοήσει πως δεν ήσουν σε θέση να διαβάσεις», είπε η μαμά με πεποίθηση. «Άκου να δεις τι θα κάνουμε. Θα πάρεις το μπλοκ σχεδίασης στο σχολείο. Θα της δείξεις όλες τις θεσπέσιες πεταλούδες που ζωγράφισες».

Έβαλα λοιπόν το μπλοκ σχεδίασης μέσα στην τσάντα μου. Ωστόσο, και πάλι αισθανόμουν μεγάλη τρομάρα καθώς περπατούσαμε προς το σχολείο. Ένιωθα ότι όλες οι πεταλούδες μου είχαν δραπετεύσει από το μπλοκ και φτερούγιζαν μέσα στην κοιλιά μου.

Κεφάλαιο 11

Εντόπισα τη Σέλμα από την πρώτη στιγμή που πάτησα το πόδι μου στο προαύλιο. Και εκείνη με εντόπισε. Με αγριοκοίταξε. Γαντζώθηκα πάνω στη μαμά. Λαχταρούσα να με σηκώσει στην αγκαλιά της, παρότι είχα επίγνωση ότι συμπεριφερόμουν σαν μωρό.

Έπειτα ήρθε η Νίρα τρέχοντας. «Καλημέρα, Φιλ», τη χαιρέτησε και έκαναν έναν παράξενο χαιρετισμό με τις παλάμες τους – σαν να έκαναν «κόλλα πέντε» αλλά λίγο πιο εξεζητημένα.

«Τι κάνουν;» ρώτησα τη Μάντι σιγανά.

«Α, έχουν φτιάξει τη λέσχη τους», με πληροφόρησε. «Διαθέτουν μυστικούς κώδικες και συνθηματικά, και φτιάχνουν κονκάρδες».

«Εσύ πώς και δεν ανήκεις στη λέσχη τους;» ρώτησε η μαμά.

«Είναι λέσχη μόνο για τα άτομα του θρανίου τους. Δε με πειράζει καθόλου όμως», είπε χαρωπά η Μάντι. «Εγώ προτιμώ να παίζω ποδόσφαιρο με τον Χάρι και τα υπόλοιπα αγόρια».

«Σήμερα περιμένω από τις δυο σας να προσέχετε την Τίνα πάντως», επισήμανε η μαμά.

«Μπορεί να παίξει μαζί μας», πρότεινε η Μάντι.

«Ξέρεις ότι δεν επιτρέπεται να παίξει ποδόσφαιρο».

«Να κάνει τον διαιτητή τότε. Θα το κανονίσω με τον Χάρι να της δανείσει τη σφυρίχτρα του».

«Είτε μπορεί να μπει στη λέσχη μας. Θα την κάνουμε μέλος επειδή είναι αδελφή μου και επειδή ήταν αρρωστούλα», αντιπρότεινε η Φιλ. «Είναι παραβίαση των κανόνων, αλλά δεν πειράζει, γιατί η Νίρα κι εγώ τους επινοήσαμε».

«Τι θα προτιμούσες, Τίνα;» με ρώτησε η μαμά.

Καμία από τις δύο επιλογές δεν προτιμούσα. Μου άρεσε το ποδόσφαιρο, αλλά δε γνώριζα τους κανόνες και δε θα έμπαινα στον κόπο να τους μάθω. Και αφού δεν ήξερα τους κανόνες, πώς θα γινόμουν διαιτητής; (Αν και μου άρεσε η ιδέα να φυσάω τη σφυρίχτρα.)

Μου άρεσαν οι λέσχες, αλλά ήξερα εκ των προτέρων

ότι θα ξεχνούσα τους μυστικούς κώδικες και τα συνθηματικά (αν και δε θα με πείραζε να φοράω κονκάρδα).

Δεν έβγαλα τσιμουδιά. Απλώς έγειρα το κεφάλι μου μπροστά.

«Μέχρι να συνηθίσει η Τίνα στο κλίμα του σχολείου, θα ήθελα, καλά μου κορίτσια, να παίζετε όμορφα οι τρεις σας», πρότεινε η μαμά. «Ας μπούμε να πούμε μια καλημέρα στη δασκάλα σας».

Έπρεπε να περάσουμε δίπλα από τη Σέλμα. Κρεμάστηκα σφιχτά από το χέρι της μαμάς. Η Φιλ προχώρησε πρώτη αγέρωχα. Αδιαφόρησε παντελώς για τη Σέλμα. Δεύτερη πέρασε η Μάντι. Έριξε μια άγρια ματιά στη Σέλμα.

«Καλημέρα, Σέλμα», χαιρέτησε η μαμά.

Η Σέλμα τής γύρισε την πλάτη.

«Επέστρεψε και η Τίνα σήμερα στο σχολείο», συνέχισε ακάθεκτη η μαμά.

Η Σέλμα ξεκίνησε να απομακρύνεται.

«Σέλμα; Σου μιλάω».

Η Σέλμα στάθηκε ακίνητη, καμπουριασμένη.

«Ελπίζω η Τίνα και εσύ να μάθετε να παίζετε όμορφα οι δυο σας», πρόσθεσε η μαμά.

Η Φιλ, η Μάντι και εγώ κοιταχτήκαμε. Η Φιλ και η Μάντι γύρισαν το βλέμμα στο ταβάνι. Θαρρείς και η Σέλμα θα έπαιζε ποτέ όμορφα με κάποιον!

«Η Τίνα συγκινήθηκε πολύ μόλις είδε το γράμμα σου, Σέλμα», είπε η μαμά.

Ορίστε; Η μαμά μας τρελάθηκε; Δεν ήταν ιδέα της Σέλμα να μου γράψει γράμμα. Η κυρία Γελασίδου υποχρέωσε όλους τους μαθητές της τάξης να γράψουν γράμματα. Η Φιλ, η Μάντι και εγώ το ξέραμε πολύ καλά.

«Μαμά!» σφύριξε η Φιλ.

«Η Σέλμα δεν ήθελε να γράψει γράμμα», είπε χαμηλόφωνα η Μάντι.

«Παρ' όλα αυτά, ήταν πολύ ωραία χειρονομία», σχολίασε η μαμά. «Μπράβο σου, Σέλμα!» Ύστερα, με βήμα βιαστικό μας οδήγησε μέσα στο σχολείο.

«Γιατί συμπεριφέρεσαι με τέτοια καλοσύνη στη Σέλμα, μαμά;» ζήτησε να μάθει η Φιλ.

«Είναι θανάσιμη εχθρός μας», δήλωσε αποφασιστικά η Μάντι. «Είναι το πιο κακό κορίτσι στην τάξη μας. Σε ολόκληρο το σχολείο. Σε ολόκληρη την πόλη. Σε ολόκληρη τη χώρα. Σε ολόκληρο το σύμπαν!»

«Ίσως όμως, εάν ο καθένας σας ήταν λιγάκι πιο ευγενικός απέναντι στη Σέλμα, εκείνη να σταματούσε να είναι κακιά», είπε γλυκά η μαμά. «Κάτι μου λέει ότι δε ζει ευτυχισμένες στιγμές στο σπίτι της. Θυμάστε πώς τη χαστούκιζε η μαμά της;»

«Και εγώ θα χαστούκιζα τη Σέλμα, αν μου δινόταν η ευκαιρία», δήλωσε απερίφραστα η Μάντι.

Δεν είπα κουβέντα. Με βασάνιζε η έγνοια. Απεχθανόμουν τη μυρωδιά του σχολείου και τον ήχο του σχολείου. Έκλεισα τα μάτια μου και ευχήθηκα με όλη τη δύναμη της ψυχής μου να βρισκόμουν στο σπίτι μου, στο κρεβατάκι μου, και να ζωγράφιζα πεταλούδες.

Η δασκάλα καθόταν στην έδρα. Έσμιξε τα φρύδια της όταν η μαμά άνοιξε την πόρτα της τάξης, αλλά ύστερα έσκασε ένα μικρό χαμόγελο όταν είδε ότι ήμασταν εμείς.

«Καλημέρα, κυρία Μέιναρντ. Γεια σας, Φιλίπα και Μάντλιν. Και καλή σου μέρα, Τίνα! Καλώς ήρθες πάλι στο σχολείο. Πολύ χαίρομαι που σε βλέπω».

Η μαμά με σκούντησε ελαφρά. Δεν ήξερα τι να κάνω. Ασφαλώς δε γινόταν να πω ότι χαιρόμουν που είδα τη δασκάλα, γιατί αυτό θα ήταν πολύ χοντρό ψέμα.

«Η Τίνα νιώθει λιγάκι έξω από τα νερά της, κυρία Γελασίδου», είπε η μαμά.

«Φυσικά. Είναι απολύτως κατανοητό. Μην ανησυχείτε, θα έχω τον νου μου», τη διαβεβαίωσε η κυρία Γελασίδου.

Αμάν! Το τελευταίο που θα ήθελα είναι τα χάντρινα μάτια της δασκάλας καρφωμένα επάνω μου!

«Πολύ ευγενικό εκ μέρους σας». Η μαμά πήρε μια βαθιά ανάσα. «Αντιλαμβάνομαι ότι θέλετε να είναι οι κόρες μου χωρισμένες μέσα στην τάξη, αλλά αναρωτιόμουν... Θα σας ήταν εύκολο να καθίσει η Τίνα κοντά στη μία ή την άλλη αδελφή της για μερικές μέρες, ωσότου συνηθίσει το σχολείο ξανά;»

«Να σας πω», άρχισε να λέει η κυρία Γελασίδου,

«έχω σκεφτεί το θέμα, αλλά μακροπρόθεσμα δεν είμαι σίγουρη ότι θα ήταν καλό για την Τίνα. Πρέπει να μάθει να στέκεται στα πόδια της... κι ας είναι λιγάκι αδύναμα αυτό τον καιρό».

«Γίνεται τουλάχιστον να αλλάξει θρανίο;» επέμεινε η μαμά.

«Και αυτό το σκέφτηκα. Αλλά εάν αφήσω την Τίνα να καθίσει σε διαφορετικό θρανίο, η μισή τάξη θα έρθει να μου ζητήσει να αλλάξουν θέσεις. Πάντως, δε θέλω να νομίζετε ότι είμαι σκληρόκαρδη. Έχω ρυθμίσει διαφορετικά το θρανίο της κόρης σας. Η Τίνα θα κάθεται ανάμεσα στον Μάικλ και τον Άλιστερ πλέον, και είναι και οι δύο καλόκαρδα αγόρια. Θα είναι κύριοι και θα τη φροντίσουν. Μην ανησυχείτε, κυρία Μέιναρντ. Η Τίνα θα είναι μια χαρά».

Η όψη της μαμάς ήταν ακόμη συννεφιασμένη. Εξίσου ανήσυχες ήταν η Φιλ και η Μάντι. Και όσο για μένα, μ' έτρωγε η αγωνία.

Κεφάλαιο 12

Έτσι, κάθισα στο ίδιο θρανίο, αλλά όχι δίπλα στη Σέλμα.

Μπορούσε και πάλι να με κλοτσήσει κάτω από το θρανίο, αλλά έπρεπε να γλιστράει χαμηλά στο κάθισμά της για να το καταφέρει. Όποτε η δασκάλα έβλεπε τη Σέλμα να γλιστράει προς τα κάτω, έλεγε: «Έλα, Σέλμα, κάθισε κανονικά».

Η Σέλμα δε με έφτανε για να με σκουντήσει, να με τσιμπήσει ή να με κλοτσήσει, ούτε μπορούσε να μουντζουρώσει τα σχέδιά μου. Η κατάσταση ήταν ασύγκριτα καλύτερη για μένα! Και περνούσα πολύ καλά έτσι που καθόμουν ανάμεσα στον Μικ και τον Άλιστερ.

Ο Μικ ήταν το δεύτερο αγαπημένο μου αγόρι στην τάξη μετά τον Χάρι. Είχε πολλή πλάκα. Μου άρεσε να τον παρακολουθώ στον χορό και στα θεατρικά. Πέφταμε όλοι στα πατώματα από τα γέλια όταν έκανε τον σκύλο.

Ο Άλιστερ δεν ήταν ποτέ αστείος. Ήταν το σοβαρότερο άτομο που είχα γνωρίσει ποτέ. Ωστόσο, αποδείχτηκε εξαιρετικά χρήσιμος διπλανός επειδή γνώριζε όλες τις απαντήσεις και δεν τον πείραζε αν αντέγραφα και λίγο.

Εκείνος με βοήθησε να αναπληρώσω την ύλη που είχα χάσει. Η δασκάλα σχεδόν θύμωσε όταν διαπίστωσε ότι δεν είχα διαβάσει καθόλου στο σπίτι.

«Μα είναι πράγματα αυτά! Εγώ έκανα τόσο κόπο να περάσω από το σπίτι σου και να σου δώσω την ύλη για να μη μείνεις πίσω», σχολίασε, κουνώντας το κεφάλι της. «Είσαι άτακτο, τεμπέλικο κορίτσι, Τίνα Μέιναρντ».

«Είμαι άτακτη, αλλά δεν είμαι τεμπέλα, κυρία

Γελασίδου», της αντιγύρισα. «Έκανα πολλή δουλειά στο βιβλίο μου με τις πεταλούδες. Θέλετε να σας δείξω;»

«Όχι τώρα. Τώρα είναι η ώρα των μαθηματικών και πρέπει να δουλέψεις τους πολλαπλασιασμούς σου», μου είπε σε αυστηρό τόνο.

Είχα παιδευτεί πολύ με τους πολλαπλασιασμούς προτού αρρωστήσω. Τώρα είχα ξεχάσει ακόμα και αυτά που ήξερα.

Πήγα στην έδρα της δασκάλας και εκείνη μου έδειξε πολύ απλές πράξεις πολλαπλασιασμού. Ακόμα και αυτές μου φάνηκαν δύσκολες και δεν κατάλαβα γρι, αλλά δεν τόλμησα να της το πω, από φόβο μήπως θύμωνε περισσότερο.

Θρονιάστηκα στη θέση μου και κοίταξα τις τρεις ασκήσεις που μου έδωσε να κάνω, και δεν είχα ιδέα πώς. Έσκυψα το κεφάλι μου πάνω από το τετράδιο και μ' έπιασε αναγούλα. Άφησα μικρά βογκητά, και η Φιλ και η Μάντι με άκουσαν.

«Σας παρακαλούμε, κυρία Γελασίδου, η Τίνα δεν αισθάνεται καλά», είπε η Φιλ.

«Έχει χάσει το χρώμα της. Αυτό σημαίνει ότι θα κάνει εμετό», πρόσθεσε η Μάντι. «Να την πάμε στην τουαλέτα;»

Η δασκάλα με ατένισε διερευνητικά. «Κάθε άλλο παρά ανακατεύεται. Μάλλον τη ζορίζει η σκληρή δουλειά», σχολίασε. «Τις τέλειωσες τις ασκήσεις σου, Τίνα;»

«Όχι ακόμη, κυρία Γελασίδου». Άρχισα να ρουφάω τη μύτη μου.

«Δεν έχεις χαρτομάντιλο;» με ρώτησε ο Άλιστερ. «Στάσου, πρέπει να έχω ένα πακέτο στην τσέπη μου. Έχεις ακόμη πνευμονία; Ελπίζω πως όχι!»

«Δεν είμαι άρρωστη. Κλαίω λίγο», ψιθύρισα. «Μη με μαρτυρήσεις, αλλιώς η Σέλμα θα με λέει “μωρό”».

«Γιατί κλαις;» ρώτησε με την καθάρια, δυνατή φωνή του.

«Σσσσς! Γιατί δεν ξέρω να κάνω τους πολλαπλασιασμούς».

«Μα είναι παιχνιδάκι».

«Για σένα, ναι».

«Θες να σου δείξω πώς να τους κάνεις;» Στα λόγια αυτά, γύρισε προς το μέρος μου και μου έδειξε. Μου έδειξε δεύτερη φορά. Και τρίτη. Έπειτα, έσβησε την απάντηση και έβαλε εμένα να κάνω την πράξη.

«Πολύ σωστά!»

«Κυρία, ο Άλιστερ έχει κάτσει με την Τίνα και της κάνει όλες τις ασκήσεις», είπε δυνατά η Σέλμα.

«Έτσι είναι, Άλιστερ;» ρώτησε η δασκάλα.

«Τη βοηθάω, και ένα γινόμενο το βρήκε από μόνη της», αποκρίθηκε ο Άλιστερ.

«Πολύ ωραία, λοιπόν», είπε η δασκάλα. «Δε χρειάζομαι βοηθό δασκάλου στην τάξη μου, γιατί έχω εσένα, Άλιστερ».

Η Φιλ και η Μάντι έρχονταν και έπαιζαν μαζί μου στο διάλειμμα και στο μεσημεριανό. Ήταν αρκετά ευγενικές και επέλεγαν όλα τα αγαπημένα μου παιχνίδια.

Πότε ήμασταν πριγκίπισσες, πότε ήμασταν μάγισσες, άλλοτε ήμασταν γοργόνες και άλλοτε ήμασταν ιππότες που πολεμούσαμε δράκοντες.

Εντούτοις, τα παιχνίδια δεν ήταν τόσο απολαυστικά όσο άλλοτε. Η Φιλ έριχνε πλάγιες ματιές στη Νίρα και στις φίλες της, οι οποίες κάθονταν σε κύκλο και έγραφαν σε βιβλία ασκήσεων. Η Μάντι κοίταζε φευγαλέα τον Χάρι και τα άλλα αγόρια που έπαιζαν ποδόσφαιρο.

Συλλογίστηκα να προτείνω στη Φιλ να πάει στη Νίρα και τα υπόλοιπα μέλη της λέσχης της. Συλλογίστηκα να προτείνω στη Μάντι να τρέξει να παίξει μπάλα με τον Χάρι. Εάν όμως τα έκανα αυτά, τότε με ποιον θα έπαιζα εγώ;

Όλα τα παιδιά της τάξης είχαν ενσωματωθεί σε παρέες. Ακόμα και η Κέιλι είχε φίλες τώρα, γιατί ήταν καλή στον χορό.

Μονάχα ένα κορίτσι στην τάξη μας δεν είχε κάποιον να παίξει.

Και σε καμία περίπτωση δεν επρόκειτο να παίξω με τη Σέλμα.

Τη φοβόμουν πάρα πολύ, σε σημείο που δεν ήθελα να πάω στην τουαλέτα μήπως με ακολουθούσε. Αποφάσισα ότι απλώς θα κρατιόμουν και δε θα πήγαινα τουαλέτα.

«Τι τρέχει, Τίνα;» με ρώτησε η Φιλ.

«Τίποτα», αποκρίθηκα τάχα αδιάφορα.

«Και όμως, κάτι έχεις», είπε η Μάντι. «Σε βλέπω λίγο νευρική».

«Καλά είμαι», είπα, αν και δεν ήμουν.

«Πρέπει να πας τουαλέτα!» διαπίστωσε η Φιλ.

«Όχι βέβαια», είπα ψέματα.

«Τρέχα, σβέλτα, πριν χτυπήσει το κουδούνι», με παρότρυνε η Μάντι.

«Μα δε θέλω τουαλέτα», διαμαρτυρήθηκα.

«Θέλεις να έρθουμε μαζί σου;» πρότεινε η Φιλ.

«Ναι! Ναι!» φώναξα.

Έτσι, οι αδελφές μου με συνόδευσαν, η μία δεξιά μου και η άλλη αριστερά μου, και με περίμεναν έξω από την πόρτα όσο ήμουν μέσα. Ίσα που πρόλαβα να πάω! Και την ώρα που έπλενα τα χέρια μου, μπήκε στις τουαλέτες η Σέλμα.

«Οχ», βαριαναστέναξα.

«Όλα καλά, είμαστε εμείς εδώ», με καθησύχασε η Φιλ.

«Τι θες;» η Μάντι ρώτησε τη Σέλμα.

«Εσύ τι λες να θέλω;» της αντιγύρισε η Σέλμα. «Υπάρχει κανένας νόμος που να λέει ότι δεν μπορώ να χρησιμοποιήσω αυτές τις τουαλέτες; Ή μήπως τα χαζοτρίδυμα νομίζουν πως τους ανήκουν; Μήπως θα αρχίσετε να χρεώνετε τώρα ένα ευρώ το κατούρημα;»

«Εσένα θα σε χρεώναμε ένα ολόκληρο δεκάευρο», της πέταξε η Φιλ.

«Μας χρωστάς πολύ περισσότερα. Πέταξες την πολύτιμη πορσελάνινη κούκλα της αδελφής μου μέσα στην τουαλέτα. Πού να 'ξερες πόσα χρήματα κόστισε στη γιαγιά μας», είπε θαρραλέα η Μάντι.

«Μωρό!» αναφώνησα, καθώς άξαφνα με κυρίευσε η νοσταλγία για το κουκλάκι μου. Το φαντάστηκα να παρασύρεται στα ορμητικά βρομόνερα των υπονόμων και ξέσπασα σε λυγμούς.

«Ορίστε! Βλέπεις τι έκανες; Έκανες την αδελφή μου να κλάψει», της πέταξε η Φιλ.

«Μια κακομαθημένη κλαψιάρα είναι και τίποτε άλλο», κάγχασε η Σέλμα. «Μπου χου χου!»

«Εσύ βούλωσ' το! Η αδελφή μας ήταν άρρωστη. Είναι πολύ σοβαρό όταν παθαίνεις πνευμονία», είπε η Μάντι. «Θα μπορούσε να πεθάνει. Μην τολμήσεις να την αναστατώσεις τώρα! Άλλη μια κουβέντα να πεις, θα σου ρίξω μπουνιά στα μούτρα».

«Μάντι!» τσίριξε η Φιλ. «Μην ξεκινήσεις καβγά!»

«Α πα πα, δεν είναι για εμάς αυτά, να μπλέκουμε σε καβγάδες», έκανε με προσποιητό ψηλομύτικο ύφος

η Σέλμα. «Ή μάλλον, απλώς φοβάσαι. Κο κο κο κο κο! Τι κότα που είσαι», την προκαλούσε η Σέλμα, διπλώνοντας τα μπράτσα της και κουνώντας τα πάνω κάτω.

«Θα σου δείξω εγώ!» Η Μάντι ζύγωσε τη Σέλμα με μεγάλες δρασκελιές, σφίγγοντας τις γροθιές της.

«Μην το κάνεις, Μάντι!» παρακάλεσε η Φιλ.

«Μη, μη, μη!» έσκουξα.

Η Σέλμα ήταν κατά πολύ ψηλότερη από τη Μάντι. Ήταν και πολύ δυνατότερη από τη Μάντι. Και ασφαλώς ήταν πολύ αγριότερη από τη Μάντι.

Όλες μας ξέραμε ότι η Μάντι δε θα κατόρθωνε να νικήσει τη Σέλμα σε κάποιου είδους μάχη. Αλλά τότε, ως εκ θαύματος, χτύπησε το κουδούνι και μία από τις επιμελήτριες των διαδρόμων όρμησε στις τουαλέτες.

«Εμπρός για τις τάξεις σας, κορίτσια. Άντε, μη στέκεστε σαν τα αγάλματα. Δεν ακούσατε το κουδούνι;»

«Πρέπει να πάω στην τουαλέτα», είπε η Σέλμα, και χωρίς χρονοτριβή κλείστηκε σε μια τουαλέτα.

«Εμείς πάλι όχι», είπε η Φιλ και μας απομάκρυνε με βιάση.

«Καλά, εσείς δεν είπατε ότι η Σέλμα ήταν καλύτερη;» τις ρώτησα τρίβοντας τα μάτια μου. «Είναι χειρότερη!»

«Μακάρι να μην είχε χτυπήσει το κουδούνι», δήλωσε με πυγμή η Μάντι. «Θα της είχα τσακίσει τα μούτρα!»

Η Φιλ και εγώ κοιταχτήκαμε. Δε βγάλαμε μιλιά.

Η Σέλμα άργησε να εμφανιστεί στα απογευματινά μαθήματα κατά πέντε ολόκληρα λεπτά.

«Σέλμα! Τι στην ευχή έκανες;» ζήτησε να μάθει η δασκάλα.

«Τίποτα», μουρμούρισε η Σέλμα. Κι εκείνη έτριβε τα μάτια της. Έδειχνε σχεδόν κλαμένη, αλλά αυτό ήταν φυσικά αδύνατο. Τα μεγαλόσωμα, ζόρικα κορίτσια όπως η Σέλμα δεν κλαίνε ποτέ.

Τώρα ξεκινούσε η ώρα των εικαστικών, το αγαπημένο μου μάθημα. Η δασκάλα μάς έδειξε μια εικόνα με ένα μεγάλο ανθοδοχείο με κίτρινα ηλιοτρόπια. Τα χρώματά τους ήταν τόσο φωτεινά, ώστε αθέλητα έκλεινες τα μάτια.

«Τώρα θέλω από εσάς, παιδιά, να ζωγραφίσετε ηλιοτρόπια», μας εξήγησε η δασκάλα.

Εκείνη την ώρα σκέφτηκα: *Πω πω, τέλεια*, αλλά προς μεγάλη μου δυσφορία, η δασκάλα μού ανέθεσε να αντιγράψω από τα τετράδια εργασιών του Άλιστερ ορισμένα από τα μαθήματα που είχα χάσει.

«Μα θέλω πάρα πολύ να ζωγραφίσω ηλιοτρόπια», παραπονέθηκα.

«Το ξέρω, και είμαι σίγουρη ότι θα τα ζωγράφιζες εξαιρετικά, Τίνα. Όμως είναι πρώτη προτεραιότητα να αναπληρώσεις όλα τα μαθήματα που έχασες. Θα ήταν καλό αν έκανες λίγη παραπάνω δουλειά το διάστημα που βρισκόσουν στο σπίτι», εξήγησε η κυρία Γελασίδου.

«Δεν είναι δίκαιο», μουρμούρισα.

«Η ζωή δεν είναι δίκαιη, Τίνα. Δουλειά τώρα· δε θέλω άλλες γκρίνιες».

Έτσι λοιπόν ήμουν αναγκασμένη να αντιγράφω εργασίες την ώρα που όλοι οι άλλοι πιτσιλούσαν τον τόπο με ζωηρές κίτρινες μπογιές και δημιουργούσαν ωραία ηλιοτρόπια.

«Η κυρία Γελασίδου είναι κακιά κακιά κακιά κακιά κακιά», μουρμούρισα μέσα από τα δόντια μου.

«Σιγοτραγουδάς, Τίνα;» ρώτησε η δασκάλα. «Κάνε λίγο ησυχία, σε παρακαλώ».

Αντέγραφα, αντέγραφα και τελειωμό δεν είχα. Βαρέθηκα να βλέπω τον κουλουριαστό γραφικό χαρακτήρα του Άλιστερ. Χώρια που έγραφε μεγάλες λέξεις, όπως αυτές που έχουν μέσα τα βιβλία. Προς το τέλος των μαθημάτων, ένιωθα τη δυνατή, πομπώδη φωνή του να αγορεύει μέσα στο κεφάλι μου.

Την ώρα που οι συμμαθητές μου καθάριζαν τις μπογιές τους, η δασκάλα μού έκανε νόημα να σιμώσω στην έδρα. Μελέτησε τις αντιγραφές μου. «Μπράβο σου, Τίνα. Έκανες πολλή δουλειά για να αναπληρώσεις την ύλη».

«Ελπίζω να μη χρειαστεί να κάνω αντιγραφή σε κάθε μάθημα εικαστικών, κυρία Γελασίδου», είπα διστακτικά.

«Όχι βέβαια», με καθησύχασε. «Τι θα έλεγες να μου δείξεις τώρα τα σχέδια που έκανες στο σπίτι;»

Έσπευσα να φέρω το μπλοκ σχεδίασης μέσα από την τσάντα μου. Ξάφνου με κατέλαβε συστολή και ανησυχία. Είχα απολαύσει να σχεδιάζω και κατόπιν να χρωματίζω τις πεταλούδες μου. Δεν ήθελα να μου επισημάνει η δασκάλα ότι είχα σχεδιάσει ένα φτερό λάθος ή έκανα λάθος στην ορθογραφία.

Γυρνούσε τις σελίδες, τη μία μετά την άλλη, χωρίς να αρθρώσει λέξη. Εγώ περίμενα, κάνοντας νευρικές κινήσεις. Ώσπου κάποτε σήκωσε το κεφάλι της και μου χαμογέλασε. Ένα χαμόγελο μέχρι τα αυτιά! «Ω Τίνα!» θαύμασε.

«Δεν είναι πολύ καλά, κυρία Γελασίδου;» πετάχτηκε η Φιλ και ήρθε να σταθεί πλάι μου.

«Τα έκανε ολομόναχη, κυρία Γελασίδου», πήρε τον λόγο η Μάντι. «Δεν είναι καταπληκτική στη ζωγραφική;»

«Πράγματι, είναι», συμφώνησε η κυρία Γελασίδου. «Και έχεις γράψει μερικά πολύ ενδιαφέροντα πράγματα για τις πεταλούδες».

«Μου αρέσουν οι πεταλούδες», είπα.

«Την άνοιξη θα βλέπεις όλες αυτές τις πεταλούδες στον κήπο σου».

«Βασικά, δεν έχουμε κανονικό κήπο», είπα.

«Έχουμε κάποια σημεία στρωμένα με βότσαλα, σαν παραλία, στην πρόσοψη του σπιτιού», την πληροφόρησε η Φιλ.

«Και μια στενή αυλή στο πίσω μέρος με το τραμπολίνο μας και το μπάρμπεκιου», συμπλήρωσε η Μάντι.

«Οι παππούδες σας δεν έχουν κήπο;» ρώτησε η δασκάλα.

«Όχι, ζουν σε διαμέρισμα», απάντησε η Φιλ.

«Χμ, μάλλον θα πρέπει να φορέσω το καπέλο της σκέψης μου», είπε αινιγματικά η δασκάλα.

Δεν κατάλαβα τα λόγια της. Φαντάστηκα ότι η δασκάλα εννοούσε αληθινό καπέλο, όπως

ή

ή

Δε συνειδητοποίησα ότι εννοούσε πως θα συλλογιζόταν πολύ σοβαρά το θέμα ενός πεταλουδόκηπου.

Κεφάλαιο 13

Οταν χτύπησε το κουδούνι για διάλειμμα την επόμενη μέρα, η δασκάλα χτύπησε τα χέρια της.

«Για σταθείτε λίγο, παιδιά. Χρειάζομαι δυο τρεις από εσάς να κάνετε κάποια κοπιαστική δουλειά για μένα σε αυτό το διάλειμμα. Πείτε μου, σε ποιους αρέσει το ποδόσφαιρο;»

«Σ' εμένα!»

«Σ' εμένα!»

«Σ' εμένα!»

Πάρα πολλές φωνές. Σχεδόν όλα τα αγόρια της τάξης και τα μισά κορίτσια φώναξαν: «Σ' εμένα!» Η Μάντι βροντοφώναξε: «Σ' εμένα!» δυνατότερα από όλους, ακόμα δυνατότερα και από τον Χάρι.

«Εσείς ασκείστε με το παραπάνω, οπότε πηγαίνετε

στην αυλή και ξεκινήστε το ποδόσφαιρο!» Η κυρία Γελασίδου έκανε κινήσεις προς τα έξω με τα χέρια της.

Η Μάντι έτρεξε ολοταχώς στην πόρτα... και κοντοστάθηκε εκεί.

«Τι είναι, Μάντλιν;» τη ρώτησε η δασκάλα.

«Δεν ξέρω τι να κάνω», αποκρίθηκε. «Μου αρέσει το ποδόσφαιρο, αλλά μου αρέσει επίσης να παίζω με τη Φιλ και την Τίνα».

«Θα απασχοληθούν με άλλα πράγματα, να είσαι σίγουρη. Μην ανησυχείς για την Τίνα. Θα κάνει αρκετή δουλειά μαζί μου».

«Μάλιστα». Η Μάντι με λοξοκοίταξε και έγειρε το κεφάλι της, σχηματίζοντας με τα χείλια της τις λέξεις: *Είσαι εντάξει με αυτό;*

Δεν ήξερα αν θα έγνεφα καταφατικά ή αρνητικά. Ώσπου να πάρω την απόφασή μου, η Μάντι είχε βγει από την τάξη.

«Επίσης ξέρω ότι σε κάποιους από εσάς αρέσει ο χορός», συνέχισε η δασκάλα. «Και αυτή είναι εξίσου καλή άσκηση. Βγείτε και εσείς στην αυλή και εξασκηθείτε στα βήματά σας».

Η Κέιλι και πέντε κορίτσια ακόμα έσπευσαν να βγουν – η Σάρα, η Λούσι, η Πρίνσες, η Ντάνκα και η Νελ. Και η Σέλμα σηκώθηκε, με ύφος αβέβαιο.

«Είσαι καλή στον χορό, Σέλμα;» ρώτησε η δασκάλα.

«Όχι, είναι άσ' τα να πάνε», ψιθύρισε η Σάρα στους άλλους και όλοι χαχάνισαν. Αλήθεια ήταν, πάντως. Το ίδιο πρωί είχαμε κάνει μάθημα χορού κάντρι. Έπρεπε να έχουμε παρτενέρ. Αμέσως η Φιλ και η Μάντι έτρεξαν σ' εμένα και πρότειναν να χορέψουμε μαζί οι τρεις μας, όμως η δασκάλα είπε ότι δεν είναι σοβαρά πράγματα αυτά. Έπρεπε να χορέψουμε σε ζευγάρια των δύο, ένα αγόρι και ένα κορίτσι.

Η Φιλ χόρεψε με ένα αγόρι από το θρανίο της, τον Μαρκ.

Η Μάντι χόρεψε με τον Χάρι, η τυχερούλα.

Εγώ κατέληξα να χορεύω με τον Άλιστερ. Ανακάλυψα ότι ο χορός ήταν η μοναδική δραστηριότητα στην οποία ο Άλιστερ δεν ήταν καλός. Με πατούσε συνεχώς και ξεκινούσε με το αριστερό πόδι αντί για το δεξί. Κοκκίνισε σαν το παντζάρι.

«Σιχαίνομαι αυτό τον ηλίθιο χορό», μουρμούρισε.

Η Σέλμα τα πήγε ακόμα χειρότερα. Χόρευε με τον Μικ. Αυτός αποδείχτηκε αρκετά ζωηρός στον χορό, όμως εκείνη ήταν τελείως αγγούρω και έκανε διαρκώς λάθος βήματα. Εκνευρίστηκε και πήγε να φορτώσει το φταίξιμο στον Μικ, αλλά αυτός απλώς γέλασε μαζί της.

Η ίδια η Σέλμα ήξερε ότι ήταν σκράπας στον χορό, αλλά δεν της άρεσε να της το χτυπούν στα μούτρα. Αρκέστηκε να εκτοξεύει άγριες ματιές προς πάσα κατεύθυνση.

«Δε νομίζω ότι σου αρέσει ιδιαίτερα ο χορός, Σέλμα»,

σχολίασε η δασκάλα, «γι' αυτό περίμενε λίγο στην τάξη, σε παρακαλώ. Έχω την αίσθηση ότι κάποιοι από εσάς ανήκετε σε λέσχες. Έτσι είναι;»

Η Φιλ και οι φίλοι της χαχάνισαν και άρχισαν να σκουντιούνται.

«Μου αρέσει το γεγονός ότι πήρατε την πρωτοβουλία να δημιουργήσετε μια λέσχη. Είμαι σίγουρη ότι έχετε πολλά θέματα της λέσχης να διευθετήσετε, οπότε φύγετε κι εσείς», τους παρότρυνε η δασκάλα.

Η Φιλ έμεινε παραπίσω. «Θα μείνω με την Τίνα, νομίζω», είπε.

«Τι λες, Φιλ; Εσύ είσαι αυτή που σκαρφίζεται όλους τους κανόνες», αναφώνησε η Νίρα. «Δε γίνεται να μην έρθεις!»

Η Φιλ με ατένισε διερευνητικά. Έκανα: *Μείνε!* με τα χείλια μου, γιατί μόνο δύο κορίτσια είχαν απομείνει στην αίθουσα. Η μία ήμουν εγώ και η άλλη ήταν η Σέλμα!

«Φύγε, Φιλίπα, μη χάνεις χρόνο από το διάλειμμά σου», την προέτρεψε η δασκάλα. «Δε θέλω να σε βλέπω ανήσυχη. Θα μείνω εγώ με την Τίνα».

Η όψη της Φιλ ήταν συννεφιασμένη.

«Εμπρός λοιπόν, *φύγε*!»

Η Φιλ έφυγε. Απομείναμε η Σέλμα και εγώ.

«Ακούστε τι θα κάνουμε», είπε η δασκάλα, καθώς προχωρούσε προς την ντουλάπα της.

Η Σέλμα μού έκανε μια κοροϊδευτική γκριμάτσα. «Κλαψιάρικο σπασικλάκι», μουρμούρισε μέσα από τα δόντια της. «Θα δεις τι έχεις να πάθεις!»

Τι με περίμενε άραγε... Καθόμουν σε αναμμένα κάρβουνα.

Η δασκάλα ξεπρόβαλε από την ντουλάπα κρατώντας δυο ποδιές για τη ζωγραφική. «Κορίτσια, φορέστε τες», μας σύστησε.

«Α! Θα κάνουμε εικαστικά;» αναθάρρησα εγώ. «Μπορώ να ζωγραφίσω ηλιοτρόπια;»

«Όχι, δε θα κάνουμε εικαστικά, Τίνα. Θα καταπιαστούμε με χειρωνακτική εργασία και δε θέλω να λερώσετε τις στολές σας».

Χειρωνακτική εργασία; Τι εννοούσε η δασκάλα;

Εκείνη την ώρα η κυρία Γελασίδου ψαχούλευε μέσα σε μια πλαστική τσάντα για ψώνια. Από το εσωτερικό έβγαλε τρία πράγματα, τυλιγμένα σε εφημερίδες: τρία φτυάρια, ένα μεγάλο και δύο μικρότερα.

«Για πού είναι τα φτυάρια;» ρώτησε η Σέλμα.

«*Πού θα χρησιμεύσουν τα φτυάρια, κυρία Γελασίδου;*» διόρθωσε η δασκάλα. «Τι κάνουμε με τα φτυάρια, Σέλμα; Σκάβουμε!»

«Πού θα σκάψουμε, κυρία Γελασίδου;» Δεν μπορούσα να σκεφτώ κάποιο μέρος για σκάψιμο στο σχολείο. Εκτός από... «Θα σκάψουμε στον λάκκο με την άμμο;»

«Εγώ δεν παίζω με τα μωρά στην αμμόλακκο», δήλωσε απερίφραστα η Σέλμα.

«*Στον* αμμόλακκο, Σέλμα. Και να είστε σίγουρες ότι δε θέλω να επιστρέψετε σε νηπιακή κατάσταση», είπε η δασκάλα χαμογελαστή. «Θα κάνετε κανονικό σκάψιμο. Ακολουθήστε με, κορίτσια».

Αφού έδωσε στην καθεμιά μας από ένα φτυάρι, οι δυο μας ακολουθήσαμε τη δασκάλα στον διάδρομο και έξω στην αυλή. Διασχίσαμε την άσφαλτο μέχρι το χορταριασμένο κομμάτι γης στο τέρμα του συγκροτήματος. Δεν ήταν πολύ χορταριασμένο πια. Υπήρχε γυμνό, γκριζωπό χώμα, λιγοστά αγριόχορτα και αρκετά πεταμένα περιτυλίγματα από σοκολάτες και κράκερ, παρότι απαγορευόταν αυστηρά να πετάμε σκουπίδια οπουδήποτε αλλού πέρα από τους κάδους.

«Αμάν! Τι γίνεται εδώ!» αναφώνησε η κυρία Γελασίδου. «Τίνα, θα είσαι επόπτρια συλλογής απορριμμάτων. Μάζεψε κάθε σκουπιδάκι και βάζε το μέσα στην τσάντα. Σέλμα, εσύ και εγώ θα ξεκινήσουμε με το σκάψιμο».

«Γιατί σκάβουμε τα χώματα;» ρώτησε η Σέλμα. «Τιμωρία είναι;»

«Θα φτιάξουμε έναν κήπο», ανακοίνωσε η δασκάλα. «Έναν πεταλουδόκηπο!»

«Ωωω!» Χτύπησα τα χέρια μου παλαμάκια, έτσι που μου έπεσαν τα περιτυλίγματα από σοκολάτες που μόλις είχα μαζέψει.

«Να υποθέσω ότι είναι χειροκρότημα επιδοκιμασίας», σχολίασε η δασκάλα.

«Ναι, ναι, ναι! Σας ευχαριστώ πάρα πολύ, κυρία Γελασίδου! Είστε τόσο καλή! Θα ήθελα να έχω έναν πεταλουδόκηπο περισσότερο από καθετί!»

«Εγώ πάλι όχι», αντέδρασε έντονα η Σέλμα. «Ούτε που μου αρέσουν οι χαζο-πεταλούδες. Γιατί να κάτσ-

να ταλαιπωρηθώ; Να κάνει η Τίνα το σκάψιμο αφού θέλει κήπο».

«Πολύ καλά», είπε η δασκάλα.

Και οι δυο μας απομείναμε να την κοιτάμε.

«Τίνα, άφησε για λίγο τη συλλογή των απορριμμάτων. Ξεκίνα το σκάψιμο».

Έτσι, πήρα το φτυάρι μου και βάλθηκα να σκάβω. Εμ, προσπάθησα δηλαδή. Το φτυάρι δεν έμπαινε στο χώμα κανονικά. Δοκίμασα ξανά και ξανά.

«Προσπάθησε έτσι, Τίνα», μου είπε η δασκάλα. Στα λόγια αυτά, έβαλε το φτυάρι της στο χώμα και πίεσε δυνατά την κορυφή της λάμας με το χοντρό παπούτσι της. «Χρειάζεται προσπάθεια.

Προσπάθησε να βάλεις όλη τη δύναμη του σώματός σου».

Έβαλα τα δυνατά μου. Αλήθεια! Ακούμπησα το πόδι μου στο φτυάρι μου και έσπρωξα με δύναμη, έπειτα γλίστρησα στο πλάι και γκρεμίστηκα καταγής. Πόνεσα αρκετά και υπό άλλες συνθήκες θα έβαζα τα κλάματα, αλλά τώρα δεν είχα αυτή την επιλογή μπροστά στη Σέλμα και την κυρία Γελασίδου. Έσφιξα τα δόντια μου και προσπάθησα ξανά, με περισσότερο πείσμα, όμως δεν κατάφερνα να μπήξω το φτυάρι μου βαθιά στο χώμα, όσο σκληρά και αν το πάλευα.

«Άχρηστη είναι», κάγχασε η Σέλμα.

«Ναι, είναι», συμφώνησε η δασκάλα. «Δες όμως πόσο σκληρά προσπαθεί, Σέλμα. Έχει γίνει κατακόκκινη. Ξεκουράσου για λίγο, Τίνα».

Έγειρα στον κορμό ενός δέντρου, νιώθοντας ευγνωμοσύνη για αυτή τη σύντομη ανάπαυλα.

«Γιατί πιστεύεις ότι η Τίνα δυσκολεύεται τόσο πολύ στο σκάψιμο, Σέλμα;» ρώτησε η δασκάλα.

«Επειδή είναι άχρηστη», ξαναείπε η Σέλμα.

«Μου το είπες αυτό. Αλλά *γιατί* είναι άχρηστη;»

«Επειδή είναι ένα αδύναμο σαμιαμίδι».

«Ναι, η Τίνα είναι πολύ μικροκαμωμένη και πολύ αδύνατη», παραδέχτηκε η δασκάλα. «Και ήταν πολύ άρρωστη. Θέλει πάρα πολύ να φτιάξει έναν πεταλουδόκηπο, όμως χρειάζεται βοήθεια. Πιστεύω ότι εσύ είσαι η δυνατότερη από όλα τα κορίτσια, Σέλμα. Είμαι σίγουρη ότι είσαι καλή στο σκάψιμο».

«Γιατί δε βάζετε κάποια από τα αγόρια να κάνουν το σκάψιμο;»

«Για σκέψου το, Σέλμα. Αμφιβάλλω ότι ο Άλιστερ θα ήταν καλός σε αυτό, όμως θα το αναλάμβανε με υπευθυνότητα. Δε θα εμπιστευόμουν τον Μάικλ και τον Πίτερ με φτυάρια. Θα ξεκινούσαν μονομαχία με τα φτυάρια μέσα σε δευτερόλεπτα. Για δείξε μας τις δικές σου δυνάμεις. Μπορεί και να κάνω λάθος. Μπορεί να μην κατορθώσεις να σκάψεις κανονικά».

«Μια χαρά μπορώ». Η Σέλμα πήρε το φτυάρι της. Έβαλε το πόδι της επάνω του. Έβγαλε μια κομματάρα γης. «Είδατε;»

«Ναι, βλέπω. Καταπληκτικό! Πόση ώρα μπορείς να συνεχίσεις έτσι; Απομένουν μόνο πέντε λεπτά διαλείμματος, αλλά ίσως στριμώξουμε ένα μισάωρο μετά το μεσημεριανό... Ή μήπως αυτό θα σε εξαντλούσε;»

«Μπορώ να συνεχίσω για ώρες ατελείωτες», είπε σθεναρά η Σέλμα. «Αλλά τι είμαι εγώ; Το κορόιδο; Θα κάνω όλη τη σκληρή δουλειά και η Τίνα θα αράζει αμέριμνη;» Η Σέλμα ένευσε προς το μέρος μου και ρούφηξε τη μύτη της.

«Θα κάνω και εγώ μέρος της σκληρής δουλειάς. Η Τίνα θα συνεχίσει να μαζεύει τα σκουπίδια, και αύριο θα φέρω ένα ειδικό μυστρί για να ξεχώσει τα αγριόχορτα. Νομίζω ότι θα καταφέρω να βρω ένα δεύτερο μεγάλο φτυάρι για σένα, Σέλμα. Κάτι μου λέει ότι θα τα καταφέρεις περίφημα».

Η Σέλμα με κοίταξε και ένευσε θριαμβευτικά.

Τι ενοχλητικό! Εγώ ήθελα να είμαι το μεγάλο, δυνατό κορίτσι. Και δεν ήθελα να έχει καμία δουλειά η Σέλμα με τον κήπο μου. Ωστόσο, είχα επίγνωση ότι δε γινόταν να τον σκάψω όλο. Και η κυρία Γελασίδου ήταν μεγάλης ηλικίας γυναίκα, οπότε ούτε από εκείνη περίμενα να σκάψει πολύ. Επομένως, άλλη επιλογή δεν είχα.

Η Σέλμα εξακολουθούσε να σκάβει. Το ίδιο και η δασκάλα. Και εγώ μάζευα τα σκουπίδια. Πάρα πολλά σκουπίδια.

«Θα ασχοληθώ ξανά με την κηπουρική μετά το μεσημεριανό», ανήγγειλα στη Φιλ και τη Μάντι, όταν τρώγαμε τα σάντουιτς που είχαμε φέρει. (Με ζαμπόν και ντομάτα σήμερα. Και δυο βραστά λουκανικάκια, ένα μανταρίνι, δυο γεμιστά μπισκότα με μαρμελάδα κεράσι και μια μικρή λεμονάδα.) Έφαγα τα πάντα με όρεξη. Η Φιλ και η Μάντι φάνηκαν κάπως απογοητευμένες.

«Αυτό δεν έχει ξαναγίνει, να φας τα πάντα», σχολίασε η Φιλ.

«Ούτε ψιχουλάκι δεν έμεινε», είπε η Μάντι, κοιτάζοντας μέσα στο κουτάκι του φαγητού μου.

«Για όλα ευθύνεται η σκληρή δουλειά που ρίχνω στον κήπο». Χασμουρήθηκα και τεντώθηκα όπως κάνει ο μπαμπάς όταν επιστρέφει από τη δουλειά του.

«Σίγουρα είσαι εντάξει;» ρώτησε η Φιλ με έγνοια. «Κανονικά δεν πρέπει να κάνεις σκληρή δουλειά».

«Η μαμά θα θυμώσει. Δε θα έπρεπε να σε αφήσουμε να ασχοληθείς με την κηπουρική», είπε η Μάντι σκεπτική.

«Μα μου αρέσει», δήλωσα.

«Σου αρέσει να είσαι μαζί με τη Σέλμα;» ρώτησε η Φιλ σαστισμένη.

«Σου φέρεται άσχημα;» ρώτησε η Μάντι. «Να έρθουμε να βοηθήσουμε κι εμείς; Δεν είμαι υποχρεωμένη να παίξω ποδόσφαιρο».

Ασφαλώς και επιθυμούσα να έρθουν. Χωρίς τις αδελφές μου ένιωθα πάντα παράξενα, σαν να έλειπαν δυο μεγάλα κομμάτια του εαυτού μου. Χώρια που θα σκάβαμε τον κήπο στο πιτς φιτίλι με δυο ζευγάρια χέρια παραπάνω.

«Ναι, ελάτε και εσείς!» είπα ολόχαρα.

Εντούτοις, όταν πήγαμε στον κήπο και οι τρεις μαζί, η Σέλμα μάς στραβοκοίταξε. Ούτε όμως και η δασκάλα φάνηκε ευχαριστημένη.

«Τι γυρεύετε εδώ όλοι εσείς;» απαίτησε να μάθει η Σέλμα.

«Ήρθαμε να βοηθήσουμε με τον κήπο», απάντησε η Φιλ.

«Δε χρειαζόμαστε τη βοήθειά σας. Αυτός είναι ο δικός μας κήπος». Η Σέλμα κοίταξε φευγαλέα τη δασκάλα.

«Πολύ ευγενικό από μέρους σας να προσφέρετε τη βοήθειά σας, Φιλίπα και Μάντλιν, αλλά φοβάμαι ότι δε μου περισσεύουν άλλα φτυάρια», πήρε τον λόγο η δασκάλα. «Πηγαίνετε να παίξετε. Η Τίνα θα είναι μια χαρά. Είναι επόπτρια συλλογής απορριμμάτων επί του παρόντος».

«Και εγώ είμαι υπεύθυνη σκαψίματος. Κοιτάξτε!» είπε η Σέλμα, κάνοντας επίδειξη.

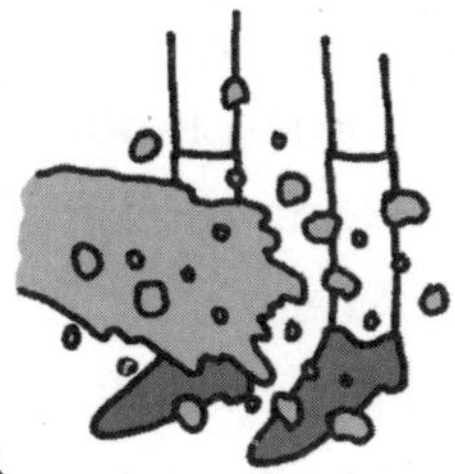

Η Σέλμα έσκαψε με τέτοια ζέση, ώστε έριξε χώματα στις κάλτσες και στα παπούτσια μου. «Ουπς!» έκανε. Και μετά: «Συγγνώμη, Τίνα».

Η Φιλ και η Μάντι έμειναν με το στόμα ανοιχτό. Η Σέλμα Τζόνσον μόλις μου απολογήθηκε!

«Δεν πειράζει, Σέλμα», είπα, τινάζοντας τα πόδια μου.

Συνέχισα να μαζεύω τα σκουπίδια. Η Σέλμα συνέχισε το σκάψιμο. Το ίδιο και η δασκάλα. Η Φιλ και η Μάντι απομακρύνθηκαν με ύφος αποσβολωμένο.

Μακάρι να έμεναν. Μολαταύτα, εγώ φούσκωνα από περηφάνια. Η κυρία Γελασίδου μού χάρισε ένα πλατύ χαμόγελο.

«Μαμά, πού να σου τα λέμε!» ανήγγειλε η Φιλ στη μαμά, όταν ήρθε να μας πάρει στο σχόλασμα.

«Η Τίνα μας έγινε λίγο φίλη με τη Σέλμα!» ανακοίνωσε η Μάντι.

«Δεν είμαστε φίλες», αντέκρουσα. «Αλλά δεν είναι τόσο κακιά μαζί μου τώρα. Παίξαμε μαζί στο διάλειμμα και στο μεσημεριανό φαγητό».

«Πολύ καλό αυτό», είπε η μαμά.

«Κάνουμε κηπουρική», ανακοίνωσα με μεγάλη περηφάνια.

«Κηπουρική, είπες;»

«Θα φτιάξουμε έναν πεταλουδόκηπο, λέει η δασκάλα. Αλλά το σκάψιμο έχει πολλή δουλειά».

«Σκάβεις *εσύ*;» είπε η μαμά. «Δε γίνεται να σκάβεις, Τίνα! Μόλις συνήλθες από πνευμονία. Δεν πάει καθόλου καλά η δασκάλα σας!»

«Σας το είπα ότι θα θύμωνε η μαμά», είπε η Μάντι.

«Εγώ τις είδα. Δε νομίζω ότι η Τίνα καταπιάστηκε πολύ με το σκάψιμο», ανέλαβε να εξηγήσει η Φιλ.

«Δεν πρέπει να σκάβει καθόλου! Τίποτα! Με άκουσες, Τίνα; Δε γίνεται να ασχοληθείς καθόλου με την κηπουρική», δήλωσε η μαμά.

«Μα το θέλω! Και *πρέπει*! Είναι ο κήπος μου!»

«Λυπάμαι πολύ, αλλά ξέρεις καλά ότι δεν μπορείς να ασχοληθείς με κάτι που επιβαρύνει την καρδιά σου».

«Δεν είναι δίκαιο», διαμαρτυρήθηκα. «Δε με αφήνεις να κάνω τίποτα! Μαμά, είσαι πολύ κακιά!»

«Τίνα! Μη μου μιλάς έτσι! Ξέρω ότι δεν είναι δίκαιο, καρδούλα μου, αλλά δεν μπορεί να γίνει διαφορετικά».

«Θέλω να ασχοληθώ με την κηπουρική! Το θέλω περισσότερο από οτιδήποτε στον κόσμο», κλαψούρισα.

«Όμως εξαντλήθηκες, Τίνα. Σε είδα που στηρίχτηκες στον κορμό του δέντρου», είπε η Φιλ.

«Θα κάνουμε εμείς την κηπουρική και εσύ θα μας βλέπεις», είπε η Μάντι.

«Δεν έχω καμία όρεξη να βλέπω! Βαρέθηκα να βλέπω από μακριά! Θέλω να κάνω κηπουρική!» φώναξα.

«Για ηρέμησε, νεαρή μου. Δε θα κάνεις παιδιάστικα πείσματα μέσα στη μέση του δρόμου. Άκου να δεις, θα πάμε να δούμε την κυρία Τζέσοπ. Εκείνη θα καταφέρει να σου βάλει μυαλό. Και θα της ζητήσω να μου γράψει ένα σημείωμα απαλλαγής, που θα εξηγεί την κατάσταση στην κυρία Γελασίδου», είπε η μαμά. «Πάμε τώρα αμέσως στο ιατρείο της».

Η δόκτωρ Τζέσοπ ήταν ιδιοκτήτρια μιας κλινικής μητέρας και παιδιού.

«Σήμερα είναι η μέρα της εβδομάδας που η γιατρός βλέπει τα ραντεβού του προγεννητικού ελέγχου», εξήγησε η γραμματέας. «Ευχαρίστως να κλείσουμε ραντεβού για την Τίνα για αύριο».

«Είναι εύκολο να περιμένουμε να τελειώσει η γιατρός με τα ραντεβού της;» ρώτησε ευγενικά η μαμά. «Δε θα την απασχολήσω πολύ. Και είναι εξαιρετικά επείγον».

«Καλώς», συγκατένευσε η γραμματέας. Έχει συνηθίσει τη μαμά μου κι εμένα.

Έτσι λοιπόν, καθίσαμε μαζί με όλες τις μαμάδες και τα μωρά τους. Υπήρχαν νήπια που έτρεχαν γύρω γύρω και άρπαζαν πράγματα και φώναζαν. Υπήρχαν μωρά που μπουσουλούσαν και άλλα που έκλαιγαν. Υπήρχαν σιωπηλά μωρά με πιπίλα στο στόμα και μωρά που τσίριζαν και η μαμά τους τα έπαιρνε αγκαλιά. Παρατηρούσα παχουλά μωρά και λεπτά μωρά και μεγάλα μωρά και πολύ μικρούλια μωράκια. Υπήρχαν μωρά με μπούκλες και μωρά με τούφες και μωρά χωρίς καθόλου μαλλιά.

«Αχ, έχετε δίδυμα!» είπε μία από τις μητέρες. «Κι εγώ το ίδιο. Δείτε!»

«Βασικά, οι κόρες μου είναι τρίδυμες», εξήγησε η μαμά.

Όλες οι μητέρες κοίταξαν τη Φιλ, τη Μάντι και εμένα. Το απεχθανόμαστε αυτό όταν συμβαίνει. Πάντα οι άνθρωποι δείχνουν κάπως απογοητευμένοι όταν με αντικρίζουν.

Η Φιλ δεν ενοχλήθηκε με τη μεγάλη αναμονή, επειδή της αρέσουν πολύ τα μωρά.

Από την άλλη, η Μάντι βρίσκει τα μωρά βαρετά, όμως εντόπισε ένα περιοδικό για το ποδόσφαιρο και έτσι δεν την πείραξε η αναμονή.

Εγώ αναζήτησα κάποιο περιοδικό για πεταλούδες, αλλά δε βρήκα. Με τα μωρά δεν ασχολήθηκα διόλου. Κι εμένα μου φαίνονται βαρετά.

Έβγαλα από την τσάντα μου το μπλοκ σχεδίασης και χάζεψα όλες τις πανέμορφες πεταλούδες μου. Διάβασα για τα λουλούδια με τα οποία τρέφονται. Δεν έβλεπα την ώρα να φτιάξω έναν πεταλουδόκηπο, έτσι ώστε να τις παρακολουθώ να φτερουγίζουν γύρω από τα καταδικά μου λουλούδια. Λαχταρούσα να φτιάξω τον κήπο με τα χέρια μου.

Η κυρία Τζέσοπ είχε να δει άπειρα μωρά και μαμάδες.

Κάποια στιγμή όλες μας βαρεθήκαμε και πεινάσαμε, έτσι η μαμά πετάχτηκε για λίγο στο περίπτερο και επέστρεψε με μια σοκολάτα, που τη μοίρασε στα τρία.

Η Φιλ μασούλησε το κομμάτι της με κομψότητα. Η Μάντι το εξαφάνισε μέσα σε τέσσερις γρήγορες δαγκωματιές. Εγώ έγλειφα το δικό μου κομμάτι σαν γλειφιτζούρι.

«Μπα, μπα, σοκολάτα», σχολίασε η μητέρα των διδύμων. «Εγώ ποτέ δεν πρόκειται να δώσω στις δικές μου σοκολάτες ή ζαχαρωτά. Θα τους δίνω σταφίδες ή μπαστουνάκια καρότου ή φέτες μήλου, εάν θέλουν μια μικρή λιχουδιά».

Η μαμά κοκκίνισε μέχρι τις άκρες των αυτιών της. Πολύ σπάνια μας επιτρέπεται να φάμε σοκολάτα. Η μαμά μού σκούπισε το στόμα με χαρτομάντιλο, κάνοντας ταυτόχρονα «τς, τς, τς».

Ώσπου κάποτε η κυρία Τζέσοπ τελείωσε με τα ραντεβού της. Μπήκε στην αίθουσα αναμονής δείχνοντας εξουθενωμένη.

«Μπορούμε να σας απασχολήσουμε για πολύ λίγο, γιατρέ;» ρώτησε η μαμά.

Η γιατρός φάνηκε ακόμα πιο καταπονημένη.

«Πρόκειται για την Τίνα», εξήγησε η μαμά.

«Ναι, το φαντάστηκα», είπε η κυρία Τζέσοπ.

«Η δασκάλα της στο σχολείο την ενθαρρύνει να ασχοληθεί με την κηπουρική... με το σκάψιμο! Μπορείτε, σας παρακαλώ, να εξηγήσετε στην Τίνα ότι δεν πρέπει να ασχοληθεί καθόλου;»

Η γιατρός κάθισε σε μια από τις καρέκλες της αίθουσας αναμονής. «Και γιατί, παρακαλώ;»

Η μαμά έμεινε εμβρόντητη. «Εξαιτίας της αδύναμης καρδιάς της, φυσικά. Και δεν έχει συνέλθει καλά καλά από την πνευμονία. Είναι αδύναμη σαν γατάκι».

«Τότε ίσως ο καθαρός αέρας και το σκάψιμο να τη δυναμώσουν λίγο. Δε θέλουμε να παίζει ομαδικά αθλήματα, γιατί μπορεί κάποιος να πέσει πάνω της, όμως η κηπουρική μού φαίνεται η ιδανική δραστηριότητα». Το βλέμμα της γιατρού προσγειώθηκε πάνω μου. «Θα φυτέψεις λουλούδια, Τίνα, ή μήπως φρούτα και λαχανικά;»

«Θα φυτέψω οτιδήποτε αρέσει στις πεταλούδες. Θα είναι πεταλουδόκηπος», είπα εγώ.

«Αυτή μάλιστα! Είναι εξαιρετική ιδέα! Ασχολήσου όσο συχνά επιθυμείς – όχι ότι μπορείς να κάνεις και πολλά πράγματα μέσα στο καταχείμωνο. Δε φυτεύουν πολλά τότε».

«Όχι, αλλά πρέπει να διαμορφώσουμε τον κήπο πρώτα. Θα μας πάρει πολύ χρόνο το σκάψιμο. Η αλήθεια είναι ότι δε σκάβω μόνη μου και πολύ, αλλά η Σέλμα, ένα άλλο κορίτσι, βοηθάει».

«Καλό αυτό». Η γιατρός τότε έστρεψε τη ματιά της στη Φιλ και τη Μάντι. «Σας αρέσει κι εσάς η κηπουρική, κορίτσια;»

«Βασικά θέλαμε να βοηθήσουμε», είπε η Φιλ.

«Και εγώ ξέρω ότι θα ήμουν καλή στο σκάψιμο.

Στοιχηματίζω ότι είμαι πολύ καλύτερη από τη Σέλμα», είπε αγέρωχα η Μάντι.

«Όμως θα είναι δικός μου ο κήπος, γιατί εγώ είμαι αυτή που ξέρει τα πάντα για τις πεταλούδες τώρα», είπα φουσκώνοντας από περηφάνια.

«Πολύ καλό για σένα», είπε η γιατρός. «Λοιπόν, εγώ τώρα πρέπει να πηγαίνω για να ετοιμάσω στην οικογένειά μου το τσάι. Και φαντάζομαι ότι κι εσείς έχετε να κάνετε το ίδιο, κυρία Μέιναρντ...»

«Ναι, ναι. Επομένως, είστε απολύτως βέβαιη ότι η Τίνα δε θα πάθει κάτι κάνοντας κηπουρική; Η Μάντι παρατήρησε ότι της Τίνα της πιάστηκε η ανάσα και αναγκάστηκε να καθίσει κάτω...»

«Όχι, απλώς στηρίχτηκε σε ένα δέντρο», διόρθωσε αμέσως η Μάντι.

«Και στηρίχτηκα ελάχιστα», επισήμανα εγώ.

«Νομίζω ότι η Τίνα ξέρει καλύτερα από όλους μας», παρατήρησε η γιατρός. «Αν της πιαστεί η ανάσα ή κουραστεί, τότε θα ξαποστάσει. Όμως είναι ανάγκη να πάρει δύναμη. Γι' αυτό συνέχισε την κηπουρική, Τίνα. Αν δεις ότι σε ευχαριστεί πολύ αυτή η δραστηριότητα, πέρασε από το σπίτι μου και θα κερδίσεις ένα καλό χαρτζιλίκι ξεχορταριάζοντας τον κήπο».

Αποφασίστηκε λοιπόν! Το είπε η ίδια η γιατρός! Θα συνέχιζα την κηπουρική μου! Γιούπιιι!

Κεφάλαιο 14

Η Σέλμα και εγώ καταπιανόμασταν με την κηπουρική σε κάθε διάλειμμα και έπειτα από κάθε μεσημεριανό. Η κυρία Γελασίδου ασχολιόταν και εκείνη με την κηπουρική το πρώτο διάστημα. Η συμπεριφορά της διέφερε πολύ από αυτή που είχε μες στην τάξη. Μας μιλούσε για ένα σωρό πράγματα. Μας περιέγραφε τις διακοπές της.

«Είναι το μεγαλύτερο πλεονέκτημα του να είσαι δασκάλα», έλεγε. «Έχεις αρκετό χρόνο να κάνεις υπέροχες διακοπές. Εγώ ξοδεύω ελάχιστα χρήματα όταν είναι ανοιχτά τα σχολεία. Δε βγαίνω τα βράδια και δε με νοιάζουν διόλου τα ντυσίματα και οι μόδες. Βάζω στην άκρη κάθε δεκάρα για τις διακοπές μου».

Δεν ήταν ανάγκη να μας πει ότι δεν την ένοιαζαν διόλου

τα ντυσίματα και οι μόδες. Είχε δυο πανομοιότυπα σύνολα, σε διαφορετικά χρώματα: μια πολυκαιρισμένη μπλε μπλούζα και πλεχτή ζακέτα με κουμπιά και ασορτί φούστα, και μια ανοιχτόχρωμη, ελαφρώς ξεβαμμένη καφετιά μπλούζα και πλεχτή ζακέτα με κουμπιά και ασορτί φούστα.

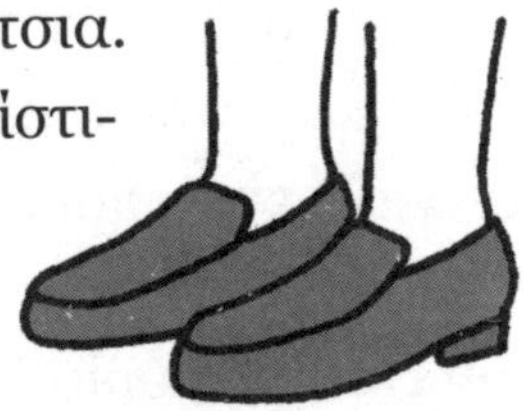

Πάντοτε φορούσε τα ίδια παπούτσια. Δε βλέπω την ώρα να φορέσω μεγαλίστικα παπούτσια με ψηλά τακούνια. Η Σέλμα ισχυρίζεται ότι έχει κιόλας ένα τέτοιο ζευγάρι, αλλά εγώ το θεωρώ ψέμα. Η κυρία Γελασίδου μπορούσε να φορέσει οποιονδήποτε τύπο παπουτσιού ήθελε. Ένας Θεός ξέρει με ποιο κριτήριο επέλεξε τα δικά της!

«Πού σας αρέσει να παραθερίζετε, κυρία Γελασίδου;» τη ρώτησα. «Εμείς μείναμε σε τροχόσπιτο στο Νόρφολκ. Είναι καταπληκτικά εκεί».

«Ναι, πράγματι».

«Πηγαίνετε και εσείς εκεί;»

«Πήγαινα όταν ήμουν παιδί».

Μου ήταν πολύ δύσκολο να φανταστώ την κυρία Γελασίδου παιδάκι.

«Τώρα πού παραθερίζετε;»

«Στους τρεις μήνες που διαρκούν οι καλοκαιρινές διακοπές, μου αρέσει να εξερευνώ διαφορετικές χώρες. Σχεδιάζω για του χρόνου ένα ταξίδι στην Ιαπωνία. Προσπαθώ να μάθω λίγα ιαπωνικά κουτσά στραβά, μα χωρίς ιδιαίτερη επιτυχία. Το καλοκαίρι που μας πέρασε επισκέφθηκα την Αυστραλία».

«Είδατε καγκουρό και κοάλα;» τη ρώτησα με ζωηρό ενδιαφέρον.

«Σε ζωολογικό κήπο μονάχα. Ωστόσο, μου έκανε μεγάλη εντύπωση που συνάντησα κοπάδια από καμήλες στις θαμνώδεις εκτάσεις της Αυστραλίας. Και περίμενα πώς και πώς να δω τον διάβολο της Τασμανίας, αλλά δε στάθηκα τυχερή. Βέβαια, ίσως και να μου βγήκε σε καλό, γιατί είναι πολύ άγρια ζώα».

«Φεύγετε και στις διακοπές των Χριστουγέννων και του Πάσχα, κυρία Γελασίδου;»

«Φέτος τα Χριστούγεννα θα πάω ολιγοήμερες διακοπές για σκι. Και για το Πάσχα σχεδιάζω ένα τριήμερο στο Παρίσι», αποκάλυψε με ονειροπόλο ύφος.

Η Σέλμα και εγώ κοιταχτήκαμε. Φανταστήκαμε την κυρία Γελασίδου να κάνει σκι και δαγκώσαμε τα χείλια μας για να μη σκάσουμε στα γέλια. Τούτη η ταξιδιάρα κυρία Γελασίδου ακουγόταν σαν ένα ολότελα διαφορετικό άτομο.

«Εσύ, Σέλμα, πού πηγαίνεις διακοπές;» τη ρώτησα.

Ξάφνου η Σέλμα κοκάλωσε. «Α, παντού», έσπευσε να απαντήσει.

«Ναι, αλλά πού;»

«Στη θάλασσα».

«Στο Νόρφολκ;»

«Σιγά μην πηγαίναμε στο βαρετό Νόρφολκ. Ταξιδεύουμε στην Ισπανία, στην Ιταλία και σε ένα σωρό ξένα μέρη. Στο Παρίσι».

Με γελούσαν τα αυτιά μου; «Πήγατε στη θάλασσα στο Παρίσι;» ρώτησα τη Σέλμα.

«Ναι, γιατί; Περίεργο σου φαίνεται;»

Ήξερα ότι η Σέλμα αράδιαζε ψέματα πάλι. Είχα πάει στο Παρίσι σε πρόγραμμα διακοπών που οργάνωσε ένας σύλλογος για ευπαθή παιδιά. Οι γονείς μου και οι αδελφές μου είχαν έρθει κι εκείνοι. Πήγαμε στη EuroDisney. Το Παρίσι δεν είχε καμία απολύτως σχέση με θάλασσα. Ούτε κατά διάνοια.

Ήμουν έτοιμη να το πετάξω στη Σέλμα θριαμβευτικά, όταν αντίκρισα τη δασκάλα να σμίγει τα φρύδια της σ' εμένα. Να σμίγει τα φρύδια της πολύ εμφατικά.

Γι' αυτό δεν έβγαλα τσιμουδιά. Βάλθηκα να σκάβω. Επιτέλους είχα απομακρύνει όλα τα σκουπίδια και τώρα ήμουν επικεφαλής εκριζώτρια αγριόχορτων. Όποτε έβρεχε πολύ τη νύχτα και το χώμα μαλάκωνε, έσκαβα και εγώ λίγο, αλλά με το μικρό φτυάρι.

Αργότερα την ίδια μέρα, στο σχόλασμα, η δασκάλα με σταμάτησε καθώς ετοιμαζόμουν να βγω από την τάξη.

«Έπραξες καλώς που συγκράτησες το σχόλιό σου για το Παρίσι, Τίνα», μου ψιθύρισε. «Κατάλαβα ότι ήσουν έτοιμη να πεις ότι δεν έχει θάλασσα».

«Μα γιατί δε θέλατε να πω τίποτε, αφού ξέρατε ότι η Σέλμα έλεγε ψέματα;»

«Θεώρησα ότι δεν ήταν ευγενικό να φανεί η Σέλμα χαζή. Άλλωστε το φταίξιμο ήταν πέρα για πέρα δικό μου. Δεν έπρεπε να με πιάσει η φλυαρία μου για τις διακοπές».

Έμεινα στήλη άλατος. Απίστευτο να παραδέχεται η δασκάλα ότι είχε άδικο! Στην τάξη έδειχνε ότι ήταν πάντα τέλεια και είχε πάντα δίκιο.

Και πάλι δεν καταλάβαινα.

«Δε νομίζω ότι η Σέλμα πάει ποτέ διακοπές», μου εκμυστηρεύθηκε η δασκάλα.

«Ορίστε; Ούτε το καλοκαίρι;» σάστισα.

«Ούτε. Η οικογένεια της Σέλμα τα βγάζει πέρα... κάπως δύσκολα. Δεν είναι τυχερό κορίτσι όπως είσαι εσύ, Τίνα».

Τα 'χασα. Ποτέ δε με είχαν αποκαλέσει τυχερή. Ήμουν το μικροκαμωμένο ασθενικό κορίτσι που παραλίγο να πεθάνει, το παιδί που δεν ήταν καλό στα μαθήματα, το τριδυμάκι που ήταν αρκετά πιο μικροκαμωμένο από τις αδελφές της. Εγώ ήμουν η τυχερή;

«Ναι, τυχερή», επανέλαβε η δασκάλα. «Έχεις δυο υπέροχες αδελφές που είναι πάντα στο πλευρό σου και μια μητέρα που νοιάζεται τόσο πολύ για σένα, ώστε δε διστάζει να τα βάλει με τη δράκαινα στο λημέρι της».

Μα πώς στο καλό ήξερε η δασκάλα ότι η μαμά την αποκαλούσε δράκαινα!

Χαχάνισα λιγάκι.

«Και είμαι σίγουρη ότι έχεις έναν υπέροχο πατέρα που είναι πάντα πολύ καλός και στοργικός μαζί σου», συνέχισε η κυρία Γελασίδου. «Και ξέρω ότι έχεις ένα τέλειο δωμάτιο με πολλά παιχνίδια και παραμύθια. Έχεις χαμστεράκια για κατοικίδια. Φέρνεις πολύ νόστιμα, θρεπτικά φαγητά για μεσημεριανό στο σχολείο. Πάντοτε φοράς καθαρά, κολλαριστά ρούχα με αστραφτερές λευκές κάλτσες και γυαλισμένα παπούτσια. Σε έχουν διδάξει καλούς τρόπους και πώς να μιλάς όμορφα. Είσαι πολύ τυχερή, Τίνα. Σκέψου το».

Στα λόγια αυτά η δασκάλα μού έκανε νόημα να φύγω, και εγώ βιάστηκα να προλάβω τη Φιλ και τη Μάντι. Πράγματι, το σκέφτηκα σε όλη τη διαδρομή μέχρι το σπίτι. Συλλογίστηκα την τρομακτική κυρία Τζόνσον που χτυπούσε τη Σέλμα. Μπαμπά δεν είχε – είχε διάφορους πατριούς και όλοι έδειχναν πολύ άγριοι. Όλη η οικογένεια της Σέλμα έδειχνε πολύ άγρια, ακόμα και τα μικρότερα αδέλφια της.

Δεν ήξερα πώς ήταν το δωμάτιό της, αλλά δεν το φανταζόμουν βαμμένο ροζ και άσπρο και όμορφο. Έβλεπα από μόνη μου ότι η Σέλμα δεν είχε ωραία ρούχα. Η φούστα της ήταν τόσο παλιά, ώστε γυάλιζε στο πίσω μέρος και το στρίφωμα κρεμόταν μισοξηλωμένο. Το φούτερ της στολής της δεν πλενόταν ποτέ τα Σαββατοκύριακα, γι' αυτό είχε λεκέδες μπροστά και βρόμικα μανίκια. Κάλτσες δε φορούσε καθόλου, μόνο λερωμένα αθλητικά παπούτσια. Μάλιστα της ήταν και μικρά – όποτε τα έβγαζε για τα χορευτικά και το θέατρο, είχε κόκκινα σημάδια στις φτέρνες και τα δάχτυλά της ήταν ερεθισμένα. Και τα πόδια της μύριζαν.

Η Φιλ, η Μάντι και εγώ πάντα γελούσαμε με τις βρομοπατούσες της Σέλμα, όμως τώρα δε φαινόταν τόσο αστείο. Άρχισα να τη λυπάμαι κάπως τη Σέλμα, παρότι εξακολουθούσε να είναι το χειρότερο κορίτσι του κόσμου.

Όταν ασχολούμασταν με την κηπουρική, ήταν και

πάλι κακιά απέναντί μου ορισμένες φορές, προπαντός όταν η δασκάλα ήταν επόπτρια στην αυλή.

«Ακόμα και τώρα είσαι άχρηστη στο σκάψιμο, Ζουζουνάκι», μου πέταγε.

«Τι κοντή που είσαι. Ο αδελφός μου ο Σαμ είναι μόλις τριών χρονών, αλλά είναι πιο μεγαλόσωμος από σένα», μου έλεγε.

«Εσύ και οι αδελφές σου νομίζετε ότι είσαστε κάποιες, αλλά είστε για τα πανηγύρια! Είστε όλες σας κακομαθημένες και ψωροφαντασμένες», μου είπε μια άλλη φορά.

Κάθε κακία και προσβολή που μου εξαπέλυε έκανε το στομάχι μου να σφίγγεται, σαν να με είχε χτυπήσει δυνατά με το φτυάρι της. Ορισμένες φορές έφτανα στο παρά πέντε να βάλω τα κλάματα, όμως δεν το έκανα, γιατί τότε θα με έπαιρνε στο ψιλό πολύ περισσότερο.

Δε με κοπάνησε ποτέ με το φτυάρι, αν και ορισμένες φορές το σήκωνε ψηλά και με σημάδευε σαν να κρατούσε οπλοπολυβόλο. Ήξερα ότι το έκανε για πλάκα, όμως εγώ τσίριζα από την τρομάρα μου.

Όμως τότε ανακάλυψα έναν απίστευτο, φανταστικό τρόπο να πάρω το αίμα μου πίσω! *Η Σέλμα φοβόταν τα σκουλήκια!*

Δεν είχαμε βρει καθόλου σκουλήκια όταν το χώμα ήταν ξερό. Όμως τώρα, που ήταν μαλακότερο, και μπορούσαμε να σκάβουμε βαθύτερα, ξαφνικά εντοπίσαμε μερικά.

«Μπλιαχ», έκανε η Σέλμα και αφού πέταξε κάτω το φτυάρι της, το έβαλε στα πόδια. «Σκουλήκια!»

«Τα σκουλήκια είναι εξαιρετικοί βοηθοί των κηπουρών», μας πληροφόρησε η κυρία Γελασίδου. «Εμπλουτίζουν το χώμα για λογαριασμό μας. Το καταπίνουν από τη μια μεριά και το αποβάλλουν από την άλλη, δίνοντάς του έτσι πολύ καλύτερη ποιότητα ώστε να γίνει θρεπτική τροφή για τα φυτά».

«Αηδιαστικό», αναφώνησε η Σέλμα. «Δεν πρόκειται να σκάψω άλλο αν υπάρχουν σκουλήκια!»

«Εγώ δε φοβάμαι τα σκουλήκια. Τα βρίσκω πολύ ενδιαφέροντα», της είπα.

«Ναι, καλά! Στοιχηματίζω ότι τα φοβάσαι».

«Όχι βέβαια. Κοίτα», Μονομιάς, έσκυψα κάτω και αφού σήκωσα το μεγαλύτερο, το πιο κουλουριαστό, το πιο ροζ σκουλήκι, το απόθεσα στην παλάμη μου.

«Αααα!» έκανε η Σέλμα κρατώντας ασφαλή απόσταση από εμένα.

Σήκωσα το χέρι μου, θαρρείς και σκόπευα να πετάξω μπάλα. Η Σέλμα ούρλιαξε και έσκυψε κάτω.

«Τίνα!» έκανε η κυρία Γελασίδου. «Άφησε το σκουλήκι μέσα στο χώμα!»

«Δε σκόπευα να το πετάξω στη Σέλμα», δικαιολογήθηκα. Βασικά, αυτό είχα κατά νου, όμως δε θα ήταν πολύ ευγενικό απέναντι στο σκουλήκι.

«Αυτό σου έλειπε». Η δασκάλα προσπαθούσε να δείξει αναστατωμένη, αλλά τα χείλια της στράβωναν προς τα πάνω, σαν να προσπαθούσαν να πνίξουν ένα γελάκι.

Με μεγάλη επιφύλαξη η Σέλμα βάλθηκε να σκάβει ξανά. Σε λίγο, ούρλιαξε πάλι.

«Κι άλλο σκουληκάκι, Σέλμα;» της είπα. «Μη φοβάσαι, θα το βγάλω εγώ. Έλα σ' εμένα, σκουληκάκι. Θα σου βρω ένα άλλο κομμάτι γης, μακριά από το απειλητικό φτυάρι. Έτσι μπράβο! Εκεί».

«Σου 'χει στρίψει», είπε αδύναμα η Σέλμα.

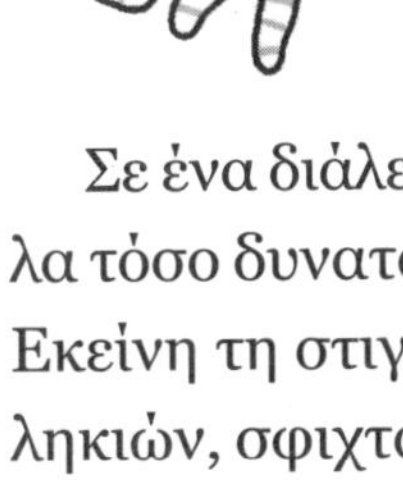

Όμως πλέον, όποτε συμπεριφερόταν άσχημα απέναντί μου, εγώ σκάλιζα το χώμα ψάχνοντας για σκουλήκια. Η Σέλμα το βούλωνε μόλις έβρισκα το πρώτο. Η κηπουρική είχε γίνει πολύ πιο γαλήνια πια.

Σε ένα διάλειμμα, ο Χάρι έτυχε να κλοτσήσει την μπάλα τόσο δυνατά, ώστε αυτή έφτασε μέχρι τον κήπο μας. Εκείνη τη στιγμή η Σέλμα είχε ξεχώσει μια μάζα σκουληκιών, σφιχτά πλεγμένα μεταξύ τους. Η Σέλμα έσκουζε χωρίς σταματημό.

Τρεχάτος έφτασε ο Χάρι για να πάρει την μπάλα. Κοίταξε τη Σέλμα με μάτια γουρλωμένα. «Τι έπαθε αυτή;» με ρώτησε σιγανά. Έπειτα αντίκρισε τα σκουλήκια. «Αμάν, πόσο πολλά σκουλήκια! Γι' αυτό σκούζεις, Σέλμα; Φοβάσαι τα σκουλήκια;»

Η Σέλμα σώπασε. Δάγκωσε το χείλος της.

«Τα 'χασε από την τρομάρα της, έτσι δεν είναι, Τίνα;» είπε ο Χάρι γελώντας.

Εγώ έμεινα διστακτική. Συμπαθούσα πολύ τον Χάρι. Ήθελα να συμμετάσχω στο αστείο και να γελάσω μαζί του εις βάρος της Σέλμα. Αυτό θα με χαροποιούσε ιδιαίτερα.

Αλλά μόλις η ματιά μου σταμάτησε στη Σέλμα, δεν ήμουν τόσο βέβαιη. «Σιγά, βρε Χάρι», αναφώνησα. «Σιγά μη φοβάται η Σέλμα τα σκουλήκια! Αυτή δε μασάει σε τίποτα».

«Τότε γιατί τσίριζε σαν παλαβή;»

«Κοπάνησε το πόδι της με το φτυάρι. Οποιοσδήποτε θα έβαζε τις φωνές», τη δικαιολόγησα.

«Α, εντάξει». Ο Χάρι χτυπούσε την μπάλα να κάνει γκελ στο έδαφος. «Πώς και τον αποκαλείτε κήπο, κορίτσια; Είναι μια μικρή έκταση με χώμα και τίποτε παραπάνω. Γιατί δε φυτεύετε λουλούδια;»

«Πρώτα πρέπει να προετοιμάσουμε τη γη. Αυτό θα πάρει αρκετό καιρό. Και μετά δεν μπορούμε να φυτέψουμε τα περισσότερα πράγματα όταν είναι χειμώνας, επειδή το έδαφος είναι πάρα πολύ κρύο. Οι ρίζες δε θα μπορούν να απλωθούν και να πάρουν όλη την υγρασία και τα θρεπτικά στοιχεία που έχουν ανάγκη», είπα, κάνοντας και λίγη επίδειξη των γνώσεών μου.

Τι περίεργο. Δε θυμόμουν λέξη από αυτά που η κυρία Γελασίδου έλεγε στα μαθήματα, αλλά όταν μιλούσε για κηπουρική, θυμόμουν κάθε λέξη απ' έξω και ανακατωτά.

Ο Χάρι είχε βαριεστημένο ύφος, παρότι εγώ νόμιζα ότι έλεγα τα πιο ενδιαφέροντα πράγματα. Έφυγε τρεχάτος για να επιστρέψει στο παιχνίδι του.

Η Σέλμα και εγώ συνεχίσαμε την κηπουρική μας. Δε με ευχαρίστησε. Δε μου είπε κουβέντα. Ούτε καν με κοίταξε. Αλλά από εκείνη την ημέρα έπαψε να είναι κακιά απέναντί μου.

Κεφάλαιο 15

Η Σέλμα και εγώ σκάβαμε καθημερινά, επί βδομάδες.

«Κορίτσια, θα πρέπει να τα βγάλετε πέρα χωρίς εμένα για λίγο καιρό», μας είπε μια μέρα η δασκάλα. Περπατούσε πολύ δύσκαμπτα και ήταν πιο συνοφρυωμένη από το συνηθισμένο. «Με έχει πιάσει η μέση μου. Σίγουρα θα οφείλεται στο σκάψιμο. Μάλλον δεν είναι καλή άσκηση αν είσαι ηλικιωμένη γυναίκα!»

«Μην ανησυχείτε, κυρία Γελασίδου», είπε η Σέλμα. «Η Τίνα και εγώ θα τα καταφέρουμε περίφημα».

«Σ' ευχαριστώ πολύ, Σέλμα», είπε η δασκάλα. «Ξέρω ότι οι δυο σας θα συνεχίσετε με αμείωτο σθένος».

Η Φιλ και η Μάντι είχαν την έγνοια μου στο πρώτο διάλειμμα χωρίς την κυρία Γελασίδου. Ήρθαν κοντά μου να επιθεωρήσουν την κατάσταση.

«Τι χαζεύετε σαν τους χάννους;» τις αποπήρε η Σέλμα. «Πάρτε δρόμο!»

«Μη γίνεσαι απότομη, Σέλμα», είπε η Φιλ. «Δε σας ενοχλούμε».

«Την αδελφή μας προσέχουμε μονάχα», συμπλήρωσε η Μάντι.

«Μια χαρά είναι. Έτσι δεν είναι, Ζουζουνάκι;»

«Μην τη φωνάζεις έτσι!» απαίτησε η Φιλ.

«Και μη μας ξαναπείς εμάς χάννους, αλλιώς θα σου βγάλουμε εμείς παρατσούκλια και δε θα σου αρέσει καθόλου», τη φοβέρισε η Μάντι.

Τότε εγώ ανησύχησα. Ήξερα όλα τα παρατσούκλια που είχαμε βγάλει για τη Σέλμα – Βρομοπατούσα, Βλακόφατσα και πολύ χειρότερα. Μια φορά είχα πάρει και εγώ μέρος στην επινόηση τέτοιων ονομάτων στο σπίτι και είχαμε κυριολεκτικά λυθεί στα γέλια. Ωστόσο, τώρα δεν ήθελα να αποκαλώ τη Σέλμα με παρατσούκλια. Και κυρίως δεν ήθελα να της το πετάξω κατάμουτρα.

«Είμαι πολύ καλά, Φιλ. Είμαι πολύ καλά, Μάντι. Φύγετε τώρα». Ξεστόμισα τις κουβέντες με τέτοια ένταση, που οι αδελφές μου έσπευσαν να απομακρυνθούν, δείχνοντας ελαφρώς πληγωμένες. Και πάλι έρχονταν κάπου κάπου να βεβαιωθούν ότι ήμουν καλά. Μερικά από τα άλλα παιδιά έρχονταν επίσης να δουν τι κάναμε.

«Να σκάψω και εγώ, Σέλμα;» ρώτησε η Κέιλι.

Απ' ό,τι έδειχναν τα πράγματα, η Κέιλι είχε βαρεθεί τα χορευτικά της. Παρέμενε η περίπου-φίλη της Σέλμα στην τάξη. Ανησύχησα. Η Σέλμα από μόνη της μου συμπεριφερόταν καλά, όμως αν έκανε παρέα με την Κέιλι, μπορεί οι δυο τους να συνασπίζονταν εναντίον μου.

«Έλα, Σέλμα. Δώσε μου κι εμένα ένα φτυάρι», επέμεινε η Κέιλι.

Αχού! Είχαμε ένα περισσευούμενο φτυάρι. Η Σέλμα χρησιμοποιούσε το μεγάλο φτυάρι πλέον – «Επειδή ξέρω ότι μπορώ να σου έχω εμπιστοσύνη πως θα το χειριστείς με προσοχή», είχε πει η κυρία Γελασίδου. Έτσι, μας περίσσευε ένα μικρότερο φτυάρι που δε χρησιμοποιούνταν.

Η Σέλμα το κοίταξε. Και μετά κοίταξε εμένα. «Λυπάμαι, Κέιλι», της είπε. «Αυτός είναι ο ιδιωτικός μας κήπος. Εμείς οι δύο μονάχα μπορούμε να τον σκάψουμε».

«Αυτή δε σκάβει», είπε η Κέιλι, δείχνοντας εμένα.

Η Κέιλι είχε δίκιο. Εγώ ξαπόσταινα λιγάκι, αφαιρώντας μερικές μεγάλες πέτρες και βάζοντας σκουλήκια σε καινούριο σπιτικό.

«Δεν είναι αρκετά δυνατή για να σκάβει όλη την ώρα. Όχι όπως εγώ. Όμως και πάλι ασχολείται με την κηπουρική», της εξηγήθηκε κοφτά η Σέλμα. «Τράβα τώρα να κάνεις τα χορευτικά σου, Κέιλι».

Πραγματικά, η Κέιλι έφυγε. Αλλά λίγο αργότερα, ο Πίτερ και ο Μικ ήρθαν προς το μέρος μας χαλαροί.

«Κορίτσια, θέλετε να βάλουμε ένα χεράκι με το σκάψιμο;» πρότεινε ο Πίτερ.

«Από μυς άλλο τίποτα. Δείτε!» Ο Μικ μάς έδειξε τα ποντίκια του. «Είμαστε μεγάλοι και δυνατοί σαν γορίλλες!» Στα λόγια αυτά, χτύπησε το στήθος του ρυθμικά και βάλθηκε να μιμείται τις κραυγές γορίλλα.

Έβαλα τα γέλια.

Η Σέλμα μού έριξε μια λοξή ματιά. «Μην τους ενθαρρύνεις», μου είπε. «Πάρτε δρόμο, αγόρια. Δεν έχετε καμία δουλειά εδώ. Είναι ο δικός μας κήπος, εμένα και της Τίνα».

Ο Άλιστερ ήταν ακόμα πιο ανεπιθύμητος. Δεν προσφέρθηκε να σκάψει. Όχι πως θα ήταν καλύτερος από μένα. Απεναντίας, πρόσφερε συμβουλές.

«Πόσες εβδομάδες σκάβετε τώρα; Και ούτε στα μισά δεν είσαστε. Αντιλαμβάνεσθε, φαντάζομαι, ότι αν βάζατε όλη την τάξη να σκάψει αυτό το κομμάτι γης, θα είχατε ξεμπερδέψει προ πολλού».

«Και τι νόημα θα είχε, Εξυπνάκια; Αφού ούτως ή άλλως θα αρχίσουμε να φυτεύουμε του χρόνου την άνοιξη», του πέταξε η Σέλμα.

«Και τότε θα έρθουν όλες οι πεταλούδες», είπα, βλέποντας με τα μάτια του μυαλού μου τεράστια σμήνη πεταλούδων να πετούν πάνω από το προαύλιο και να προσγειώνονται στον κήπο μας σαν ένα παλλόμενο μωσαϊκό.

«Όχι απαραίτητα», είπε ο Άλιστερ, με την καθάρια,

βροντερή φωνή του. «Έχει πάρει το μάτι σας καμιά κάμπια εδώ τριγύρω; Πιστεύω ότι θα χρειαστούν αρκετές σεζόν για να λειτουργήσει κανονικά ο κήπος σας».

«Ο κήπος μας θα μαζέψει πεταλούδες πολύ σύντομα», δήλωσα αποφασιστικά, θέλοντας να του ρίξω μια γερή κλοτσιά του εξυπνάκια.

«Και αμφιβάλλω ότι θα φυτρώσουν φυτά σε αυτό το χώμα όπως και να 'χει», συνέχισε ο Άλιστερ.

«Τι μας λες; Έχει του κόσμου τα σκουλήκια», του αντιγύρισε η Σέλμα.

«Μα δε φαίνεται καθόλου εντάξει», επέμεινε ο Άλιστερ, γονατίζοντας για να επιθεωρήσει τη γη. «Είμαι εκατό τοις εκατό σίγουρος ότι χρειάζεστε κάποιου είδους κομπόστ. Αυτό χρησιμοποιεί ο πατέρας μου στον δικό του κήπο».

«Εγώ είμαι εκατό τοις εκατό σίγουρη ότι θα φας μια φτυαριά στον πισινό αν δεν ξεκουμπιστείς», τον φοβέρισε η Σέλμα.

Μόλις ο Άλιστερ έφυγε, εμείς κοιταχτήκαμε.

«Τι είναι το κομπόστ;» ρώτησα.

«Δεν έχω ιδέα», αποκρίθηκε η Σέλμα. «Αυτός ο Άλιστερ... Πόσο μου τη δίνει στα νεύρα!»

«Κι εμένα το ίδιο», είπα. Όμως η ανησυχία τρύπωσε μέσα μου. Ο Άλιστερ σχεδόν πάντα είχε εκατό τοις εκατό δίκιο.

Το ίδιο απόγευμα τα βρήκα μπαστούνια με τη δασκάλα, γιατί πάτωσα στην ορθογραφία.

Δεν ίμε καλή στιν οθρογραφία

«Είσαι άψογη στην ορθογραφία όταν το θες, Τίνα. Εδώ γράφεις σωστά δύσκολες λέξεις, όπως η χρυσαλλίδα, η βουδλέια και οι κεραίες. Όταν δε θες όμως, σηκώνεις τα χέρια ψηλά», είπε η κυρία Γελασίδου.

«Ναι, κυρία Γελασίδου». Αναρωτήθηκα αν τελείωσε το κατσάδιασμα. «Κυρία Γελασίδου, τι είναι το κομπόστ;»

«Μπορούμε να συγκεντρωθούμε στην ορθογραφία σου τώρα, Τίνα;»

«Μάλιστα. Αλλά μόλις τελειώσουμε, θα μου εξηγήσετε τι είναι το κομπόστ; Επειδή ο Άλιστερ λέει ότι τα φυτά δε φυτρώνουν χωρίς αυτό».

«Ο Άλιστερ έχει δίκιο», παραδέχτηκε η δασκάλα. «Όπως πάντα». Ακούστηκε σαν να την εκνεύριζε και εκείνη λιγάκι ο Άλιστερ. «Έχω μια ποσότητα κομπόστ στον κήπο του σπιτιού μου. Αποτελείται από όλα τα φλούδια από τα λαχανικά μου και τα σάπια φύλλα. Το στρώνω βαθιά μέσα στο χώμα και αυτό το εμπλουτίζει».

«Μπορείτε να κρατήσετε λιγάκι για τον πεταλουδόκηπο, κυρία Γελασίδου;»

«Η ποσότητα που έχω δε θα έφτανε με τίποτα. Θα χρειαστεί να αγοράσουμε πολλά σακιά κομπόστ από φυτώριο».

«Ώστε έτσι. Δηλαδή θα πρέπει να το πληρώσουμε;»

«Φοβάμαι πως ναι».

«Είναι δυνατόν να αγοράσουμε κομπόστ από καταστήματα του ενός ευρώ;»

«Νομίζω ότι τα μεγάλα σακιά με κομπόστ κοστίζουν πολύ παραπάνω από ένα ευρώ».

Άφησα έναν αναστεναγμό. Είχα ακριβώς πενήντα λεπτά στον κουμπαρά μου. Θα μπορούσα να ξεκινήσω αποταμίευση – αν και δε θα ήταν ό,τι καλύτερο να παρακολουθώ τη Φιλ και τη Μάντι να αγοράζουν ζαχαρωτά και κολιεδάκια και δαχτυλίδια και ζωάκια και παιδικά περιοδικά και λιχουδιές για τα χαμστεράκια μας, αν εγώ ήμουν αναγκασμένη να εξοικονομώ κάθε λεπτό του ευρώ.

Μολαταύτα, θα άξιζε τον κόπο, αν έτσι αποκτούσα πεταλουδόκηπο. Εκείνη ακριβώς τη στιγμή συνειδητοποίησα και κάτι άλλο. Απορώ πώς δεν το είχα σκεφτεί νωρίτερα. Χτύπησα το κούτελό μου. «Οχ, όχι», μούγκρισα.

«Τι συμβαίνει, Τίνα; Σε κυρίευσε η ντροπή επειδή δεν προσπάθησες καθόλου να κάνεις σωστή ορθογραφία;» ρώτησε η κυρία Γελασίδου.

«Όχι, μόλις σκέφτηκα κάτι άλλο. Και τα φυτά κοστίζουν χρήματα;»

«Ασφαλώς».

«Ακόμα και τα ζιζάνια, όπως είναι οι τσουκνίδες;»

«Όσο γι' αυτό, θα μπορούσες να αφήσεις λίγες τσουκνίδες να φουντώσουν και κανείς δε θα είχε πρόβλημα. Και πάλι όμως, τους θάμνους και τα δενδρύλλια θα χρειαστεί να τα αγοράσεις από φυτώριο».

«Θα κοστίσουν πολύ;»

«Φοβάμαι πως ναι. Θα χρειαστείς πολλά φυτά αν θέλεις να συγκεντρώσεις όλες τις πεταλούδες της γειτονιάς. Αξίας πενήντα ευρώ. Μπορεί και εκατό».

Εκατό ευρώ! Ποτέ στη ζωή μου δεν είχα τόσο πολλά χρήματα. Μονάχα οι μεγάλοι έχουν τόσο πολλά λεφτά στην κατοχή τους.

Πήρα μια βαθιά ανάσα. «Μπορούμε να υπολογίζουμε σ' εσάς για ένα μέρος της χρηματοδότησης, κυρία Γελασίδου; Μια και αυτός ο πεταλουδόκηπος είναι εξίσου δικός σας όπως είναι της Σέλμα και δικός μου;»

«Χα χα, παραείσαι διεκδικητική, νεαρή μου!» σχολίασε η δασκάλα, αν και η έκφρασή της μαρτυρούσε μάλλον ευθυμία και όχι εκνευρισμό. «Βέβαια, η αλήθεια είναι ότι αν δε ζητήσεις, δε λαμβάνεις κιόλας. Δυστυχώς, όμως, δε γίνεται να λάβεις κάτι από εμένα. Ό,τι οικονομίες έχω τις φυλάω σαν κόρη οφθαλμού για τα ταξίδια μου, το ξέρεις καλά. Θα σου προσφέρω όμως μια συμβουλή: Γιατί δε συγκεντρώνετε χρήματα μαζί με τη Σέλμα;»

«Με ποιο τρόπο;»

«Μπορείτε να οργανώσετε ένα μπαζάρ στο σχολείο... ίσως στήνοντας ένα κιόσκι με γλυκά που θα πουλάτε στο διάλειμμα... και μη λησμονείτε τη χριστουγεννιάτικη γιορτή που γίνεται κάθε χρόνο τον Δεκέμβριο. Μπορώ να αφήσω εσένα και τη Σέλμα να ανοίξετε τον "πάγκο του λευκού ελέφαντα", αν το αποφασίσετε από κοινού».

«Τι είναι ο πάγκος του λευκού ελέφαντα;» ρώτησα σαστισμένη.

«Είναι ένας πάγκος όπου μπορείς να αγοράσεις οτιδήποτε, παλιό ή καινούριο – σπάνια αντικείμενα, όπως εξαιρετικά σπάνιοι είναι οι λευκοί ελέφαντες».

«Δηλαδή επί της ουσίας ένας πάγκος με ψιλοάχρηστα αντικείμενα;»

«Πάνω κάτω. Άλλη ιδέα: μπορείς να βρεις κόσμο να σε σπονσοράρει για να διοργανώσεις έναν μίνι αγώνα βάδην;»

«Καλή ιδέα, μόνο που εγώ δεν περπατώ και πολύ, οπότε δε θα μάζευα πολλά χρήματα».

«Άκου να δεις τι θα κάνουμε. Θα γίνω εγώ χορηγός, μέσω ενός τεστ ορθογραφίας. Θα συντάξω έναν κατάλογο με όλες τις λέξεις που σε δυσκολεύουν – και ξέρουμε και οι δυο μας ότι είναι μπόλικες! Θα σου δώσω χρόνο να τις μάθεις, και αν τις γράψεις όλες σωστά –ή σχεδόν όλες– τότε θα συνεισφέρω εγώ ένα ορισμένο ποσό για τα φυτά».

Έμεινα να την κοιτάζω με μάτια γουρλωμένα.

Παμπόνηρη πρόταση! Ευχήθηκα να ήταν μεγάλο το χρηματικό ποσό.

Τελευταία ώρα της ημέρας είχαμε εικαστικά. Η κυρία Γελασίδου μάς έδειξε μια ζωγραφιά που έδειχνε ανθρώπους σε πάρκο. Παρατηρώντας από κοντινή απόσταση, διέκρινες ότι όλοι ήταν φτιαγμένοι από μικρές μικρές χρωματιστές κουκκίδες.

Έπειτα ήταν η σειρά μας να κάνουμε τις δικές μας ζωγραφιές από μικρές κουκκιδίτσες.

«Βάζω στοίχημα ότι εσύ, Ζουζουνάκι, θα κάνεις μια πεταλούδα», είπε η Σέλμα. Ακόμη με αποκαλούσε έτσι, αλλά από συνήθεια πια.

«Το ’χασες το στοίχημα, Μεγάλο Ζουζούνι», της πέταξα. «Θα σχεδιάσω μια σοκολατόπιτα από κουκκίδες. Και μάφιν από κουκκίδες. Και κέικ σοκολάτας από κουκκίδες. Και μπισκότα από κουκκίδες. Και μακαρόν από κουκκίδες».

«Σε έχει κόψει η λόρδα;»

«Όχι, κάνω σχέδια. Θα οργανώσουμε μια φιέστα γλυκών για να μαζέψουμε χρήματα για κομπόστ και φυτά. Είσαι καλή στη ζαχαροπλαστική, Σέλμα;»

«Δεν ξέρω. Δε δοκίμασα ποτέ», αποκρίθηκε εκείνη.

«Κάποτε εγώ έφτιαξα μια σοκολατόπιτα από συσκευασία. Η Φιλ, η Μάντι και εγώ. Και όποτε η μαμά φτιάχνει μάφιν, εμείς ανακατεύουμε το μείγμα. Και γλείφουμε το μπολ φυσικά... αυτό είναι το καλύτερο μέρος. Να φτιάξουμε πάρα πολλά κέικ και μπισκότα», πρότεινα με ενθουσιασμό.

«Και πού θα τα φτιάξουμε;»

«Στο σπίτι», αποκρίθηκα. «Θα κάνω μερικά εγώ και θα φτιάξεις λίγα και εσύ».

Η Σέλμα δίστασε. «Μπα, δεν μπαίνω στον κόπο», μου είπε.

«Έλα, βρε Σέλμα! Τι έχεις να χάσεις; Δεν μπορώ να φτιάξω εγώ κέικ για όλο τον κόσμο, ακόμα και με τη βοήθεια της Φιλ και της Μάντι», είπα εγώ.

«Δύσκολο», είπε η Σέλμα και δε μου ξαναμίλησε, παρότι εγώ έγερνα συνεχώς μπροστά στον Άλιστερ προσπαθώντας να τη μεταπείσω με χίλια δυο επιχειρήματα.

«Πρέπει να σου πω ότι είναι εξαιρετικά ενοχλητικό να μιλάει κάποιος μπροστά μου», παρατήρησε εκείνος. «Χώρια που με σκουντάς, Τίνα, και όλες οι κουκκίδες μου γίνονται μουντζούρες. Όμως εγώ θα σου φτιάξω ένα ρολό με χουρμάδες και καρύδια για το μπαζάρ γλυκών σου. Ο πατέρας μου και εγώ φτιάχνουμε συχνά. Στην πραγματικότητα, η μαμά λέει ότι το δικό μου ρολό είναι κλάσεις ανώτερο από αυτό του μπαμπά. Μάλιστα λέει ότι είναι εκατό τοις εκατό σίγουρη γι' αυτό».

«Και τι νόμισες; Ότι σε έχουμε ανάγκη να φτιάξεις το κουλό ρολό σου;» μπήκε στη μέση η Σέλμα με αγένεια. «Το μπαζάρ γλυκών είναι για την Τίνα και εμένα μόνο!»

«Μα εγώ κατάλαβα ότι δε θα συμμετείχες καθόλου, Σέλμα», είπα. «Και χρειαζόμαστε όλα τα κέικ και τα γλυκά που μπορούμε να βρούμε. Σε ευχαριστούμε, Άλιστερ. Πολύ θα μας άρεσε να είχαμε ένα ρολό με χουρμάδες και καρύδια».

Καθόλου σίγουρη δεν ήμουν γι' αυτό. Είχα δει τον Άλιστερ να τρώει βουτυρωμένες φέτες από το ρολό του στο μεσημεριανό, και φαινόταν υπερβολικά σκούρο και σιροπιαστό, όμως δεν είχα πρόθεση να τον πληγώσω. «Μου αρέσουν τα καρύδια», είπα ευγενικά.

«Τώρα που το ξανασκέφτομαι, ίσως να μη βάλω καρύδια, γιατί κάποια παιδιά μπορεί να έχουν αλλεργία», είπε σκεφτικός ο Άλιστερ.

«Πολύ προνοητικό εκ μέρους σου, Άλιστερ», κατόρθωσα να πω.

Κοίταξα τη Σέλμα. «Είσαι σίγουρη ότι δε θα φτιάξεις ούτε ένα γλυκό, Σέλμα; Τι θα έλεγες για μπισκότα σοκολάτας; Είναι πανεύκολα».

«Δε χάνω εγώ τον χρόνο μου με ηλίθια μπισκότα», με απέκρουσε. «Μη μου ξαναμιλήσεις γι' αυτό».

Έτσι και έκανα.

Στον δρόμο για το σπίτι, είπα στη μαμά και τη Φιλ και τη Μάντι την πρόταση της δασκάλας για το μπαζάρ γλυκών.

«Μπορώ να φτιάξω λίγα κέικ, μαμά;» ρώτησα.

«Και βέβαια, αγάπη μου».

«Θέλεις να φτιάξουμε και εμείς κέικ; Ή μήπως αυτό είναι μόνο για σένα και τη Σέλμα;» ρώτησε η Φιλ.

«Την καινούρια σου κολλητή, τη Σέλμα;» περιγέλασε η Μάντι.

«Η Σέλμα δεν είναι κολλητή μου, χαζούλα! Και φυσικά θέλω να φτιάξετε κι εσείς κέικ», είπα, σκουντώντας ελαφρά τη Μάντι και τη Φιλ. «Πόσο μάλλον αφού η Σέλμα δε θα μπει στον κόπο να ετοιμάσει ούτε ένα σοκολατένιο μπισκοτάκι, κάτι που θεωρώ πολύ κακό εκ μέρους της. Είναι παράξενο κορίτσι. Μπορεί να γίνει σχεδόν γλυκιά όταν σκάβουμε στον κήπο μας, αλλά μετά, εντελώς αναπάντεχα ξαναγίνεται κακιά. Κι αν είναι δυνατόν, δεν της αρέσει να φτιάχνει κέικ, που είναι τόσο διασκεδαστική ασχολία – προπαντός όταν μπορείς να γλείψεις το μπολ μετά!»

«Πιθανόν η Σέλμα να μη φτιάχνει ποτέ κέικ στο σπίτι», παρατήρησε η μαμά συλλογισμένη. «Άκου να δεις τι θα κάνουμε: θα ήθελες να την καλέσεις σπίτι μας για τσάι, Τίνα, και μετά να ετοιμάσετε κέικ μαζί; Τι θα έλεγες γι' αυτή την Πέμπτη; Και να κάνετε το μπαζάρ γλυκών την Παρασκευή».

«Μαμά, τι λες; Έχεις ξεφύγει τελείως!» αναφώνησε η Φιλ.

«Δεν έχουμε καμία διάθεση να έρθει η Σέλμα Τζόνσον στο σπίτι μας για τσάι! Παραμένει η χειρότερη εχθρός μας», πρόσθεσε η Μάντι.

«Δε ρώτησα τις δυο σας, ρώτησα την Τίνα», είπε η μαμά. «Θα ήθελες να έρθει η Σέλμα στο σπίτι μας για τσάι, Τίνα;»

Το συλλογίστηκα για λίγα δευτερόλεπτα, περπατώντας με το ένα πόδι στον δρόμο και το άλλο στο πεζοδρόμιο για να συγκεντρωθώ καλύτερα.

Πλέον η Σέλμα δεν ήταν η χειρότερη εχθρός μου, παρότι ασφαλώς απείχε μακράν από το να είναι η καλύτερη φίλη μου. Όμως δεν ήμουν σίγουρη ότι ήθελα να την προσκαλέσω για τσάι. Και αν έμπαινε στο δωμάτιό μας; Θα μου έκανε χοντρά πειράγματα για τις πορσελάνινες κούκλες μας. Στη σκέψη αυτή, ο λογισμός μου έτρεξε στο Μωρό, και ο παλιός πόνος επέστρεψε.

«Όχι βέβαια! Δε θέλω τη Σέλμα να έρθει στο σπίτι μας για τσάι! Κανείς ποτέ δεν προσκαλεί τη Σέλμα σπίτι του», δήλωσα με σθένος.

«Ίσως αυτός ακριβώς είναι ένας παραπάνω λόγος για να την καλέσουμε», επέμεινε η μαμά. «Ειλικρινά πιστεύω ότι θα ήταν καλή ιδέα, Τίνα».

Αμφιταλαντευόμουν.

«Μαμά, δεν είσαι δίκαιη», άρχισε να λέει η Φιλ. «Γιατί μπορεί να καλέσει η Τίνα τη Σέλμα για τσάι, ενώ εγώ τόσο καιρό σε παρακαλούσα να προσκαλέσουμε τη Νίρα και τα κορίτσια από τη λέσχη μας για τσάι και εσύ όλο έλεγες ότι ήσουν πολύ απασχολημένη;»

«Εντάξει, εντάξει, προσκάλεσε τη Νίρα για τσάι την Πέμπτη. Είμαι σίγουρη ότι θα θέλει να συμμετάσχει στην παρασκευή των κέικ. Καμία από τις άλλες όμως, αλλιώς θα γίνει κανονικό πάρτι και είμαι πολύ πνιγμένη στις δουλειές για να οργανώσουμε κάτι τέτοιο».

«Δεν είναι δίκαιο να καλέσουν κόσμο η Φιλ και η Τίνα και εγώ όχι», γκρίνιαξε η Μάντι.

«Και εσύ μπορείς, Μάντι. Ποιον θα ήθελες να προσκαλέσεις;» ρώτησε η μαμά.

«Τον Χάρι!»

«Δε γίνεται να καλέσεις τον Χάρι!» πετάχτηκε η Φιλ. «Αυτό που οργανώνουμε είναι πάρτι ζαχαροπλαστικής μόνο για κορίτσια».

«Δεν είναι πάρτι», επανέλαβε η μαμά. «Και η Μάντι μπορεί να προσκαλέσει τον Χάρι, αν το επιθυμεί».

«Τα αγόρια δε φτιάχνουν κέικ», δήλωσε η Φιλ.

«Φτιάχνουν και με το παραπάνω», είπα με πεποίθηση. «Ο Άλιστερ θα μου φτιάξει ρολό με χουρμάδες για τον πάγκο μου».

«Αυτό ήταν! Εάν προσκαλέσεις και τον Άλιστερ, τότε θα είμαι σίγουρη ότι σου έχει στρίψει ολότελα!» αναφώνησε η Φιλ.

«Δεν πρόκειται να προσκαλέσω τον Άλιστερ, γιατί θα

μας κάνει τον ξερόλα και θα μας λέει ότι δεν το κάνουμε σωστά».

«Αλλά πιστεύεις ότι θα ήθελες να προσκαλέσεις τη Σέλμα;» ρώτησε η μαμά.

«Πιθανόν», αποκρίθηκα συλλογισμένη. «Άσε με να το σκεφτώ λιγάκι ακόμα».

Κεφάλαιο 16

Προσκάλεσα τη Σέλμα για τσάι. Το στόμα της στράβωσε, και στην αρχή σκέφτηκα ότι θα μου πει κάτι προσβλητικό ή θα με κοπανήσει στη μούρη. Ύστερα αναρωτήθηκα μήπως έβαζε τα κλάματα – αν και αυτό ήταν χαζό. Η Σέλμα δεν έκλαιγε ποτέ ποτέ ποτέ. Έκανε τους άλλους να κλαίνε.

«Μπορείς να έρθεις; Ξέρω ότι δε σου αρέσει να φτιάχνεις κέικ, αλλά θα μπορούσαμε να φτιάξουμε λίγα κεκάκια μαζί για να τα πουλήσουμε την Παρασκευή. Θα σε αφήσω να γλείψεις το μπολ», είπα, κάνοντας την υπέρτατη παραχώρηση.

Η Σέλμα δε με ευχαρίστησε. Δεν είπε ότι ήμουν πολύ ευγενική. Δεν είπε κουβέντα. Αρκέστηκε σε ένα ανασήκωμα των ώμων της και έγνεψε καταφατικά.

Η Φιλ προσκάλεσε τη Νίρα για τσάι. Η Νίρα τσίριξε και γλίστρησε τα μπράτσα της γύρω από τη Φιλ.

Η Μάντι προσκάλεσε τον Χάρι για τσάι. Αυτός είπε: «Ναιαι!» και βάλθηκε να κάνει τρίπλες με την μπάλα του.

Η Σέλμα κάθε άλλο παρά καταχάρηκε όταν έμαθε ότι θα έρχονταν η Νίρα και ο Χάρι. «Νόμιζα ότι θα ήμασταν μόνο οι δυο μας», είπε συνοφρυωμένη.

«Ναι, αλλά η Φιλ προσκάλεσε τη Νίρα επειδή είναι φίλη της. Και η Μάντι προσκάλεσε τον Χάρι επειδή είναι φίλος της. Και εγώ προσκάλεσα εσένα», της είπα.

«Επειδή είμαι φίλη σου;» ρώτησε η Σέλμα.

«Εεμ. Περίπου», αποκρίθηκα, διερωτώμενη μήπως εκείνη έφερνε αντίρρηση.

Παραδόξως όμως, η Σέλμα δεν έφερε καμία αντίρρηση. Χαμογέλασε.

Για πρώτη φορά δεν ασχοληθήκαμε με τον κήπο στα διαλείμματα και στο μεσημεριανό. Αντί γι' αυτό, φτιάξαμε ένα μεγάλο πόστερ για το μπαζάρ γλυκισμάτων της Παρασκευής. Ζωγράφισα άφθονα κέικ και κάπκεϊκ, και μπισκότα, κανονικά τούτη τη φορά, χωρίς μικρές κουκκιδίτσες. Η Σέλμα ζωγράφισε ένα μέρος του, και την άφησα να γράψει τα γράμματα. Βγήκε λιγάκι από τις γραμμές και τα γράμματά της ήταν πλαγιαστά, όμως δεν είχε καμιά σημασία.

Η δασκάλα μάς άφησε να το στερεώσουμε με πινέζες στον μεγάλο πίνακα ανακοινώσεων στην είσοδο του σχολείου.

Εγώ βέβαια είχα μια κάποια ανησυχία για το τσάι και την ετοιμασία των γλυκών. Ήμασταν αλλόκοτο σύνολο. Σκέφτηκα ότι η Νίρα μπορεί να πάρει μαζί της τη Φιλ και οι δυο τους να ασχοληθούν με τη λέσχη τους. Φαντάστηκα τον Χάρι να κάνει αταξίες και να παίζει ποδόσφαιρο μέσα στο σπίτι. Φαντάστηκα τη Σέλμα να το παίζει αφεντικό σε όλους και να γίνεται κακιά.

Ήταν παράξενο να γυρίζουμε από το σχολείο οι τρεις μας μαζί με τη Σέλμα και τη Νίρα και τον Χάρι. Τόσο πολλοί που ήμασταν, στριμωχνόμασταν στο πεζοδρόμιο.

Μπαίνοντας σπίτι, ο παππούς και η γιαγιά ήταν εκεί!

«Θα κάνουμε τρεις ομάδες ετοιμασίας κέικ», ανήγγειλε η μαμά. «Θα πάρω τη Φιλ και τη Νίρα στην ομάδα μου. Η γιαγιά θα έχει τη Μάντι και τον Χάρι στην ομάδα της. Και τέλος ο παππούς θα έχει την Τίνα και τη Σέλμα στην ομάδα του. Ύστερα, μόλις ο πατέρας των κοριτσιών γυρίσει σπίτι από τη δουλειά, θα γίνει ο κριτής και θα μας πει ποια ομάδα έφτιαξε τα καλύτερα κέικ».

«Όπως στο *Μάστερ Σεφ*!» είπε ζωηρά η Νίρα. «Τη λατρεύω αυτή την εκπομπή!»

«Πρώτα απ' όλα, καλό είναι να πάτε να πλύνετε καλά τα χέρια σας. Κατόπιν θα φάμε κάτι ελαφρύ για να πάρουμε δύναμη. Και ύστερα, θα πάρουν φωτιά τα μίξερ», είπε χαρωπά η μαμά.

Απολαύσαμε σάντουιτς με μπανάνα και ρόφημα ζεστής σοκολάτας με ένα μάρσμελοου να επιπλέει στην αφρώδη κρέμα.

«Μου αρέσει ο τρόπος που φτιάχνετε τη ζεστή σοκολάτα, κυρία Μέιναρντ», είπε ο Χάρι.

«Ναι, είναι πεντανόστιμη», συμφώνησε η Νίρα.

Η Σέλμα δε σχολίασε το παραμικρό, αλλά ήπιε τη ζεστή σοκολάτα της μέχρι την τελευταία σταγόνα και σερβιρίστηκε τρεις φορές σάντουιτς μπανάνας.

«Μου αρέσουν τα κορίτσια με όρεξη», την επαίνεσε ο παππούς. «Χαίρομαι που είσαι στην ομάδα μου, Σέλμα».

Η μαμά είχε ετοιμάσει το τραπέζι και τους πάγκους της κουζίνας με μεγάλη προσοχή. Είχε δανειστεί επιπλέον ζυγαριές και λεκάνες και καράφες και βαθιά μπολ από τη γιαγιά και από τη γειτόνισσά μας, την κυρία Ρίτσαρντς. Η Φιλ, η Μάντι και εγώ είχαμε ήδη τις δικές μας ποδιές, αλλά η μαμά έφτιαξε τρεις ακόμα ποδιές από παλιές πετσέτες κουζίνας και ταινία. Αυτές προορίζονταν για τη Σέλμα, τη Νίρα και τον Χάρι.

Η μαμά φόρεσε την ωραία, λουλουδάτη ποδιά της, η γιαγιά φόρεσε μια ποδιά σαν σκακιέρα και ο παππούς φόρεσε μια πολύ σόκιν ποδιά.

«Παππού!» φώναξε η Φιλ ντροπιασμένη, αλλά η Μάντι, η Νίρα, ο Χάρι, η Σέλμα και εγώ σκάσαμε στα γέλια, ιδίως όταν ο παππούς επιδόθηκε σε ένα μίνι χορευτικό.

«Έχει πολύ γέλιο ο παππούς σου», είπε η Σέλμα.

Έτσι στρωθήκαμε όλοι μας στην

παρασκευή των κέικ. Μετρούσαμε τις δοσολογίες και ανακατεύαμε, και προσθέταμε υλικά και τυλίγαμε, και γεμίσαμε όλα τα ταψιά και τα μικρά ταψάκια, και έπειτα βάλαμε την πρώτη δόση στον φούρνο. Όσο ψήνονταν τα κέικ, εμείς υπολογίζαμε τις δοσολογίες και ανακατεύαμε και στρίβαμε και γεμίζαμε περισσότερα ταψιά, για να είναι έτοιμα να μπουν στον φούρνο μόλις έβγαινε η πρώτη φουρνιά. Στη συνέχεια, μόλις η πρώτη φουρνιά κρύωνε, απλώναμε πάνω στα αφράτα μάφιν μαρμελάδα και σαντιγί, και στολίζαμε όλα τα κέικ με γλάσο και ασημένια μπιλάκια και χρωματιστά ραβδάκια και τρουφάκια. Όσο περιμέναμε να ψηθεί η δεύτερη δόση γλυκών, εμείς γλείφαμε τα μπολ (το καλύτερο μέρος της διαδικασίας!).

Έπειτα πιάσαμε να πλύνουμε τα σκεύη, ενόσω η μαμά και η γιαγιά έφτιαχναν σπαγγέτι με κόκκινη σάλτσα μπολονέζ και ο παππούς έπινε μια μπίρα, γιατί, όπως ισχυρίστηκε, το ψήσιμο του προκαλούσε δίψα. Ο μπαμπάς γύρισε σπίτι ακριβώς την ώρα που είχαν ετοιμαστεί τα μακαρόνια.

«Μη φας πολύ και βαρύνεις», τον προειδοποίησε η μαμά. «Έχεις πολλά κέικ να δοκιμάσεις μετά».

«Εγώ θέλω να φάω πολύ», ανακοίνωσε ο Χάρι. «Μακαρόνια με σάλτσα είναι το σούπερ αγαπημένο μου φαγητό».

«Κι εμένα το ίδιο», είπε η Νίρα.

«Δεν τρώτε ινδική κουζίνα στο σπίτι;» τη ρώτησε η γιαγιά.

«Ναι, αλλά όταν τρώμε έξω, πηγαίνουμε στο ιταλικό εστιατόριο».

«Σου αρέσουν τα μακαρόνια, Σέλμα;» ρώτησε ο παππούς.

Η Σέλμα ήταν κάπως ανήσυχη. «Είναι κάπως... σαν σκουλήκια», ψέλλισε.

«Δεν έχεις ξαναφάει μακαρόνια;» τη ρώτησε η Μάντι.

«Ε, φυσικά και έχω φάει», είπε αποφασιστικά η Σέλμα. Μονομιάς, έχωσε το πιρούνι της μέσα στα μακαρόνια. Δεν ήξερε πώς να το στρίψει – μασουλούσε και ρουφούσε και λερώθηκε με σάλτσες πατόκορφα.

«Αχ, Σέλμα, λερώνεις τα πάντα!» αναφώνησε η Φιλ.

«Όχι, τρώει ακριβώς όπως μου αρέσει εμένα να τρώω τα μακαρόνια... Με ενθουσιασμό», είπε ο παππούς. «Έχεις μπει στην καρδιά μου, Σέλμα». Ευθύς αμέσως, ο παππούς βάλθηκε να μασουλάει και να ρουφάει και γέμισε με σάλτσες στο πρόσωπο.

Ο Χάρι κρατούσε την κοιλιά του από τα γέλια και βιάστηκε να τον μιμηθεί. Το ίδιο έκανα και εγώ. Τι γέλιο! Τι πλάκα!

Η μαμά έσμιξε τα φρύδια της, αλλά δεν μπορούσε να με μαλώσει, αλλιώς θα έπρεπε να μαλώσει επίσης τη Σέλμα, τον Χάρι και τον παππού.

«Πάμε να πλύνουμε τώρα τις μούρες μας», είπε χαρούμενα ο παππούς μόλις τελειώσαμε. «Για έλα εδώ, νεαρή Σέλμα. Αμάν, έχεις σάλτσες ακόμα και πίσω από τα αυτιά!»

Ο παππούς την έτριψε με μια καθαρή πετσέτα προσώπου ενώ η Σέλμα σπαρταρούσε και γελούσε. Αφού καθαριστήκαμε όλοι μας, οδηγήσαμε τον μπαμπά στο τραπέζι της κριτικής επιτροπής, όπου βρίσκονταν τα κέικ όλων μας. Η μαμά και η Φιλ και η Νίρα είχαν φτιάξει μικρά μάφιν και ένα κέικ με μαρμελάδα και κρέμα. Η γιαγιά και η Μάντι και ο Χάρι είχαν φτιάξει νεραϊδένια κεκάκια και κέικ λεμόνι. Ο παππούς, η Σέλμα και εγώ ετοιμάσαμε μάφιν-πεταλούδες και κέικ σοκολάτας.

Μου άρεσαν πολύ τα μάφιν-πεταλούδες, παρότι δεν έμοιαζαν με αληθινές πεταλούδες.

«Ουάου! Πώς είναι δυνατόν να τα κρίνω;» είπε ο μπαμπάς εκστασιασμένος. «Όλα αγγίζουν την τελειότητα».

Όσο για το κέικ με μαρμελάδα και κρέμα, το κέικ λεμόνι και το κέικ σοκολάτας, θα τα έκρινε από την εμφάνισή τους και μόνο, γιατί θα τα χαλούσε άμα τα έκοβε.

«Μπορώ όμως να δοκιμάσω τα κεκάκια», ανήγγειλε.

Ευθύς αμέσως δοκίμασε ένα απ' όλα τα κεκάκια λέγοντας: «Σλουρπ, πεντανόστιμο» κάθε φορά.

«Λοιπόν, μπαμπά;»

«Ποιο σου αρέσει περισσότερο;»

«Είναι το κεκάκι-πεταλούδα;»

«Πρέπει να ξαναδοκιμάσω προκειμένου να αποφασίσω», είπε με στόμφο ο μπαμπάς.

Πήρε άλλη μια προσεκτική μπουκιά και από τα τρία.

«Ξέρετε, μου είναι σχεδόν αδύνατο να επιλέξω. Γι' αυτό, επίσημα ανακοινώνω νικητές... και τις τρεις ομάδες!»

Έτσι, κερδίσαμε όλοι μας βραβείο: ένα αρκουδάκι που φορούσε σκούφο του σεφ και μια μπλούζα που έγραφε Νο 1 ΣΕΦ.

Υπήρχαν έξι αρκουδάκια μονάχα και έτσι η μαμά και η γιαγιά και ο παππούς δεν πήραν, αλλά δε στενοχωρήθηκαν διόλου.

«Θα πιούμε ένα τιμητικό ποτό εμείς», ανακοίνωσε ο παππούς.

Η Φιλ, η Νίρα, η Μάντι, ο Χάρι, η Σέλμα και εγώ δοκιμάσαμε λίγα ψιχουλάκια από κάθε μάφιν. Πίστευα κρυφά ότι τα μάφιν-πεταλούδες ήταν μακράν τα καλύτερα. Και η Σέλμα συμμεριζόταν την άποψή μου. Αρκεστήκαμε όμως να το ψιθυρίσουμε μόνο η μία στην άλλη.

Ο πατέρας της Νίρα έφτασε για να την πάρει στο σπίτι.

Ύστερα ήρθε ο μεγαλύτερος αδελφός του Χάρι για να τον πάρει στο σπίτι.

Κανένας δεν ήρθε για να πάρει τη Σέλμα για αρκετές ώρες. Εμάς δε μας πείραξε. Της έδειξα το βιβλίο μου με τις πεταλούδες. Είχα προσθέσεις πολλές νέες πεταλούδες σε αυτό τώρα. Ανησύχησα λιγάκι μήπως ξαναγίνει Κακιά Σέλμα και μου πετάξει άσχημες κουβέντες ή μουντζουρώσει τις σελίδες, όμως εκείνη απλώς κοίταξε όλες τις εικόνες και διάβασε τα κειμενάκια.

«Άρα πρέπει οπωσδήποτε να φυτέψουμε αυτή τη βουδλέια στον κήπο μας», κατέληξε.

«Ναι. Ας κάνουμε μια λίστα με όλα τα φυτά που αρέσουν στις βρετανικές πεταλούδες».

Συντάξαμε μια μακριά λίστα και εγώ πρόσθεσα φρούτα, αν και δεν ήμουν σίγουρη ότι μπορούσαμε να περιμένουμε να φυτρώσει μια μηλιά, και ήξερα ότι το κλίμα δεν ήταν αρκετά ζεστό για να φυτρώσει πορτοκαλιά, εκτός αν είχαμε κανονικό θερμοκήπιο.

«Ακόμα και έτσι, θα χρειαστούμε πολλά μπαζάρ γλυκισμάτων για να μπορέσουμε να αγοράσουμε τα φυτά», είπα. «Αλλά η δασκάλα είπε ότι μπορούμε να έχουμε τον δικό μας πάγκο στη χριστουγεννιάτικη γιορτή του σχολείου. Και εγώ πρέπει να περάσω ένα τεστ ορθογραφίας!»

«Θα σε βοηθήσω εγώ με την ορθογραφία σου», προσφέρθηκε η Σέλμα.

Η δική της ορθογραφία ήταν ελάχιστα καλύτερη από τη δική μου. Η Μάντι ήταν έτοιμη να της το επισημάνει, αλλά εγώ τη στραβοκοίταξα.

Είχε περάσει προ πολλού η ώρα που εμείς πέφτουμε για ύπνο, και ακόμη δεν είχε έρθει κανείς να πάρει τη Σέλμα.

«Προτείνω να πάμε εμείς τη νεαρή Σέλμα σπίτι της με το αυτοκίνητό μας», είπε ο παππούς. «Άλλωστε και εμείς πρέπει να αναχωρήσουμε σε λίγο».

«Αχ, ναι, σας παρακαλώ!» έκανε χαρούμενη η Σέλμα. Τον συμπάθησε τον παππού μου.

Όμως τότε ακούστηκε ένα χτύπημα στην πόρτα, και ήταν η μαμά της Σέλμα επιτέλους.

«Συγγνώμη. Με καθυστέρησαν. Ξέρετε πώς είναι αυτά τα πράγματα», δικαιολογήθηκε. Ήταν ντυμένη σαν να είχε πάει σε πάρτι. «Έλα, Σέλμα, φεύγουμε. Τα ετοιμάσατε τα κέικ σας;» ρώτησε.

«Σέλμα, θα σου βάλω λίγα μάφιν-πεταλούδες σε ένα τάπερ για να τα πάρετε στο σπίτι σας», είπε η μαμά.

Θύμωσα λίγο. Τα μάφιν μας δεν ήταν για χάρισμα!

«Α, τι ωραία που φαίνονται!» σχολίασε η κυρία Τζόνσον. «Μη μου πεις ότι τα έφτιαξες εσύ, Σέλμα!»

«Και όμως, τα έφτιαξε. Με λίγη βοήθεια. Είναι εξαιρετική ζαχαροπλάστρια η κόρη σας», την επαίνεσε ο παππούς.

Η Σέλμα τού χάρισε ένα πλατύ χαμόγελο.

«Ευχαρίστησέ τους όλους ευγενικά, λοιπόν», της συνέστησε η κυρία Τζόνσον.

Η Σέλμα μουρμούρισε κάτι και μετά έκανε το πιο ανέλπιστο, αναπάντεχο πράγμα στον κόσμο. Τύλιξε τα χέρια της γύρω μου και με αγκάλιασε σφιχτά!

Άλλη κουβέντα δεν είχαν οι αδελφές μου όταν πέσαμε για ύπνο.

«Τώρα είναι η κολλητή σου», είπε η Φιλ.

«Απίστευτο να έχεις τη Σέλμα Τζόνσον για κολλητή σου», είπε η Μάντι.

«Δεν είναι κολλητή. Εσείς είστε οι κολλητές μου», τις διαβεβαίωσα. «Η Σέλμα είναι απλώς φίλη φίλη. Μερικές φορές. Όταν δε γίνεται κακιά».

«Δεν τη φοβάσαι ακόμη λίγο;» ρώτησε η Φιλ.

«Θα μας το έλεγες εάν συμπεριφερόταν ακόμη απαίσια;» ρώτησε η Μάντι.

Το συλλογίστηκα. «Δε νομίζω ότι φοβάμαι τώρα. Και δε συμπεριφέρεται απαίσια πια. Εδώ που τα λέμε, εξακολουθεί να είναι λίγο αυταρχική μαζί μου, αλλά δε με πειράζει».

Η αυταρχικότητα της Σέλμα φάνηκε εξαιρετικά χρήσιμη στο μπαζάρ γλυκών.

Η κυρία Γελασίδου μάς άφησε να απλώσουμε όλα τα κέικ σε χάρτινες πιατέλες δέκα λεπτά προτού χτυπήσει το κουδούνι για το διάλειμμα. Κόψαμε τα μεγάλα κέικ σε συμμετρικές, χορταστικές φέτες και τοποθετήσαμε τα μάφιν και τα κεκάκια σε όμορφη διάταξη.

Κόψαμε το ρολό με χουρμάδες του Άλιστερ σε τετράγωνα κομμάτια. Επ' ουδενί δε γινόταν να φανεί όμορφο, αλλά φαντάζομαι πως έδειχνε πολύ υγιεινό.

Αποφασίσαμε να χρεώσουμε πενήντα λεπτά την κάθε φέτα κέικ ή μάφιν, ώστε να κάνουμε εύκολα τους υπολογισμούς και να δίνουμε τα ρέστα. Η δασκάλα μάς έδωσε ένα τενεκεδένιο κουτί για να φυλάμε τα χρήματα.

Δεν ήμασταν προετοιμασμένες για τον πανικό που έγινε μόλις χτύπησε το κουδούνι. Και δεν ήταν η τάξη μας μονάχα. Πάρα πολλά παιδιά από άλλες τάξεις στριμώχτηκαν στην τάξη μας – ακόμα και παιδιά της ΣΤ΄ δημοτικού. Και εμφανίστηκαν σύσσωμοι οι δάσκαλοι!

Τέτοιο μεγάλο πλήθος όρμησε στο τραπέζι μας ζητώντας κέικ με τα χρήματά τους στο χέρι, ώστε ήταν σχεδόν τρομακτικό.

«Για σταματήστε να σπρώχνετε!» φώναξε η Σέλμα. «Μπείτε όλοι στη σειρά! Ο ένας πίσω από τον άλλον! Μη δω σπρωξίματα, αλλιώς θα σας κανονίσω!» Ακούστηκε τόσο αποφασισμένη, ώστε ακόμα και τα παιδιά της έκτης έγιναν αρνάκια και περίμεναν τη σειρά τους υπομονετικά.

Η κυρία Γελασίδου έκανε μια κουβέντα με τη διευθύντρια και μας παραχωρήθηκαν δέκα λεπτά επιπλέον διάλειμμα προκειμένου να προλάβουμε να πουλήσουμε όλα τα κέικ μας. Ο Άλιστερ αγόρασε τρία κομμάτια από το δικό του ρολό με χουρμάδες. Κανείς άλλος δεν το αγόρασε μέχρι που το εντόπισε η κυρία Σίμπσον, η δασκάλα της ωδικής.

Είχε απομείνει ένα μάφιν-πεταλούδα, ελαφρώς στραπατσαρισμένο. Η Σέλμα και εγώ το μοιραστήκαμε. Παρ' όλα αυτά, είχε πολύ καλή γεύση.

Την ώρα των μαθηματικών η δασκάλα μάς επέτρεψε να αθροίσουμε τα πενηντάλεπτά μας. Βγάλαμε τριάντα δυόμισι ευρώ!

«Ουάου, αυτή είναι περιουσία ολόκληρη!» αναφώνησα. «Θα μας φτάσει για δύο σακιά κομπόστ μίνιμουμ».

«Ναι, αλλά δεν πρέπει να πληρώσουμε τη μαμά σου για όλο το αλεύρι και τη ζάχαρη και το βούτυρο και τα υλικά που χρησιμοποιήσαμε για να φτιάξουμε τα κέικ;» ρώτησε η Σέλμα. «Η μαμά μου είπε ότι θα κόστισαν πολύ ακριβά. Είπε ότι η μαμά σου μάλλον έχει περισσότερα χρήματα παρά μυαλό στο κεφάλι της. Τη θεωρεί ανόητη».

«Ααα», έκανα εμβρόντητη.

«Αλλά εγώ πιστεύω ότι η μαμά σου είναι γλυκιά. Και *λατρεύω* τον παππού σου. Είσαι πολύ τυχερή. Εγώ δεν έχω παππού».

«Ξέρεις, Σέλμα, μπορούμε να μοιραζόμαστε τον δικό μου, γιατί και εκείνος σε συμπαθεί», είπα.

Εξακολουθούσα να ανησυχώ για τη μαμά μου. Δε μου άρεσε που την προσέβαλαν. Και ούτε μου είχε περάσει από το μυαλό πόσο θα κόστισαν τα υλικά για τα κέικ.

«Ίσως τότε θα ήταν σωστό να... δώσουμε στη μαμά μου τα μισά κέρδη από το μπαζάρ γλυκών;» πρότεινα διστακτικά.

«Το αφήνω πάνω σου. Εσύ είσαι υπεύθυνη για τα χρήματα», είπε η Σέλμα.

Νωρίτερα της είχα προτείνει να τα μοιραστούμε, όμως η Σέλμα κούνησε το κεφάλι της. «Πλάκα μου κάνεις; Ούτε για αστείο δεν παίρνω αυτά τα χρήματα στο σπίτι μου. Όλο και κάποιος θα μου τα ξάφριζε στο λεπτό. Ο πατριός μου θα κατέβαινε στην παμπ ή θα έπαιζε "Στοίχημα"».

«Ακόμα και αν τους εξηγούσες ότι είναι δικά μας χρήματα και ότι τα φυλάμε για κομπόστ και φυτά;»

«Ναι. Δε θα είχε γι' αυτούς καμιά σημασία. Άσε που

θα έλεγαν ότι είμαι ζωντόβολο, που θα ξοδέψω τα λεφτά μου σε κοπριές και χόρτα».

«Μα είναι για πεταλουδόκηπο!» σάστισα.

«Ναι, αλλά η μαμά μου και οι υπόλοιποι δεν εκτιμούν τις πεταλούδες όπως εσύ. Τα θεωρούν αδιάφορα ζουζούνια και τα κυνηγάνε να τα πατήσουν».

«Εσένα σου αρέσουν οι πεταλούδες, έτσι δεν είναι, Σέλμα;»

«Εντάξει, όχι τόσο πολύ όσο σ' εσένα, αλλά ναι, δε με χαλάνε. Και θέλω να φτιάξω αυτό τον κήπο. Για φαντάσου να έριξα τόσο σκάψιμο για το τίποτα!»

«Ήσουν πρωταθλήτρια στο σκάψιμο, Σέλμα», της είπα και τη χτύπησα μαλακά στην πλάτη.

Πραγματικά, πρόσφερα στη μαμά τα μισά χρήματα από τα κέικ, όταν τα έφερα με μεγάλη περηφάνια στο σπίτι μέσα στο τενεκεδένιο κουτί τους.

«Τι γλυκό από μέρους σου, Τίνα», είπε η μαμά.

«Εχμ, βασικά ήταν ιδέα της Σέλμα, όχι δική μου», παραδέχτηκα.

«Κοίτα να δεις! Τελικά η Σέλμα είναι πολύ καλοπροαίρετο κορίτσι όταν θέλει», παρατήρησε η μαμά. «Όπως και να 'χει όμως, εσείς οι δύο κρατήστε τα χρήματα για τον κήπο σας. Ο μπαμπάς πήρε όλα τα υλικά με μεγάλη έκπτωση, γιατί τα αγόρασε από το σούπερ μάρκετ όπου δουλεύει. Και ήταν χαρά μας που σε αφήσαμε να κάνεις ένα μικρό πάρτι. Περάσαμε όμορφα. Συμφωνείτε, Φιλ και Μάντι;»

«Ναι, διασκεδάσαμε πολύ», συμφώνησε η Φιλ. «Αλλά πιστεύω ότι θα ήταν δίκαιο να κάνω κι εγώ ένα πάρτι ετοιμασίας γλυκών μαζί με τη Νίρα, έτσι ώστε να αγοράσουμε πράγματα για τη λέσχη μας».

«Και εγώ θέλω να κάνω ένα πάρτι παρασκευής γλυκών μαζί με τον Χάρι, έτσι ώστε να αγοράσουμε πράγματα για το ποδόσφαιρο», είπε η Μάντι.

«Κορίτσια, δεν παίζεστε!» αναφώνησε η μαμά. «Αν είναι έτσι, και εγώ θέλω να κάνω ένα πάρτι ετοιμασίας γλυκών μαζί με τις φίλες μου για να πάω να αγοράσω ρούχα μετά! Αφήστε με ήσυχη τώρα. Τουλάχιστον το μπαζάρ της Τίνα είχε μεγάλη επιτυχία και μπορεί να αγοράσει πράγματα για τον κήπο της».

Η Φιλ χασμουρήθηκε. «Βαρέθηκα να ακούω όλη την ώρα για αυτό τον βαρετό πεταλουδόκηπο».

«Και εγώ το ίδιο», σιγοντάρισε η Μάντι. «Και πιο πολύ, βαρέθηκα να επιβραβεύουν όλοι την παλιο-Σέλμα όλη την ώρα. Μπορεί να μην είναι τόσο κακιά τώρα, αλλά και πάλι είναι απαίσια. Τίνα, δε σε καταλαβαίνω καθόλου. Το παίζετε τώρα φιλενάδες οι δυο σας, τη στιγμή που αυτή έριξε το Μωρό σου μέσα στην τουαλέτα!»

«Σου ξαναλέω, δεν είναι κολλητή μου. Και σκάσε!» της απάντησα.

«Όχι, εσύ σκάσε!» μου αντιγύρισε η Μάντι.

«Μη λέτε *σκάσε*, να λέτε *σώπα*», επενέβη η μαμά. «Και τώρα, σωπάστε και οι τρεις σας!»

Τσακωνόμασταν όλο το απόγευμα. Ήταν πολύ χάλια, γιατί εμείς γενικά δεν καβγαδίζουμε. Η Φιλ και η Μάντι μού είπαν μια χλιαρή καληνύχτα όταν πήγαμε για ύπνο.

Παρίστανα ότι δε με ένοιαζε, αλλά με ένοιαζε. Και πολύ μάλιστα. Δε με έπαιρνε ο ύπνος. Ήμουν ξαπλωμένη ανάσκελα με το κεφάλι κάτω από το μαξιλάρι μου, και συλλογιζόμουν το Μωρό και πόσο πολύ μου έλειπε.

Τότε η Φιλ περπάτησε ανάλαφρα πάνω στο χαλί και τρύπωσε στο κρεβάτι μου. «Συγγνώμη, Τίνα! Δεν πιστεύω στ' αλήθεια ότι οι πεταλουδόκηποι είναι βαρετοί», μου ψιθύρισε.

Η Μάντι ήρθε και ανέβηκε στο κρεβάτι μου από την άλλη μεριά. «Με συγχωρείς, Τίνα! Δε θα γκρινιάζω για τη Σέλμα πια, παρόλο που δεν την ανέχομαι», ψιθύρισε.

Ήμουν λίγο στριμωγμένα, αλλά δε με ένοιαζε διόλου. Μαζευτήκαμε κοντά κοντά και κοιμηθήκαμε όλες μαζί, η Φιλ, η Μάντι και εγώ.

Κεφάλαιο 17

Ξεκινήσαμε να συλλέγουμε αντικείμενα για τον πάγκο του λευκού ελέφαντα στη χριστουγεννιάτικη γιορτή του σχολείου.

«Τι είδους αντικείμενα θέλουμε;» ρώτησε η Σέλμα.

«Θα φτιάξουμε εμείς πράγματα. Και θα συγκεντρώσουμε παλιά αντικείμενα και θα τα πουλήσουμε και αυτά», εξήγησα.

«Δεν ξέρω να φτιάχνω πράγματα. Και δεν έχω καθόλου παλιά αντικείμενα», αποκάλυψε.

Η δασκάλα άκουσε τη συζήτησή μας. «Με μεγάλη χαρά θα σας δείξω πώς να φτιάχνετε πράγματα, κορίτσια», μας είπε.

Την επόμενη μέρα μπήκε στην τάξη μας κουβαλώντας μια παχύρρευστη κρέμα, κάμποσα κουβάρια μαλλιού σε διαφορετικά χρώματα και δυο μεγάλες, χοντρές βελόνες.

«Πλεχτά πορτοφόλια!» ανακοίνωσε.

Δεν είναι υπερβολή να πω ότι μας βγήκε η πίστη ανάποδα μέχρι να μάθουμε να πλέκουμε.

Βελτιωθήκαμε με τον καιρό. Δεν μπορούσαμε πάντα να σκάβουμε, γιατί είχε είτε πολύ κρύο είτε πολλή βροχή, έτσι καθόμασταν μέσα και πλέκαμε.

Η Σέλμα έφτιαξε ένα πορτοφόλι-ουράνιο τόξο. Δεν ήταν ιδιαίτερα σφιχτοπλεγμένο, όμως η Σέλμα είχε βάλει τα χρώματα στη σωστή διάταξη και στο σύνολό του φαινόταν πολύ ωραίο.

«Τι είναι η κίτρινη σταγονίτσα στο έδαφος;» ρώτησα.

«Είναι το κιούπι με το χρυσάφι. Αυτό βρίσκεις στο τέρμα του ουράνιου τόξου», με πληροφόρησε.

Εγώ έφτιαξα ένα πορτοφόλι-πεταλούδα. Ή μάλλον, δύο πορτοφόλια-πεταλούδα: ένα με τη γαλάζια Μορφώ και ένα με τον πράσινο παλίνουρο. Ήξερα δυο κορίτσια που θα ήθελαν να τα αγοράσουν!

Η δασκάλα φοδράρισε τα πορτοφόλια και τα έραψε στα πλαϊνά για εμάς, αλλά εμείς ράψαμε τις μεγάλες σούστες για να κλείνουν.

Ζωγράφισα εικόνες με πεταλούδες – μικρές πεταλούδες σε καλό, λευκό χαρτόνι. Τις χρωμάτισα με μεγάλη προσοχή. Η κυρία Γελασίδου μάς επέτρεψε να πάρουμε λίγο ροζ και γαλάζιο χαρτόνι από την ντουλάπα της τάξης μας. Η Σέλμα το έκοψε σε ορθογώνια, μετρώντας με ακρίβεια για να μη βγουν στραβές οι πλευρές. Έπειτα κόλλησε τις ζωγραφιές μου με τις πεταλούδες επάνω τους και μικρά ημερολόγια από κάτω. Η κυρία Γελασίδου μάς προμήθευσε και με τα ημερολόγια.

Η Φιλ και η Νίρα έφτιαξαν κολιέ και βραχιόλια για τον πάγκο μας.

Η Μάντι και ο Χάρι επιχείρησαν να φτιάξουν ποδοσφαιριστές από πλαστελίνη, αλλά τους βγήκαν πλακουτσωτοί, γι' αυτό τους διέλυσαν ξανά. Αντ' αυτού, δώρισαν μερικά παλιά πράγματα. Η Μάντι έδωσε λίγα βιβλία κι ένα ψεύτικο σετ μακιγιάζ και τον κούνελό της με την αστεία φάτσα. Ο Χάρι έδωσε μια μπάλα και μια παλιά ποδοσφαιρική στολή.

Η Κέιλι δώρισε κάποια χορευτικά DVD. Δε σκόπευε να δωρίσει κάτι, αλλά η Σέλμα την έπεισε ότι έπρεπε, επειδή καθόταν στο θρανίο μας και όφειλε να μας υποστηρίξει.

Ο Πίτερ δώρισε ένα μικρό κουτί Lego. Παραδέχτηκε βέβαια ότι μάλλον έλειπαν λίγα κομμάτια.

Ο Μικ δώρισε ένα επιτραπέζιο παιχνίδι. Η Σέλμα και εγώ το παίξαμε μαζί του προτού το φυλάξουμε στην ντουλάπα της τάξης για τον μελλοντικό πάγκο μας.

Ο Άλιστερ δώρισε ένα σκούρο καφετί κέικ.

«Άλιστερ, έλεος! Όχι άλλο ρολό με χουρμάδες», τον αποπήρε η Σέλμα. «Δυο άνθρωποι μόνο υπάρχουν σε όλο τον κόσμο που τους αρέσει το ρολό σου: εσύ και η λοξή κυρία Σίμπσον».

«Αυτό δεν είναι εκατό τοις εκατό ακριβές», αποκρίθηκε ο Άλιστερ. «Και στη μητέρα μου αρέσει το ρολό με χουρμάδες. Βέβαια, το προτιμάει μαζί με καρύδια. Και αρέσει και στον πατέρα μου. Αλλά όπως και να 'χει, δεν είναι ρολό με χουρμάδες. Είναι μια οργανική, *υγιεινή* παραλλαγή του χριστουγεννιάτικου κέικ».

«Πού είναι το γλάσο και εκείνο το κίτρινο υλικό;» ρώτησε η Σέλμα.

«Το μάρτζιπαν... Είπα ότι είναι μια *υγιεινή* παραλλαγή που δε θα χαλάσει τα δόντια σας. Και επιπλέον διατηρείται αρκετά, ιδίως αν το αποθηκεύσετε σε τενεκεδένια συσκευασία».

«Πολύ ευγενικό από μέρους σου, Άλιστερ, αλλά η αλήθεια είναι ότι δε θα ξανακάνουμε πάγκο με γλυκά», είπα διπλωματικά. «Δε θα έχουμε τίποτα φαγώσιμο. Θα πουλάμε κάθε λογής πράγματα, παλιά και νέα. Θα είναι ο πάγκος του λευκού ελέφαντα. Αυτό σημαίνει...»

«Ξέρω τι σημαίνει!» είπε ο Άλιστερ. «Εντάξει, θα πάρω πίσω το κέικ μου. Άλλωστε μπορώ να το δώσω στη θεία μου για τα Χριστούγεννα. Θα σας φέρω κάτι απολύτως κατάλληλο για τον πάγκο του λευκού ελέφαντα αύριο».

Η Σέλμα και εγώ γελάσαμε στα κρυφά, πλάθοντας σενάρια με όλα τα πράγματα που μπορεί να έφερνε ο Άλιστερ από το σπίτι του.

Όμως, ο Άλιστερ μας έφερε ένα τέλειο δώρο για τον πάγκο μας.

«Άλιστερ, είναι φανταστικό», ψέλλισα αιφνιδιασμένη.

«Γιατί να το αποχωριστείς αυτό;» τον ρώτησε η Σέλμα. «Ο περισσότερος κόσμος δίνει παλιά, μεταχειρισμένα πράγματα. Αυτός εδώ ο ελέφαντας φαίνεται του κουτιού και ακριβός!»

«Τον είχα από πολύ μικρός, αλλά ανέκαθεν πρόσεχα πάρα πολύ τα πράγματά μου», εξήγησε ο Άλιστερ. «Ονομάζεται Γκανές, όπως ο θεός των Ινδών».

«Εμείς θα τον ξαναβαφτίσουμε Άλιστερ, όπως εσύ, και θα τον τοποθετήσουμε στην τιμητική θέση του πάγκου μας. Σε ευχαριστούμε πάρα πολύ», του είπα.

Η μαμά δώρισε αληθινά καλλυντικά και ένα σετ αρώματος με κρέμα χεριών, στο κουτί του ακόμη, και μερικά ψεύτικα λουλούδια.

Ο μπαμπάς δώρισε το καινούριο του ημίπαλτο. Η μαμά έγινε έξω φρενών γιατί μόλις του το είχε αγοράσει, για να πάψει να φοράει το παλιό, ριγωτό μπουφάν που είχε τριφτεί πια ύστερα από τόσα χρόνια. Ο μπαμπάς είπε ότι καθόλου δεν του άρεσε το ημίπαλτο γιατί τον έκανε να δείχνει γέρος, και τίποτε άσχημο δεν είχε το ριγωτό μπουφάν του.

Εγώ τηλεφώνησα στον παππού και στη γιαγιά, και έστειλαν ένα μεγάλο χαρτόκουτο ξέχειλο από πράγματα για τον πάγκο του λευκού ελέφαντα.

Η γιαγιά δώρισε φουλάρια, πασμίνες, παπούτσια και τσάντες.

Ο παππούς δώρισε βιβλία και DVD.

Η οικογένεια της Σέλμα δώρισε επίσης κάποια αντικείμενα. Η Σέλμα μπήκε στην τάξη με ένα σωρό πράγματα μέσα στην παραγεμισμένη τσάντα της. «Κοίταξε τι έχω εγώ», είπε, δείχνοντάς μου με περηφάνια.

«Σέλμα, τι καλή η οικογένειά σου που δώρισε όλα αυτά», θαύμασα.

«Χμ, δεν αντιλήφθηκαν βασικά ότι δώριζαν», είπε χαμογελαστή.

Την κοίταξα φοβισμένη. «Δε θα σε μαλώσουν άμα ανακαλύψουν ότι λείπουν;»

«Μπα, πράγματα πάντα χάνονται στο σπίτι μας. Και ούτως ή άλλως, πάντα με μαλώνουν», αποκρίθηκε η Σέλμα, ανασηκώνοντας τους ώμους.

Έτσι, με τον έναν ή τον άλλο τρόπο, συγκεντρώσαμε αναρίθμητα πράγματα για να πουλήσουμε στον πάγκο μας. Μου πήρε άπειρο χρόνο να τα κοστολογήσω σωστά.

Το Σάββατο που θα γινόταν η χριστουγεννιάτικη γιορτή, πήγαμε στο σχολείο πολύ νωρίς για να στήσουμε τον πάγκο μας. Η Φιλ και η Μάντι ήταν μαζί μου, έτσι βοήθησαν και αυτές. Έπρεπε να κάνουν ό,τι τους λέγαμε η Σέλμα και εγώ, γιατί δικός μας ήταν ο πάγκος. Είχε πολλή πλάκα που τους δίναμε εντολές!

Και η κυρία Γελασίδου εμφανίστηκε από νωρίς στο σχολείο. Έφερε μερικά κουτάκια μαζί της. «Ορίστε, κορίτσια. Σκέφτηκα ότι θα θέλατε να τα πουλήσετε στον πάγκο του λευκού ελέφαντα», μας είπε.

Η δασκάλα είχε φτιάξει εξαίσιες καρφίτσες-πεταλούδα, με όμορφα χρωματισμένα φτερά και κεντημένες τις κηλίδες και τους κορμούς τους, και μια καρφίτσα στο πίσω μέρος.

«Ω κυρία, είναι θεσπέσιες!» αναφώνησα μαγεμένη.

Ήταν τέτοιος ο ενθουσιασμός μου, ώστε ξέχασα ότι ήταν η τρομακτική δασκάλα μου. Έτρεξα και την αγκάλιασα.

«Ω Τίνα, δεν υπάρχει λόγος να ενθουσιάζεσαι τόσο πολύ», είπε εκείνη οπισθοχωρώντας, αλλά ήταν φανερά ευχαριστημένη.

«Θέλω μία από τις καρφίτσες-πεταλούδα», είπα, παρατηρώντας τες όλες.

«Και εγώ το ίδιο», είπε η Σέλμα. «Ξέρετε τι θα κάνουμε; Θα τις κοστολογήσουμε πολύ φτηνά, έτσι ώστε και οι δυο μας να μπορούμε να αγοράσουμε από μία».

«Ναι, αλλά από την άλλη μεριά, είναι τόσο ωραίες, που θα μπορούσαμε να τις κοστολογήσουμε ακριβά και να κερδίσουμε αρκετά χρήματα από αυτές», είπα με περίσκεψη.

«Ίσως τότε να κοστολογούσαμε δύο καρφίτσες πολύ φτηνά...» αποτόλμησε η Σέλμα. «Μία για μένα και μία για σένα».

«Αυτό είναι ξεκάθαρη ζαβολιά», της είπα σταθερά.

«Μα τι καλούλα που είσαι, Ζουζουνάκι! Ώρες ώρες με αηδιάζεις», μου πέταξε η Σέλμα.

«Και εσύ με αηδιάζεις, Μεγάλο Ζουζούνι», της αντιγύρισα και μιμήθηκα ότι κάνω εμετό πάνω της.

Ύστερα αυτή μιμήθηκε ότι έκανε εμετό πάνω μου, και εγώ μιμήθηκα ότι κάνω εμετό πάνω της και...

«Σταματήστε! Είστε αηδιαστικές!» φώναξε η Φιλ.

«Πολύ χάλια», συμφώνησε η Μάντι, αλλά χασκογελούσε.

Αποφασίσαμε να χρεώσουμε από πέντε ευρώ την κάθε καρφίτσα, γιατί ήταν περίτεχνες και λεπτοδουλεμένες.

Πουλήσαμε τρεις από αυτές προτού καν ξεκινήσει επίσημα η χριστουγεννιάτικη γιορτή σε μια συγγραφέα της περιοχής μας.

Η συγγραφέας αγόρασε και ένα από τα πορτοφόλια-πεταλούδα. Ήθελε τη γαλάζια Μορφώ, αλλά αναγκάστηκα να της πω ότι τη φυλούσα για την αδελφή μου.

Πράγματι, η Φιλ την ήθελε, και η Μάντι ήθελε τον πράσινο παλίνουρο, όπως ακριβώς είχα προβλέψει.

Ο πάγκος μας είχε μεγάλη κοσμοσυρροή και πουλούσαμε συνέχεια πράγματα. Οι υπόλοιπες καρφίτσες-πεταλούδα πουλήθηκαν στο πρώτο μισάωρο.

«Ήθελα μία καρφίτσα», είπε η Σέλμα. «Τι χαζές ήμασταν που δεν κρατήσαμε δύο για μας».

«Κοίτα όμως πόσα χρήματα βγάλαμε!» Κούνησα το τενεκεδένιο κουτί με τις εισπράξεις μας.

Η μαμά ήρθε και αγόρασε ξανά το ημίπαλτο του μπαμπά! «Είναι υπέροχο χρώμα και πολύ πυκνό μαλλί. Αν δεν το φορέσει ο μπαμπάς σας, θα το δώσω στον παππού», είπε.

Ήρθε και η μαμά της Σέλμα, με τους μικρότερους αδελφούς της. «Είσαι φρόνιμη, κόρη μου;» τη ρώτησε.

«Φυσικά», απάντησε η Σέλμα. «Θα αγοράσεις κάτι από τον πάγκο μας, μαμά;»

«Ένα μάτσο παλιοπράματα είναι», είπε με αγένεια η κυρία Τζόνσον. Εκείνη τη στιγμή όμως είδε το καλσόν. Το πήρε στα χέρια της και το περιεργάστηκε. «Μου αρέσει πολύ το σχέδιο και... για δες! Είναι στο μέγεθός μου. Θα το πάρω!»

Η Σέλμα πήρε τα χρήματα χαρούμενα. Δεν τόλμησα να την κοιτάξω από φόβο μήπως και οι δυο μας ξεσπούσαμε σε τρανταχτά γέλια.

Είχαμε καλές εισπράξεις. Μάλιστα πουλήσαμε και τον λευκό ελέφαντα του Άλιστερ, αν και, στην τιμή των δέκα ευρώ, ήταν το ακριβότερο τεμάχιο στον πάγκο μας. (Η κυρία Σίμπσον τον αγόρασε!)

Όταν πλέον μας είχαν απομείνει ελάχιστα αντικείμενα προς πώληση, η Σέλμα και εγώ αφήσαμε τη Φιλ και τη Μάντι στο πόστο μας, έτσι ώστε να κάνουμε τη βόλτα μας και να δούμε τι άλλο συνέβαινε στη γιορτή.

Υπήρχαν πάγκοι με ζαχαρωτά και πάγκοι με παιχνίδια και πάγκοι με χειροποίητα μάλλινα πουλόβερ και πάγκοι με πήλινα είδη και μια τόμπολα, ενώ ο Άγιος Βασίλης καθόταν σε ένα βάθρο με ένα μεγάλο σακί ξέχειλο από τυλιγμένα δώρα. Όχι ο αληθινός Άγιος Βασίλης φυσικά. Ήταν κάποιος άνθρωπος ντυμένος Άγιος Βασίλης.

«Όχι, δεν είναι», είπε η Σέλμα.

«Κι όμως, είναι. Πενήντα λεπτά το άτομο. Πάμε! Η μαμά μού έδω-

σε ένα ευρώ για ξόδεμα. Πάμε να τον δούμε!»

Πληρώσαμε το ευρώ στο μικρό ξωτικό του Άγιου Βασίλη. Και αυτός ήταν εξαιρετικά γνώριμη φυσιογνωμία, έτσι που κατηύθυνε τον κόσμο με τη δυνατή, καθάρια φωνή του, και όλοι έμπαιναν πειθήνια στη σειρά τους.

Περιμέναμε, σκουντώντας η μία την άλλη και χασκογελώντας.

«Γεια σου, Άγιε Βασίλη!» είπε η Σέλμα μόλις φτάσαμε μπροστά. «Τι μεγάλη κοιλιά που έχεις! Θα τρως με τη σέσουλα τις κιμαδόπιτες».

«Στη θέση σου θα πρόσεχα τα λόγια μου, κοριτσάκι», είπε ο Άγιος Βασίλης με πολύ γνώριμη φωνή. Έσμιξε τα φρύδια του στη Σέλμα και τα χάντρινα μάτια του έλαμψαν. «Αν δε συμπεριφερθείς όμορφα, δε θα πάρεις δώρο!»

«Μα εγώ πλήρωσα τα πενήντα λεπτά μου, Άγιε Βασίλη. Δηλαδή, η φίλη μου η Τίνα πλήρωσε για μένα», είπε η Σέλμα.

«Τότε εσύ *και* η φίλη σου θα μείνετε χωρίς δώρο, εκτός αν επιδείξετε σεμνότητα, ευγένεια και καλούς τρόπους».

«Θα είμαστε σεμνές, ευγενικές και με καλούς τρόπους, Άγιε Βασίλη», βιάστηκα να πω, συμπληρώνοντας: «Έχουμε μια πολύ αυστηρή δασκάλα που επιμένει ιδιαίτερα στο να προσέχουμε τους τρόπους μας».

«Χο χο χο», γέλασε ο Άγιος Βασίλης. «Για κοπιάστε τότε, κορίτσια μου. Ψάξτε γρήγορα στον σάκο μου για δώρο».

Η Σέλμα βούτηξε πρώτη και τράβηξε έξω το μεγαλύτερο πακέτο που μπορούσε να βρει. Την αντέγραψα, εντοπίζοντας το δεύτερο μεγαλύτερο πακέτο.

«Μμμ. Εάν ήμουν στη θέση σας, θα αναζητούσα κάτι πολύ μικρό. Και πιο τετραγωνισμένο. Και καθώς η φορεσιά μου είναι κατακόκκινη, σας δίνω ένα στοιχείο για το αγαπημένο μου χρώμα. Πιθανότατα να έχω τυλίξει τα καλύτερα δώρα σε παρόμοια απόχρωση. Γιατί δεν αφήνετε εκείνα τα δώρα στο σακί και δοκιμάστε ξανά».

Αυτό ακριβώς κάναμε. Είμαι καλύτερη στο σκάλισμα από τη Σέλμα. Με άνεση έφτασα στον πάτο του σάκου και ψαχούλεψα ωσότου βρήκα δυο κουτάκια. Τα έβγαλα στο φως και διαπίστωσα ότι και τα δύο ήταν τυλιγμένα σε ζωηρό κόκκινο χαρτί.

«Μπορούμε να κρατήσουμε αυτά εδώ, Άγιε Βασίλη;» ρώτησα ενθουσιασμένη.

«Χο χο χο! Εξαιρετικές επιλογές», γέλασε ο Άγιος Βασίλης.

Χωρίς χρονοτριβή σκίσαμε τα περιτυλίγματα. Μπορείτε να μαντέψετε τι ήταν τα δώρα;

Κεφάλαιο 18

Την τελευταία μέρα πριν κλείσουν τα σχολεία για τις διακοπές των Χριστουγέννων, χάρισα στην κυρία Γελασίδου ένα πολύ ιδιαίτερο χριστουγεννιάτικο δώρο. Είχα βασανιστεί πολύ καιρό με τη σκέψη τι να της χαρίσω. Υπήρξε πολύ καλή μαζί μου, και μου είχε χαρίσει το μπλοκ σχεδίασης και τις όμορφες ξυλομπογιές μου, ενώ φρόντισε ώστε η Σέλμα και εγώ να πάρουμε από μια καρφίτσα-πεταλούδα. Ήθελα να της δωρίσω κάτι καταπληκτικό – αλλά ήθελα επίσης να φυλάξω κάθε πεντάρα από το χαρτζιλίκι μου για τον πεταλουδόκηπο.

«Γιατί δεν της κάνεις μια ζωγραφιά;» πρότεινε η Φιλ.

«Ήδη της έχω χαρίσει τη ζωγραφιά μου με την πεταλούδα», αποκρίθηκα.

«Ζωγράφισε τότε κάτι άλλο», είπε η Μάντι. «Πώς

σκας έτσι για τη βαρετή κυρία Γελασίδου. Έχεις γίνει το χαϊδεμένο της δασκάλας, Τίνα!»

«Μου έχει φερθεί πολύ καλά. Θέλω να της δείξω την ευγνωμοσύνη μου», είπα.

«Θα της αγοράσω ένα μπουκάλι κρασί και ένα κουτί γλυκά», πρότεινε η μαμά. «Θα είναι ένα δώρο και από τις τρεις σας».

«Ναι, αλλά εγώ θέλω να της δώσω το προσωπικό μου δώρο», είπα.

Ανάλωσα πολλή σκέψη στο ζήτημα. Τι θα άρεσε πραγματικά στη δασκάλα; Από μόνη της είχε δηλώσει ότι δεν της άρεσε να ξοδεύει λεφτά σε ρούχα ή σε δείπνα σε ακριβά εστιατόρια. Της άρεσε να αποταμιεύει για τις διακοπές της. Θυμήθηκα ότι ήλπιζε να καταφέρει να πάει στην Ιαπωνία το ερχόμενο καλοκαίρι. Αχά!

Στον γυρισμό από το σχολείο, συχνά η μαμά μάς πήγαινε στη δημοτική βιβλιοθήκη. Τούτη τη φορά δε δανείστηκα βιβλία με ιστορίες. Βρήκα ένα βιβλίο για την Ιαπωνία. Έπειτα, πέρασα ολόκληρο το απόγευμα σχεδιάζοντας για την κυρία Γελασίδου μια ζωγραφιά για την Ιαπωνία. Ήπια το τσάι μου στα τρία λεπτά και δεν παρακολούθησα καθόλου τηλεόραση. Σχεδίαζα και ζωγράφιζα με τη μέγιστη προσοχή και ακρίβεια.

Αντέγραψα ψηλούς ουρανοξύστες και αρχαίους ναούς και παγόδες και αλλόκοτα σπιτάκια τσαγιού με στοιχειώδη επίπλωση και έναν ιαπωνικό κήπο με ελάχιστα λουλούδια. Σχεδίασα Ιάπωνες με κοστούμια και εφήβους με θεοπάλαβα ρούχα και κυρίες με όμορφα παραδοσιακά κιμονό. Και καταμεσής του πλήθους, με το μπεζ συνολάκι της και τα ίσια της παπούτσια, ζωγράφισα την κυρία Γελασίδου, χαρούμενη και ενθουσιασμένη.

Η μαμά και ο μπαμπάς με άφησαν να μείνω μισή ώρα παραπάνω ξύπνια για να ολοκληρώσω το δημιούργημά μου.

«Μπράβο, καρδούλα μου! Είμαι απόλυτα σίγουρη ότι η δασκάλα σου θα το λατρέψει», είπε η μαμά.

Ήμουν ενθουσιασμένη. Ήταν υπέροχο το ότι μπορούσα να ζωγραφίζω. Δε μου αρέσει να κοκορεύομαι, αλλά μπορώ να ζωγραφίσω πολύ καλύτερα από τη Φιλ και τη Μάντι. Ποτέ δεν ήμουν καλύτερή τους σε οτιδήποτε.

Σκέφτηκα να κάνω και μια ζωγραφιά για τη Σέλμα, αλλά κατέληξα στο ότι δε θα της άρεσε. Δεν ήξερα τι να της χαρίσω για τα Χριστούγεννα. Τέτοια εποχή πέρυσι ούτε στα πιο τρελά μου όνειρα δε θα φανταζόμουν ότι θα χάριζα κάτι στη Σέλμα Τζόνσον, όμως τώρα ήμασταν φίλες. Μπορεί όχι κολλητές, αλλά φίλες ναι.

Στο τέλος, ζήτησα λίγες χάντρες από τη Φιλ –γαλάζιες και πράσινες και μοβ, και πέντε χάντρες με τα γράμματα της αλφαβήτας– και έφτιαξα στη Σέλμα ένα βραχιόλι.

Την τελευταία μέρα πριν από το κλείσιμο των σχολείων για τις διακοπές των Χριστουγέννων, πήρα τη ζωγραφιά της δασκάλας και το βραχιόλι της Σέλμα στο σχολείο. Η κυρία Γελασίδου είχε λάβει ένα σωρό δώρα. Η έδρα της ήταν καλυμμένη απ' άκρη σ' άκρη με δώρα. Φαινόταν χαρούμενη – αλλά φάνηκε πολύ πιο χαρούμενη όταν άνοιξε τον φάκελο με τη ζωγραφιά μου!

«Ω Τίνα!» αναφώνησε. «Θεέ μου, πόση δουλειά θα έριξες γι' αυτό! Πλέον θα ξέρεις περισσότερα για την Ιαπωνία απ' ό,τι εγώ! Είναι πανέμορφο».

«Στ' αλήθεια σας αρέσει; Θα το κρεμάσετε στον τοίχο δίπλα από την πεταλούδα μου;»

«Δεν πρόκειται να το κρεμάσω στην τάξη». Η δασκάλα μού χαμογέλασε. «Θα το κρεμάσω στο σπίτι μου, στο υπνοδωμάτιό μου, και κάθε μέρα που θα ξυπνάω, θα το βλέπω και θα ενθουσιάζομαι με την προοπτική να ταξιδέψω στην Ιαπωνία. Τώρα έχω και εγώ κάτι για σένα». Μου παρέδωσε έναν φάκελο. «Μην πολυχαίρεσαι. Δεν είναι δώρο· ούτε δωρεά για τον πεταλουδόκηπό σου. Είναι μάλλον μια *υπόσχεση* του κήπου. Θυμάσαι που σου είχα προτείνει να σε χρηματοδοτήσω μέσω ενός τεστ ορθογραφίας;»

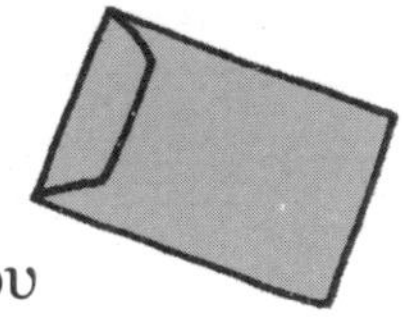

«Αχού, κυρία Γελασίδου. Νόμιζα ότι αστειευόσασταν!»

«Μέσα στον φάκελο θα βρεις πενήντα λέξεις που ξέρω ότι σε δυσκολεύουν. Μάθε τες μέσα στις γιορτές. Ύστερα, την πρώτη μέρα που θα ανοίξουν τα σχολεία, θα σου κάνω ένα τεστ. Θα σου δώσω πενήντα λεπτά για κάθε λέξη. Αν τις γράψεις όλες σωστά, τότε πόσα χρήματα θα κερδίσεις για τον κήπο σου;»

Κουνιόμουν πέρα δώθε νευρικά καθώς πάσχιζα να κάνω τον υπολογισμό.

«Αχ, ούτε τα μαθηματικά είναι το δυνατό σου σημείο, Τίνα. Ίσως να σου βάλω και τεστ αριθμητικής!»

«Αχ, όχι, σας ικετεύω! Είναι... είναι...»

«Είκοσι πέντε ευρώ», πετάχτηκε ο Άλιστερ.

«Άλιστερ! Ήθελα να το υπολογίσει η Τίνα», είπε αυστηρά η δασκάλα.

«Ναι, το ξέρω, δεν κρατήθηκα. Όταν ξέρω την απάντηση σε κάτι, πρέπει να το πω, αλλιώς θα σκάσω», εξήγησε ο Άλιστερ.

«Είκοσι πέντε ευρώ», επανέλαβα μέσα στη σαστιμάρα μου.

«Όμως θα πρέπει να γράψεις καθεμιά από τις λέξεις σωστά. Πενήντα λεπτά η λέξη. Θα απαιτηθεί από σένα σκληρή δουλειά».

«Είμαι μαθημένη πια στη σκληρή δουλειά», είπα. «Εντάξει, κυρία Γελασίδου. Πάει το στοίχημα!»

Και στη Σέλμα άρεσε το χριστουγεννιάτικο δώρο της. Ανέλπιστα πολύ, θα έλεγα. Φόρεσε το βραχιόλι της αμέσως και μετά σήκωνε συνέχεια το μπράτσο της για να το δείξει σε όλο τον κόσμο. Κανονικά απαγορεύεται να φοράμε κοσμήματα στο σχολείο, αλλά ουδείς ενοχλήθηκε την τελευταία μέρα πριν από το κλείσιμο των σχολείων για Χριστούγεννα.

«Κοίτα το βραχιόλι μου», έλεγε διαρκώς σε όλους.

«Φυσικά και βλέπω το βραχιόλι σου. Το κουνάς κάτω ακριβώς από τη μύτη μου», της είπε ο Άλιστερ.

«Η φίλη μου η Τίνα μού το έδωσε».

«Είναι φτιαγμένο από ψεύτικες χάντρες. Δεν είναι κανονικό βραχιόλι από κατάστημα», πέταξε η Κέιλι.

«Είναι ακόμα καλύτερο από αγοραστό βραχιόλι. Η Τίνα το έφτιαξε ειδικά για μένα», είπε η Σέλμα. «Πώς φαίνεται ότι ζηλεύεις». Ύστερα η Σέλμα στράφηκε σ' εμένα. «Θέλω να σου πω κάτι όταν θα είμαστε οι δυο μας».

Η Σέλμα περίμενε μέχρι να σκάψουμε και το τελευταίο κομματάκι του κήπου στο διάλειμμα. Βέβαια, απέμενε ένα πολύ σκληρό κομμάτι με αρκετά τούβλα μέσα στο χώμα, αλλά η κυρία Γελασίδου είπε ότι υπήρχε μεγάλη πιθανότητα να πεταχτεί ως το σχολείο μέσα στις γιορτές και να το σπάσει λίγο λίγο τώρα που η μέση της ήταν καλύτερα.

«Τίνα, εγώ δε σου έχω πάρει χριστουγεννιάτικο δώρο», είπε η Σέλμα.

«Δεν πειράζει».

«Νιώθω άσχημα γι' αυτό. Και το θέμα είναι ότι... εσύ είσαι το... το χριστουγεννιάτικο δώρο μου», μου αποκάλυψε.

«Τι εννοείς;»

«Κάναμε μια συζήτηση για τα Χριστούγεννα με τη μαμά μου, και ρωτούσε εμένα και τον αδελφό μου τον Σαμ τι θέλαμε. Ο μικρός Τζόελ είναι πολύ

μικρός ακόμη για να ζητήσει κάτι, μια και δε μιλάει. Ο Σαμ ζητούσε ένα κάρο αηδίες, και εγώ είπα ότι το μόνο που ήθελα ήταν να έρθεις μια μέρα για τσάι». Στα λόγια αυτά η Σέλμα έγινε κατακόκκινη και δε με κοιτούσε καταπρόσωπο.

«Τι... τι ωραία», είπα αβέβαια. Συμπαθούσα τη Σέλμα και πέρασα ωραία όταν ήρθε στο σπίτι μου για τσάι. Όμως κάθε άλλο παρά με συγκινούσε η ιδέα να πάω εγώ για τσάι στο σπίτι της. Δε μου άρεσε το ύφος των μικρότερων αδελφών της. Η μαμά της έδειχνε πολύ άγρια. Και η ίδια η Σέλμα είχε πει ότι ο πατριός της μπορούσε να γίνει πολύ κακός και τρομακτικός. Όσο περισσότερο το συλλογιζόμουν, τόσο βεβαιωνόμουν ότι δεν είχα καμία διάθεση να πάω για τσάι στο σπίτι της Σέλμα – αλλά δεν ήθελα να την πληγώσω.

«Θα έρθεις λοιπόν!» αναφώνησε η Σέλμα και το πρόσωπό της έλαμψε. «Τι λες γι' αυτό το Σάββατο; Πες ναι, σε παρακαλώ!»

«Να, ξέρεις, πρέπει πρώτα να ρωτήσω τη μαμά μου...» τραύλισα διστακτικά. «Υπάρχει περίπτωση να μη με αφήσει γιατί... γιατί θα χρειαστεί βοήθεια με τις αγορές των χριστουγεννιάτικων δώρων και τις ετοιμασίες».

«Θα ρωτήσω εγώ για σένα», προσφέρθηκε η Σέλμα.

Όταν όλες οι μαμάδες ήρθαν να μας πάρουν στο σχόλασμα, η Σέλμα όρμησε σαν σίφουνας στην αυλή, παρέκαμψε τη δική της μαμά και ρίχτηκε στη δική μου.

«Μπορεί η Τίνα να έρθει για τσάι στο σπίτι μου το Σάββατο;» είπε γρήγορα.

Η μαμά αιφνιδιάστηκε. Το ίδιο και η Φιλ κι η Μάντι. Και η μαμά της Σέλμα φάνηκε έκπληκτη.

«Σέλμα, είναι πολύ γλυκό που την προσκαλείς, αλλά να... ξέρεις...» μάσαγε τα λόγια της η μαμά, αναζητώντας προφανώς μια δικαιολογία.

«Ξέρω ότι θα είστε απασχολημένη με τις γιορτινές ετοιμασίες, αλλά έχετε τη Φιλ και τη Μάντι να βοηθήσουν. Αχ, αφήστε την Τίνα να έρθει. Θέλει πολύ να έρθει, έτσι δεν είναι, Τίνα;»

Η Σέλμα με σκούντησε και έτσι έγνεψα καταφατικά.

«Μήπως όμως θα είναι και η δική σου μαμά απασχολημένη;» είπε η δική μου, κοιτάζοντας την κυρία Τζόνσον.

«Ναι, αλλά το υποσχέθηκα στη Σέλμα μας», απάντησε εκείνη. Αναγκάστηκε να μιλήσει δυνατά, γιατί ο Σαμ είχε πάρει το μπιμπερό του Τζόελ κι εκείνος τσίριζε. «Σκάστε, ζιζάνια! Οπότε κανονίστηκε για Σάββατο απόγευμα στο σπίτι μας. Μένουμε στην οδό Τέρνερ 93, στο συγκρότημα Πέιντερς. Ξέρετε πού είναι;»

Η μαμά έγνεψε καταφατικά. Το συγκρότημα Πέιντερς

ήταν δυο δρόμους μόνο πίσω από τον δικό μας και όμως δεν είχαμε πάει ποτέ εκεί. Είχε τη φήμη πολύ τρομακτικού μέρους.

«Καλύτερα να δούμε πώς θα ξυπνήσει η Τίνα το πρωί του Σαββάτου. Είχε μια αδιαθεσία τις τελευταίες μέρες, ελπίζω να μην κόλλησε καμιά ίωση...» ψέλλιζε η μαμά, αλλά η κυρία Τζόνσον είχε ήδη στρίψει το καρότσι με τον Τζόελ μέσα, τον Σαμ να τσιρίζει από δίπλα και τη Σέλμα να μου κουνάει το χέρι χαρούμενα.

«Αχού, μπλέξιμο», μονολόγησε η μαμά.

«Δε γίνεται να αφήσεις την Τίνα μας να πάει για τσάι στη Σέλμα!» είπε η Φιλ αναστατωμένη.

«Θα φοβόσουν για τα καλά, έτσι δεν είναι, Τίνα;» είπε η Μάντι.

Με αγκάλιασαν και οι δυο τους. Εγώ έσπευσα να ελευθερωθώ από το κράτημά τους. Φοβόμουν, μα δεν ήθελα να το παραδεχτώ. Και η Σέλμα ήταν φίλη μου. Λαχταρούσε πολύ να πάω για τσάι στο σπίτι της, περισσότερο από ένα κανονικό χριστουγεννιάτικο δώρο.

«Θέλω να πάω», δήλωσα αποφασιστικά.

«Δεν το βρίσκω καλή ιδέα», είπε μαλακά η μαμά. «Θα ήταν διαφορετικά αν προσκαλούνταν και η Φιλ με τη Μάντι, αλλά δε μου αρέσει η σκέψη να βρίσκεσαι εκεί μόνη σου».

«Ναι, αλλά εσύ άφησες τη Φιλ να πάει για τσάι με τη Νίρα μόνη της. Και η Μάντι πήγε σε αγώνα ποδοσφαίρου με τον Χάρι και τον μπαμπά του μόνη της», αντέτεινα.

«Το ξέρω, αλλά...» Η μαμά δεν ήθελε να πει ευθέως ότι η Σέλμα και η οικογένειά της και το διαμέρισμά τους ήταν τρομακτικά. «Ας δούμε τι θα πει ο μπαμπάς», είπε τελικά.

Η μαμά είχε την πεποίθηση ότι ο μπαμπάς θα έλεγε ένα αυστηρό *όχι* και έτσι θα έκλεινε το θέμα. Εντούτοις, ο μπαμπάς έκανε τη μεγάλη έκπληξη.

«Πιστεύω ότι η Τίνα πρέπει οπωσδήποτε να πάει για τσάι με τη Σέλμα», δήλωσε.

«Δεν είμαι καθόλου σίγουρη ότι θα περάσει καλά. Μην ξεχνάς ότι η Σέλμα ήταν το κορίτσι που της έκανε τον βίο αβίωτο τους πρώτους μήνες της σχολικής χρονιάς», του θύμισε η μαμά.

«Ναι, αλλά τώρα πια δε μαλώνουν. Μου φάνηκε καλό κοριτσάκι όταν ήρθε στο σπίτι μας τις προάλλες. Ο πατέρας μου τη συμπάθησε ιδιαίτερα. Πιστεύω ότι η Τίνα μας θα περάσει καταπληκτικά αν την αφήσουμε να πάει. Έχεις αρχίσει και τη συμπαθείς πολύ τη Σέλμα, ματάκια μου;» Ο μπαμπάς γλίστρησε το χέρι του γύρω μου και εγώ έγνεψα καταφατικά – αν και ένα μέρος μου ήθελε να μη με αφήσει ο μπαμπάς να πάω.

Όμως αποφασίστηκε. Θα πήγαινα για τσάι στο σπίτι της Σέλμα το Σάββατο.

Η Φιλ, η Μάντι και εγώ πάντα φορούσαμε την αλλαξιά του παιχνιδιού το Σάββατο. Από μέσα είχαμε μπλουζάκια σε διαφορετικά χρώματα (η Φιλ γαλάζιο, η Μάντι κόκκινο και εγώ πράσινο) και απ' έξω σαλοπέτες με τσεπάκια. Μου άρεσε η σαλοπέτα μου, αλλά τον τελευταίο καιρό στενοχωριόμουν όταν τη φορούσα, γιατί συνήθιζα να έχω μαζί μου το Μωρό μέσα στο τσεπάκι.

Συλλογιζόμουν το Μωρό όλο το πρωινό. Δεν είχα όρεξη να φάω το μεσημεριανό μου. Και στις δυόμισι, όταν η μαμά είπε ότι ήταν ώρα να φεύγουμε, ξεστόμισα: «Τελικά, δε νομίζω ότι θέλω να πάω για τσάι στη Σέλμα!»

«Καλά, βρε Τίνα, τώρα μου το λες;» διαμαρτυρήθηκε η μαμά. «Τώρα είναι αργά για να αλλάξεις γνώμη. Μόλις φτάσεις εκεί, θα δεις που θα περάσετε όμορφα».

«Δε νομίζω ότι θα περάσω όμορφα», είπα με μια τόση δα φωνούλα.

«Καημένη Τίνα», είπε η Φιλ, τυλίγοντας το μπράτσο της γύρω από τους ώμους μου. «Μην την αναγκάσεις να πάει, μαμά».

«Φουκαριάρα Τίνα», αναστέναξε η Μάντι, γλιστρώντας κι εκείνη το μπράτσο της γύρω μου. «Ακόμα και εγώ θα αγχωνόμουν λίγο αν ήταν να πάω για τσάι στης Σέλμα».

«Κόρες, να λείπουν τα πολλά λόγια», παρενέβη η μαμά. «Ντυθείτε και εσείς. Θα πάμε την Τίνα στο συγκρότημα Πέιντερς και θα δούμε πώς αισθάνεται μόλις φτάσουμε εκεί. Αν τότε είσαι αποφασισμένη ότι δε θέλεις να πας, Τίνα, θα χτυπήσουμε την πόρτα της Σέλμα και θα της εξηγήσουμε ευγενικά ότι δεν αισθάνεσαι καλά. Είσαι πράγματι λίγο χλωμή, αγάπη».

Αισθανόμουν ακόμα πιο καταβεβλημένη μόλις φτάσαμε στο περίφημο συγκρότημα Πέιντερς. Η Φιλ, η Μάντι και εγώ κρατιόμασταν από το χέρι σφιχτά. Υπήρχαν συμμορίες αγοριών πάνω σε σκέιτμπορντ που περνούσαν ξυστά από εμάς και μας τρόμαζαν. Συμμορίες μεγαλύτερων κοριτσιών μάς περιγελούσαν και μας έβριζαν. Η μαμά τούς είπε να κοιτούν τη δουλειά τους και εκείνες τσίριξαν από τα γέλια και την έβρισαν ακόμα χειρότερα.

«Ως εδώ και μη παρέκει!» είπε η μαμά οργισμένα. «Ελάτε, κορίτσια, γυρίζουμε σπίτι μας».

Εκείνη ακριβώς τη στιγμή ακούσαμε κάποιον να φωνάζει πάνω από το κεφάλι μας.

«Τίνα! Τίνα! Έι, *Τίνα*!» Ήταν η Σέλμα, που κρεμόταν από ένα ψηλό, στενό μπαλκονάκι, και χειρονομούσε και φώναζε ενθουσιασμένα. «Περίμενε εκεί! Θα έρθω να σε πάρω!»

Αναγκαστικά λοιπόν περιμέναμε. Η Σέλμα όρμησε έξω από το ασανσέρ και ρίχτηκε στην αγκαλιά μου. «Ήρθες! Φοβόμουν πως δε θα έρθεις! Θα περάσουμε τέλεια! Έλα επάνω!» είπε περιχαρής.

«Ξέρεις, Σέλμα», άρχισε να λέει η μαμά, «λυπάμαι πολύ, αλλά η Τίνα είναι λίγο αδιάθετη σήμερα. Θα τηλεφωνούσα στη μητέρα σου για να την ενημερώσω, αλλά δεν έχω το τηλέφωνό της. Δεν είμαι σίγουρη ότι η Τίνα είναι αρκετά καλά ώστε να έρθει για τσάι».

Η όψη της Σέλμα συννέφιασε. Τα μάτια της βούρκωσαν.

Δεν το άντεξα. «Είμαι αρκετά καλά, μαμά», δήλωσα σταθερά. «Έλα να με πάρεις αργότερα, σύμφωνοι; Πάμε, Σέλμα!»

Και τρέξαμε μαζί, πιασμένες χέρι χέρι.

Κεφάλαιο 19

Το διαμέρισμα της Σέλμα ήταν φανταστικό. Το είχα φανταστεί θλιβερό και άχρωμο, επειδή η Σέλμα δεν είχε ωραία ρούχα και ποτέ δεν είχε χρήματα για ξόδεμα. Πόσο λάθος έκανα!

Η τηλεόρασή της ήταν σχεδόν τόσο μεγάλη όσο ο τοίχος του σαλονιού. Ήταν σαν να πήγαινες σινεμά! Άλλη μια τηλεόραση δέσποζε στην κουζίνα, και ακόμα μία στο δωμάτιο της Σέλμα και του Σαμ. Εμείς διαθέταμε μονάχα μία τηλεόραση στο σπίτι μας και αυτή ήταν μικρή.

Το σπίτι της είχε δυο πολύ μεγάλους δερμάτινους καναπέδες, σχεδόν ολοκαίνουριους, και μαλακούς σαν μπαμπάκι, έτσι που βούλιαζες στο εσωτερικό τους. Υπήρχε επίσης μια ταιριαστή μεγάλη μαύρη δερμάτινη πολυθρόνα με μαλακό μαύρο δερμάτινο ταμπουρέ. Εμείς είχαμε έναν καναπέ μονάχα, και στριμωχνόμασταν απίστευτα όταν οι γονείς, οι αδελφές μου και εγώ προσπαθούσαμε να χωρέσουμε όλοι μαζί. Οι πολυθρόνες μας δεν ταίριαζαν και δεν είχαμε ταμπουρέ.

Τα πάντα ήταν όμορφα συνταιριασμένα στο διαμέρισμα της Σέλμα. Οι πετσέτες στο μπάνιο ήταν όλες στο ίδιο σχέδιο, απλώς σε διαφορετικά μεγέθη, και ταίριαζαν με το χνουδωτό πατάκι. Όλες οι πετσέτες στο σπίτι μας είχαν διαφορετικά χρώματα και το πατάκι του μπάνιου δεν ήταν χνουδωτό και αφράτο πια. Έριξα μια κλεφτή ματιά στο υπνοδωμάτιο της μαμάς της Σέλμα, και αντίκρισα τα πιο απίστευτα λεοπάρ στρωσίδια. Εκεί ήταν και η κούνια του μικρού Τζόελ. Η κουβερτούλα του είχε σχέδια ζούγκλας, και δίπλα στο μαξιλαράκι του υπήρχε μια λούτρινη λεοπάρδαλη.

Φαντάστηκα ότι το δωμάτιο της Σέλμα θα ήταν εξίσου σούπερ, όμως ήταν αναγκασμένη να το μοιράζεται με τον αδελφό της τον Σαμ, και ήταν λίγο ακατάστατο και ξέχειλο από τα δικά του παιχνίδια. Τα δυο αδέλφια δεν είχαν ταιριαστά παπλώματα. Ο Σαμ είχε τον Τόμας το τρενάκι. Μικρή η Μάντι είχε την ίδια ακριβώς παπλωματοθήκη. Η Σέλμα είχε ροζ πάπλωμα με νεράιδες. Κοκκίνισε όταν με είδε να το παρατηρώ.

«Το είχα αυτό το ηλίθιο πάπλωμα από όταν ήμουν μικρή. Τι μωρουδίστικο», βιάστηκε να πει.

«Είναι πολύ ωραίο. Μακάρι να είχα και εγώ πάπλωμα με νεράιδες», είπα.

Η Σέλμα είχε ένα μουσικό κουτί με νεράιδες, αλλά δεν έπαιζε όταν δοκίμασα να ανοίξω το καπάκι.

«Ο Σαμ το χάλασε», με πληροφόρησε.

Η Σέλμα είχε και μια κούκλα νεράιδα, αλλά τα μαλλιά της ήταν μαδημένα και το πρόσωπό της ήταν μουντζουρωμένο.

«Ο Σαμ το έκανε και αυτό;» τη ρώτησα.

«Δεν παλεύεται ο Σαμ. Ούτε ο Τζόελ. Ούτε ο πανηλίθιος πατέρας τους», είπε φουρκισμένη η Σέλμα.

Δεν μπορούσαμε να παίξουμε στο δωμάτιο της Σέλμα, επειδή ο Σαμ ήρθε μέσα και προξένησε μεγάλη αναστάτωση και μας χάλασε όλα μας τα παιχνίδια.

«Ξεκουμπίσου, μικρόβιο», έκανε η Σέλμα.

«Όχι! Είναι και δικό μου δωμάτιο», φώναξε ο Σαμ.

Η Σέλμα επιχείρησε να τον βγάλει έξω με το ζόρι. Αυτός την κλότσησε και την έφτυσε. Η Σέλμα τον έσπρωξε δυνατότερα και ο μικρός έπεσε κάτω. Δε χτύπησε, παρ' όλα αυτά όμως έμπηξε τις φωνές.

«Θα το πω στον μπαμπά μου», είπε ο Σαμ, προτάσσοντας το σαγόνι του.

«Σκασίλα μου μεγάλη και δέκα παπαγάλοι», του αντιγύρισε η Σέλμα.

Ο μικρός δε μας άφηνε σε χλωρό κλαρί, έτσι φύγαμε από το δωμάτιο και κλειδωθήκαμε στο μπάνιο. Εκεί είχε πολύ περισσότερη ησυχία. Η μαμά της Σέλμα φυλούσε τα υλικά του μακιγιάζ της στο ντουλάπι του μπάνιου, οπότε η Σέλμα και εγώ διασκεδάσαμε με την ψυχή μας φορώντας άι λάινερ και σκιές ματιών και κραγιόν. Δείχναμε σχεδόν σαν μεγάλες.

«Καλύτερα να ξεπλυθούμε, αλλιώς η μαμά θα παλαβώσει», είπε η Σέλμα.

Ξεβαφτήκαμε όσο καλύτερα μπορούσαμε. Λίγο από το μακιγιάζ ματιών λέρωσε την πετσέτα, και η Σέλμα έσπευσε να τη ρίξει στο καλάθι των απλύτων. Ύστερα παίξαμε σαπουνόφουσκες στον νιπτήρα με το σαπούνι. Παριστάναμε τις κυρίες σε τηλεοπτική διαφήμιση. Η Σέλμα ξάπλωσε μέσα στην άδεια μπανιέρα, προσποιούμενη ότι σαπουνίζεται. Μας ήρθαν δάκρυα στα μάτια από τα πολλά γέλια.

Ο Σαμ βάλθηκε να κλαψουρίζει έξω από την πόρτα, λέγοντας ότι κατουριόταν.

Ώσπου κάποια στιγμή η κυρία Τζόνσον χτύπησε την πόρτα. «Για βγείτε, κορίτσια», μας είπε. «Αφήστε τον μικρό να μπει, αλλιώς θα κατουρηθεί πάνω στη φλοκάτη μου».

Ξεκαρδιστήκαμε στα γέλια ακόμα περισσότερο και βγήκαμε έξω κρατώντας την κοιλιά μας.

«Πώς κακαρίζετε έτσι οι δυο σας;» παρατήρησε η κυρία Τζόνσον, μα δεν ήταν καθόλου θυμωμένη.

Πήγαμε όλοι στο σαλόνι και παρακολουθήσαμε ένα DVD όλοι μαζί. Η μαμά αφήνει τη Φιλ, τη Μάντι και εμένα να παρακολουθούμε μονάχα παιδικές ταινίες, αλλά αυτό ήταν κανονική ταινία για μεγάλους, και ήταν πολύ τρομακτική. Η κυρία Τζόνσον δεν είχε κανένα πρόβλημα που την παρακολουθούσαμε. Ο Σαμ χοροπηδούσε από τη χαρά του όταν κάποιος από τους άντρες έκανε κάτι πολύ βίαιο. Ο μικρούλης Τζόελ μπουσουλούσε γύρω γύρω ευτυχισμένα, χωρίς να ενοχλείται από τις κραυγές και τα πιστολίδια στην οθόνη.

Προσπαθούσα να μη βλέπω κανονικά, σφαλίζοντας τα μάτια μου όποτε συνέβαινε κάτι πολύ βίαιο.

«Είσαι εντάξει, Τίνα;» με ρώτησε η Σέλμα. «Φοβερή ταινία, ε;»

«Ναι, τέλεια», είπα αδύναμα.

Αισθάνθηκα ανακούφιση όταν ο πατριός της Σέλμα μπήκε στο σπίτι και σταματήσαμε να παρακολουθούμε την ταινία. Τον φανταζόμουν πολύ άγριο και τρομακτικό –ήξερα ότι η Σέλμα δεν τον συμπαθούσε καθόλου– αλλά φάνηκε ιδιαίτερα ευχάριστος και φιλικός άνθρωπος αρχικά.

«Εσύ είσαι λοιπόν η μικρή Δροσοσταλίτσα», μου είπε. «Λίγο πιο μικροκαμωμένη να ήσουν και θα χωρούσες στην τσέπη μου. Για φαντάσου, ένα κοριτσάκι μικρό σαν δροσοσταλιά να είναι φίλη με τη μεγαλόσωμη Σέλμα μας!»

«Καλησπέρα, κύριε Τζόνσον», είπα ντροπαλά.

«Δεν είμαι ο κύριος Τζόνσον, καλή μου. Είμαι ο κύριος Μπάρλοου, αλλά μπορείς να με φωνάζεις Τζέισον. Έχεις πολύ καλούς τρόπους. Η Σέλμα μπορεί να μάθει πολλά από σένα».

Η Σέλμα τον αγριοκοίταξε.

«Βλέπεις τι εννοώ», είπε ο Τζέισον. «Έτσι με κατακεραυνώνει όποτε μπαίνω στο σπίτι! Λεβέντες μου, εσείς χαίρεστε που με βλέπετε;»

Ο Τζέισον σήκωσε ψηλά τον μικρούλη Τζόελ και τον γαργάλησε ώσπου αυτός τσίριξε, και μετά πάλεψε στα ψέματα με τον Σαμ.

«Προσοχή στα έπιπλα», ακούστηκε η κυρία Τζόνσον. «Είναι ώρα νομίζω να φροντίσω για το φαγητό».

Πάντως δε μαγείρεψε. Τηλεφώνησε στην πιτσαρία και παρήγγειλε πέντε σπέσιαλ πίτσες με σος μπάρμπεκιου μαζί με δέκα μπρουσκέτες, δυο μεγάλες συσκευασίες παγωτού cookies and cream και τρεις δίλιτρες κόκα κόλες. Άκουγα με το στόμα ανοιχτό. Η μαμά αφήνει τη Φιλ, τη Μάντι και εμένα να παραγγέλνουμε πίτσα μαργαρίτα, και μοιραζόμαστε μία πίτσα οι τρεις μας. Δεν παραγγέλνουμε μαζί μπρουσκέτες ή παγωτό, και πολύ σπάνια μου επιτρέπουν να πιω κόκα κόλα, και μόνο στα πάρτι. Αχ, ήμουν πολύύυυ χαρούμενη που αποφάσισα να έρθω για τσάι στη Σέλμα.

Τη συμπαθούσα πάρα πολύ πλέον. Ίσως και να καλόβλεπα το ενδεχόμενο να γινόταν η Σέλμα κολλητή μου τελικά. Η μαμά της μου συμπεριφερόταν όμορφα. Ο Σαμ ήταν λίγο μπελάς εδώ που τα λέμε, αλλά ο μικρός Τζόελ ήταν μια χαρά, εκτός αν σε πλησίαζε πολύ και σε γέμιζε σάλια. Ο πατριός της Σέλμα μού φαινόταν κάπως οκέι, αν και δε μου άρεσε ο τρόπος που της μιλούσε.

Όταν απευθυνόταν σ' εμένα ήταν μια χαρά. Μάλιστα, έκανε ιδιαίτερη προσπάθεια να συζητήσει μαζί μου, ρωτώντας με για τις αδελφές μου.

«Πρέπει να είναι πολύ ωραίο να είσαι τρίδυμη», είπε ο Τζέισον. «Προπαντός αν και οι δύο οι αδελφές σου είναι γλυκές όπως εσύ. Δεν ξέρω αν εμείς θα τα φέρναμε βόλτα εάν η Σέλμα ήταν μια από τρεις αδελφές!»

«Ούτε εγώ ξέρω αν θα την πάλευα έτσι κι εσύ ήσουν τρίδυμος», παρενέβη η Σέλμα προτάσσοντας το σαγόνι της.

«Πρόσεξε τη γλώσσα σου», της είπε αυστηρά ο Τζέισον. «Αλλιώς θα δεις τι σε περιμένει!»

Ίσως να μην τον συμπαθούσα τελικά. Έβαλα τα δυνατά μου όμως να είμαι ευγενική, ελπίζοντας να μη θυμώσει πολύ με τη Σέλμα. Του περιέγραψα τις εργασίες που κάναμε για τον πεταλουδόκηπο, επισημαίνοντας πόσο καταπληκτική υπήρξε η Σέλμα, που ανέλαβε σχεδόν εξ ολοκλήρου το σκάψιμο του κήπου.

«Η Σέλμα μας; Αυτό και αν είναι έκπληξη! Στο σπίτι δε βοηθάει σε τίποτα», είπε ο Τζέισον.

«Και πού το ξέρεις εσύ;» του πέταξε η Σέλμα. Αφού δεν είσαι ποτέ εδώ, ευτυχώς δηλαδή. Ή στην παμπ θα είσαι ή στο προπατζίδικο».

Το στομάχι μου σφίχτηκε.

Ο Τζέισον την αγριοκοίταξε. «Για να εξηγούμαστε, νεαρή μου: άλλη μια φορά να μου μιλήσεις έτσι και θα πας αμέσως για ύπνο, είτε έχεις τη γλυκιά φίλη σου εδώ είτε όχι», της είπε.

Η Σέλμα ξεροκατάπιε. Της έριξα μια πλάγια ματιά σαν να της έλεγα να μην πει άλλη κουβέντα.

Για καλή μας τύχη, ο Σαμ ξεκίνησε τα δικά του, πετώντας τα μαξιλάρια του καναπέ ολόγυρα και χοροπηδώντας επάνω τους.

«Έι! Μην πειράζεις τα μαξιλάρια, τερατάκι!» είπε η κυρία Τζόνσον.

«Και εγώ είμαι ο Μεγάλος Μπαμπάς Τέρας και θα σε πιάσω στα χέρια μου», είπε δήθεν απειλητικά ο Τζέισον και βάλθηκε να σέρνεται στο πάτωμα, κάνοντας γκριμάτσες και βγάζοντας μουγκρητά.

Ο Σαμ τσίριζε από τα γέλια. Ο Τζέισον άρχισε να παλεύει μαζί του και οι δυο τους κυλιούνταν καταγής. Έμεινα να τους κοιτώ, διερωτώμενη γιατί ο Τζέισον άφηνε τα αγόρια να κάνουν ό,τι θέλουν και ήταν τόσο πια επικριτικός απέναντι στη Σέλμα. Της έριξα μια φευ-

γαλέα ματιά και εκείνη γύρισε τα μάτια στο ταβάνι.

Εκείνη ακριβώς τη στιγμή ακούστηκε το κουδούνι. Κατέφθασαν οι πίτσες, οι μπρουσκέτες, τα παγωτά και οι κόκα κόλες. Δεν ήμασταν υποχρεωμένοι να καθίσουμε στο τραπέζι με πιάτα και μαχαιροπίρουνα. Μείναμε καθισμένοι στις θέσεις μας και φάγαμε μέσα από τις συσκευασίες. Είχε περισσότερη πλάκα έτσι.

Η κυρία Τζόνσον, ο Τζέισον, η Σέλμα και εγώ φάγαμε από μια πίτσα ο καθένας και δύο μπρουσκέτες, κι ήπιαμε ένα μεγάλο ποτήρι κόκα κόλα. (Το παγωτό μπήκε στην κατάψυξη για αργότερα.) Ο Σαμ κατάφερε να φάει τα τρία τέταρτα μιας πίτσας, μια μπρουσκέτα και μια κούπα αναψυκτικό. Το μωρό έφαγε το ένα τέταρτο μιας πίτσας, μια μπρουσκέτα και ένα μπιμπερό αναψυκτικό.

Τη λάτρεψα την πίτσα μου... εκτός από τα κρεμμύδια, που ήταν λίγο αηδία. Αποφάσισα ότι θα την έτρωγα ολόκληρη (εκτός από τα κρεμμύδια). Αργότερα θα κοκορευόμουν στη Φιλ και τη Μάντι. Αλλά όσο περισσότερο έτρωγα, τόσο μεγάλωνε στα μάτια μου η πίτσα. Τα κρεμμύδια γιγαντώνονταν. Δίσταζα να δαγκώσω κάθε φέτα, σε περίπτωση που πετύχαινα κρεμμύδι.

Η Σέλμα με είδε διστακτική. «Τι τρέχει; Δε σου αρέσει;» με ρώτησε, ενόσω οι υπόλοιποι ήταν απασχολημένοι να χτυπούν το μωρό στην πλάτη γιατί στραβοκατάπιε το κομμάτι του.

«Δε μου αρέσουν τα κρεμμύδια», σφύριξα.

«Κανένα πρόβλημα. Θα τα πάρω εγώ», προσφέρθηκε η Σέλμα. Βάλθηκε να τσιμπάει τα κρεμμύδια μου ένα προς ένα, ενώ εγώ της χαμογελούσα με ευγνωμοσύνη.

«Τι κάνεις εκεί, Σέλμα;» ρώτησε απότομα ο Τζέισον. «Άσε κάτω την πίτσα της Τίνα! Δε σου φτάνει η δική σου;»

«Δεν υπάρχει πρόβλημα, Τζέισον, απλώς παίρνει τα κρεμμύδια μου. Δε μου αρέσουν πολύ», βιάστηκα να εξηγήσω.

«Είδες;» του πέταξε θυμωμένα η Σέλμα. «Για να μάθεις να χώνεις τη μεγάλη μύτη σου παντού». Έπειτα αποκάλεσε τον Τζέισον με μια βρισιά. Μουρμούρισε τη λέξη μέσα από τα δόντια της, αλλά εγώ την άκουσα. Το ίδιο και ο Τζέισον.

«Ως εδώ και μη παρέκει! Στο κρεβάτι σου αμέσως!» είπε ο Τζέισον έξω φρενών.

«Έλα τώρα, Τζέισον, άσε το παιδί να φάει την πίτσα του!» παρενέβη η κυρία Τζόνσον.

«Την είχα προειδοποιήσει. Σήκω αυτή τη στιγμή!» φώναξε ο Τζέισον και σήκωσε όρθια τη Σέλμα σπρώχνοντάς την προς την πόρτα.

Η Σέλμα έβαλε τα κλάματα και ο Τζέισον την κορόιδεψε, παριστάνοντας ότι κλαίει και αυτός. Ο Σαμ το βρήκε πολύ αστείο και ξεκαρδίστηκε στα γέλια. Εγώ ανακατεύτηκα.

Τότε η Σέλμα έφυγε και εγώ έμεινα μόνη στο καθιστικό με τούτη την παράξενη οικογένεια.

«Φάε το φαγητό σου, μικρή Τίνα», με προέτρεψε ο Τζέισον, με φωνή ήρεμη τώρα. «Δεν ήθελες τη Σέλμα να σκαλίζει το φαγητό σου, έτσι δεν είναι;»

Δεν τόλμησα να τον αντικρούσω, αν και αισθανόμουν ότι πρόδιδα φριχτά τη Σέλμα. Η δική της πίτσα και οι μπρουσκέτες κρύωναν. Πάσχιζα να φάω περισσότερη από τη δικιά μου, αλλά δυσκολευόμουν γιατί το στομάχι μου είχε γίνει κόμπος. Πήρα μια μπουκιά γεμάτη κρεμμύδια και αναγούλιασα.

«Μπορώ να πάω στο μπάνιο, παρακαλώ;» είπα βιαστικά και πετάχτηκα έξω από το καθιστικό.

Έκανα εμετό. Ποτέ μου δεν είχα κάνει εμετό μόνη μου. Πάντα είχα τον μπαμπά και τη μαμά από δίπλα να μου κρατούν το μέτωπο και να με σκουπίζουν μετά. Τώρα έπρεπε να πλύνω το πρόσωπό μου και να πιω λίγο νερό ολομόναχη.

Όταν με τα πολλά έπαψα να τρέμω και αισθάνθηκα κάπως καλύτερα, βγήκα από το μπάνιο αθόρυβα και πάτησα στο χαλί στις μύτες των ποδιών μου μέχρι το δωμάτιο της Σέλμα. Η πόρτα της ήταν ανοιχτή και άκουγα πνιχτά αναφιλητά.

Προχώρησα αθόρυβα ως την πόρτα της και δρασκέλισα το κατώφλι. Η Σέλμα ήταν κουλουριασμένη σαν μπάλα πάνω στο κρεβάτι της, και καυτά δάκρυα αυλάκωναν τα μάγουλά της. Βαστούσε κάτι στο χέρι της, ψιθυρίζοντας.

Ζύγωσα περισσότερο, διερωτώμενη τι ήταν αυτό. Διέκρινα ένα κεφαλάκι να προεξέχει από την παλάμη της Σέλμα. Ένα πορσελάνινο κεφαλάκι.

«Μωρό!» αναφώνησα ανάστατη.

Η Σέλμα αναπήδησε. Έχωσε το χέρι της κάτω από το μαξιλάρι της. «Τι;» μουρμούρισε.

«Αυτό είναι το Μωρό! Το δικό μου Μωρό! Όλον αυτό τον καιρό το είχες εσύ!» είπα θυμωμένη. «Δεν το πέταξες μέσα στην τουαλέτα, αλλά το έκλεψες!»

«Όχι βέβαια! Ποιο Μωρό; Δεν έχω κανένα αναθεματισμένο Μωρό – βλέπεις;» Η Σέλμα μού έδειξε τις δυο αδειανές παλάμες της.

Όμως ήξερε εκείνη όπως ήξερα και εγώ ότι το Μωρό βρισκόταν κάτω από το μαξιλάρι της.

«Δώσ' μου πίσω το Μωρό! Πίστευα ότι ήσουν φίλη μου! Ήμασταν φίλες τόσους μήνες και εσύ το κρατούσες όλον αυτό τον καιρό!» φώναξα.

«Τα 'χεις χαμένα, μου φαίνεται! Δεν έχω κανένα Μωρό εγώ! Φύγε από το δωμάτιό μου, Ζουζουνάκι», φώναξε η Σέλμα.

«Έι, έι!» Ήταν ο Τζέισον. «Τσακώνεστε τώρα; Τι σου είπε, Τίνα; Πες μου και θα της δώσω ένα γερό μάθημα!»

Η Σέλμα με κοίταξε. Η μύτη της έτρεχε και τα μάτια της το ίδιο. Ήμουν έξαλλη μαζί της και λαχταρούσα απεγνωσμένα να πάρω πίσω το Μωρό, αλλά δε γινόταν να τη μαρτυρήσω.

«Δεν έχει κάνει τίποτα», τραύλισα και τότε έβαλα τα κλάματα κι εγώ.

Κεφάλαιο 20

Δεν τα είπα χαρτί και καλαμάρι στη μαμά όταν ήρθε να με πάρει. Βασικά δεν της είπα τίποτα για το απόγευμά μου. Απλώς έσκυψα το κεφάλι μου και δεν απάντησα όταν με ρώτησε αν πέρασα καλά.

Η μαμά με αγκάλιασε. «Κάτι μου λέει ότι δεν πέρασες καλά», μου είπε. «Δεν πειράζει, ματάκια μου. Δεν υπάρχει λόγος να ξαναπάς ποτέ, αν δεν το επιθυμείς».

Από την άλλη, η Φιλ και η Μάντι με πέρασαν από ανάκριση τρίτου βαθμού μόλις πέσαμε στα κρεβάτια μας.

Έμειναν μ' ανοιχτό το στόμα όταν τους αποκάλυψα ότι έφαγα μια σπέσιαλ πίτσα με σος μπάρμπεκιου και δυο μπρουσκέτες και ένα μεγάλο ποτήρι κόκα κόλα. (Δεν κατόρθωσα να φάω το παγωτό γιατί ήμουν υπερβολικά αναστατωμένη.)

Οι αδελφές μου αναρίγησαν όταν τους μίλησα για τον Τζέισον και πόσο τρομακτικός μπορούσε να γίνει.

«Κοίτα να δεις που αρχίζω να τη λυπάμαι τη Σέλμα», σχολίασε η Φιλ.

«Πρέπει να είναι απαίσιο να έχεις έναν πατριό που δε σε συμπαθεί», παρατήρησε η Μάντι.

«Ναι, αλλά τότε ανακάλυψα κάτι. Η Σέλμα έκλεψε το Μωρό!» τους αποκάλυψα.

«Αυτό το ξέρεις ήδη, χαζούλα», είπε η Φιλ.

«Το έριξε στην τουαλέτα του σχολείου και μετά τράβηξε το καζανάκι», είπε η Μάντι.

«Όχι, δεν το έριξε! Το έκανε στα ψέματα. Θα έκρυψε το Μωρό στο μανίκι της ή στην τσέπη της ή κάπου τέλος πάντων όταν βρισκόταν μέσα στην τουαλέτα. Επειδή το έχει ακόμη. Το είδα με τα μάτια μου! Το κρατούσε, και ήταν οπωσδήποτε το Μωρό, αλλά δεν το έδινε πίσω. Το έκρυψε ξανά και προσπάθησε να με πείσει ότι είχα άδικο, αλλά εγώ είχα δίκιο. Κρατούσε στο σπίτι της το Μωρό όλο αυτό το διάστημα, παρόλο που ήταν φίλη μου και ήξερε πόσο πολύ μου έλειπε το κουκλάκι μου», κλαψούρισα.

«Αχ, καημένη Τίνα», αναστέναξε η Φιλ.

«Μη χολοσκάς. Μόλις ξανανοίξουν τα σχολεία, θα την αντιμετωπίσουμε εμείς και θα την αναγκάσουμε να μας δώσει πίσω το Μωρό», δήλωσε αποφασισμένη η Μάντι.

«Δε νομίζω ότι τη θέλω για φίλη μου πια», βόγκηξα.

«Δεν τη χρειάζεσαι για φίλη σου – έχεις εμάς», είπε η Φιλ.

«Ναι, αλλά εσύ έχεις τη Νίρα για φίλη σου τώρα», είπα.

«Σωστά, η Νίρα είναι η κολλητή μου, και η Μάντι έχει τον Χάρι για κολλητό της, αλλά εσείς οι δύο είστε οι πιο πιο κολλητές μου! Οι... αυτοκόλλητές μου», είπε η Φιλ. «Σωστά, Μάντι;»

«Και βέβαια, έτσι είναι», επιβεβαίωσε αμέσως η Μάντι. «Είμαστε η Φιλ, η Τίνα και εγώ».

«Είμαστε η Μάντι, η Τίνα και εγώ», διόρθωσε η Φιλ.

«Είμαστε η Φιλ, η Μάντι και εγώ», είπα και αισθάνθηκα πολύ ευτυχισμένη που είχα τις δυο αδελφές μου.

Τι ωραία που ήταν που είχαμε διακοπές! Η Φιλ, η Μάντι και εγώ βοηθήσαμε τη μαμά να φτιάξει χριστουγεννιάτικο κέικ. Φτιάξαμε τις δικές μας χριστουγεννιάτικες κάρτες και πήγαμε στα καταστήματα για να αγοράσουμε δώρα. Τσοντάραμε όλες μαζί λεφτά για να αγοράσουμε ένα πορτοφόλι για τη μαμά, ένα στιλό για τον μπαμπά, ένα κραγιόν για τη γιαγιά και μάλλινες κάλτσες για τον παππού. Μπήκαμε στο κατάστημα παιχνιδιών χωριστά για να αγοράσουμε δώρα η μία στην άλλη. Αγόρασα ένα μικρό πλαστικό πόνι για τη Φιλ και ένα σακού-

λι βόλους για τη Μάντι. Πάσχιζα να μη σκέφτομαι τα φυτά που θα μπορούσα να έχω αγοράσει αντί για δώρα!

Καθημερινά, περνούσα μισή ώρα προσπαθώντας να μάθω την ορθογραφία. Η κυρία Γελασίδου μού είχε δώσει τον κατάλογο με τις πενήντα λέξεις.

Αντέγραψα καθεμιά από τις λέξεις πέντε φορές. Ήταν πολύ κοπιαστικό. Ύστερα η Φιλ και η Μάντι με εξέτασαν. Δεν τις έγραψα σωστά. Βασικά, τις περισσότερες φορές έγραφα τις λέξεις λάθος, και μετά εκνευριζόμουν με τον εαυτό μου γιατί λαχταρούσα πάρα πολύ να μαζέψω αρκετά χρήματα για τον πεταλουδόκηπό μου. Η μαμά και ο μπαμπάς θα με χρηματοδοτούσαν επίσης. Και η γιαγιά και ο παππούς και η γειτόνισσά μας, η κυρία Ρίτσαρντς. Κατέβαλλα κάθε προσπάθεια να μάθω τις λέξεις, κοιτώντας τες επίμονα ωσότου τα γράμματα χόρευαν μπροστά στα μάτια μου και δεν έβγαζαν κανένα νόημα.

Η μαμά επιχείρησε να με βοηθήσει. Και ο μπαμπάς. Αυτό όμως έκανε τα πράγματα χειρότερα: ήθελα τόσο απελπισμένα να τους ευχαριστήσω, ώστε το μυαλό μου άδειασε τελείως και δεν κατάφερνα να γράψω ούτε τις απλές λεξούλες, όπως «το» ή «και».

Ανήμερα Χριστούγεννα ήρθαν ο παππούς κι η γιαγιά και έμειναν μαζί μας μέχρι τη δεύτερη μέρα των Χριστουγέννων. Τα Χριστούγεννα περάσαμε φανταστικά, εννοείται! Οι γονείς χάρισαν στη Φιλ, στη Μάντι και σ' εμένα τρία σκούτερ – ένα σκούτερ στην καθεμιά μας! Η γιαγιά χάρισε σε όλες μας ρούχα για πριγκίπισσες με ασημένια παντοφλάκια με μικρά τακούνια. Ο παππούς μάς αγόρασε ένα επιπλέον τεράστιο σετ Lego, και ξεκινήσαμε να το χτίζουμε το ίδιο απόγευμα κιόλας και το επόμενο πρωί.

Μαντέψτε τι μου χάρισαν η Φιλ και η Μάντι! Η Φιλ μού αγόρασε ένα πλαστικό μωρό κουκλάκι και η Μάντι αγόρασε δυο σετ ρούχων για το μωράκι: ένα φουστάνι με παλτό και καπέλο, καθώς και μια ρόμπα με νυχτικό.

«Ένα καινούριο Μωρό για σένα», μου είπαν.

«Σας ευχαριστώ! Το λατρεύω!» είπα.

Δεν το αγαπούσα όσο το πρώτο μου Μωρό, και μολονότι ήταν μικρού μεγέθους, δεν ήταν τόσο μικρό όσο το Μωρό και έτσι δεν κρυβόταν στην παλάμη μου – παρ' όλα αυτά όμως ήταν πολύ γλυκούλι, και ήταν πάρα πολύ ευγενική χειρονομία από τις αδελφές μου να μου το αγοράσουν.

Ανήμερα Χριστούγεννα δεν ασχολήθηκα βέβαια με την ορθογραφία, αλλά έβγαλα την περιβόητη λίστα τη δεύτερη μέρα των Χριστουγέννων.

«Πώς τα πας με την ορθογραφία, μικρή;» με ρώτησε ο παππούς. «Πόσα χρήματα θα σκάσω;»

«Δεκάρα τσακιστή δε θα δώσεις, παππού», είπα δυστυχισμένα. «Δεν μπορώ να τις μάθω τις παλιο-λέξεις».

«Για να δούμε τι μπορούμε να κάνουμε...» είπε αργά ο παππούς. Έβγαλε τα γυαλιά του για το διάβασμα και

μελέτησε τις λέξεις. «Μάλιστα. Θυμάμαι ότι μάθαινα και εγώ κάποιες από αυτές όταν πήγαινα σχολείο. Θες να σου πω τι έκανα; Σκάρωνα αστεία τραγουδάκια για τις δυσκολότερες λέξεις. Κοίτα εδώ. Α-ι-γ-ύ-π-τ-ι-ο-ς. *Αιγύπτιος*. Τραγούδησέ το μαζί μου».

Το τραγούδησα. Και η Φιλ με τη Μάντι το τραγούδησαν. Το έμαθα απ' έξω μέσα σε τριάντα δευτερόλεπτα.

«Τέλεια! Τώρα, γράψ' το γρήγορα, Τίνα, μην το ξεχάσεις», είπε ο παππούς.

Συμμορφώθηκα, τραγουδώντας νοερά το τραγούδι – και για πρώτη φορά το «Αι» και το «υ» και το «πτ» μπήκαν στη σωστή θέση ακριβώς.

«Μου αρέσει η ορθογραφία με αυτό τον τρόπο, παππού!» είπα χαρούμενα.

«Η Τίνα έχει και τα δικά μας ονόματα στη λίστα της, παππού. Μπορείς να σκαρφιστείς ένα τραγούδι για το *Φιλίπα*;»

«Ασφαλώς. Καθίστε να σκεφτώ. Φ-ι-λ-ί-π-α. Τι λέτε γι' αυτό;» Στο λεπτό ο παππούς σκαρφίστηκε ένα γουστόζικο τραγουδάκι για τη Φιλίπα. Κατόπιν, σκάρωσε έναν σκοπό για τη Μάντι. Μ-ά-ν-τ-λ-ι-ν. *Μάντλιν*. Το έκανε αστείο και σαν σύνθημα, λίγο σαν επευφημίες ποδοσφαίρου.

Όταν ο παππούς γύρισε στο σπίτι του το βράδυ της

δεύτερης μέρας των Χριστουγέννων, είχε φτιάξει τραγουδάκια για τη μισή λίστα λέξεων, και εγώ θυμόμουν τα περισσότερα. Την Πρωτοχρονιά ξαναήρθε για να μου θυμίσει τα στιχάκια που λησμόνησα, και να φτιάξει τραγούδια για τις υπόλοιπες λέξεις.

Όπου και αν βρισκόμουν, οτιδήποτε και αν έκανα, τραγουδούσα παράλληλα τις λέξεις της ορθογραφίας. Τραγουδούσα στο πρωινό, τραγουδούσα όταν κάναμε πατίνι πάνω κάτω στο πεζοδρόμιο, τραγουδούσα όταν χτίζαμε με τα Lego, τραγουδούσα όταν παίζαμε παιχνίδια στο iPad, τραγουδούσα όταν τρώγαμε μεσημεριανό, τραγουδούσα όταν πηγαίναμε στα καταστήματα, τραγουδούσα όταν έπαιζα με το νέο Μωρό και τις κούκλες μας Monster High, τραγουδούσα όταν ταΐζαμε τα χαμστεράκια μας, τραγουδούσα όταν παίρναμε το τσάι μας, τραγουδούσα όταν παρακολουθούσαμε τηλεόραση, τραγουδούσα όταν πέφταμε για ύπνο.

«Μπορεί να μαθαίνεις ορθογραφία, αλλά το τραγούδι από το πρωί ως το βράδυ μάς σπάει τα νεύρα ώρες ώρες», είπε κάποτε η Φιλ.

«Αν δεν ήξερα πόσο σημαντικός είναι για σένα ο πεταλουδόκηπος, θα σου έχωνα το μαξιλάρι στο στόμα. Εναλλακτικά, θα σε κοπανήσω με αυτό», είπε γελώντας η Μάντι. Το 'πε και το 'κανε.

Έτσι ξεκίνησε ένας ξεγυρισμένος μαξιλαροπόλεμος και τσιρίζαμε όλες από τα γέλια, κοπανώντας με την ψυχή μας, ώσπου άξαφνα έσκασε το μαξιλάρι της Μάντι και μας ράντισε στα πούπουλα. Αυτά πέταξαν παντού –πάνω από τα κρεβάτια, πάνω από το χαλί, τις πορσελάνινες κούκλες στο περβάζι του παραθύρου, τα χαμστεράκια μας στο κλουβί τους– μοιάζοντας με πεταλουδίτσες που φτεροκοπούσαν ολόγυρα. Παρακολουθούσαμε, μαγεμένες και σαστισμένες, ώσπου μπήκε μέσα η μαμά και μας έριξε γερή κατσάδα.

Τις λέξεις της ορθογραφίας τις έβλεπα ακόμα και στον ύπνο μου. Πλανιόνταν μέσα στο κεφάλι μου όλη τη νύχτα, όπως τα πούπουλα. Στη διάρκεια της ημέρας τις έγραφα με διαφορετικά χρώματα, χρησιμοποιώντας το σετ με μπογιές που μου είχε χαρίσει η δασκάλα μου.

Επίσης παρακολουθούσα την Πορφυρένια Ρούμπι στην τηλεόραση.

«Γιατί βλέπεις αυτό το μωρουδίστικο πρόγραμμα;» με ρώτησε η Μάντι, παίρνοντας το τηλεχειριστήριο για να αλλάξει κανάλι.

«Άφησέ την. Είναι λίγο μικρή για την ηλικία της», επενέβη η Φιλ.

«Δεν είμαι μικρή για την ηλικία μου. Τυχαίνει να μου αρέσει η Πορφυρένια Ρούμπι», αντέδρασα εγώ.

Η Ρούμπι, ντυμένη Άγιος Βασίλης, μιλούσε για τα Χριστούγεννα και μας ζητούσε να στείλουμε ζωγραφιές με το αγαπημένο μας δώρο. Σε ένα άλλο επεισόδιο μιλούσε για ζωολογικούς κήπους και παρίστανε ότι ήταν διαφορετικά ζώα, και μετά μας ζητούσε να στείλουμε ζωγραφιές με ελέφαντες και καμηλοπαρδάλεις και πιθηκους. Την επόμενη μέρα μιλούσε για φαγητό και έφτιαξε μπισκότα με σταγόνες σοκολάτας, και μας προέτρεψε να της στείλουμε μια ζωγραφιά με το αγαπημένο μας γλυκό. Υπήρχαν άπειρες εκπομπές της Πορφυρένιας Ρούμπι και τις αγαπούσα όλες. Πολύ θα ήθελα να της κάνω μια ζωγραφιά, αλλά πού χρόνος... Ήμουν πολύ απορροφημένη με την ορθογραφία.

Ώσπου κάποτε έφτασε η μέρα να ξαναπάμε σχολείο. Ξάφνου με κατέλαβε φόβος, θαρρείς και ήταν η πρώτη μου μέρα στη Β΄ δημοτικού ξανά. Με προβλημάτιζε η προοπτική να ξαναδώ τη Σέλμα. Δεν ήξερα πώς να αντιδράσω. Είχα μέσα μου πολύ θυμό γιατί κρατούσε κρυφά το Μωρό όλο αυτό το διάστημα, αλλά ως έναν βαθμό τη λυπόμουν γιατί ζούσε με έναν πολύ κακό πατριό. Αναλογιζόμουν το πρόσωπό της, δυστυχισμένο και αυλακωμένο από τα δάκρυα, και τότε το στομάχι μου δενόταν κόμπος.

Επιπλέον, φοβόμουν ότι θα ξεχνούσα την ορθογραφία μου όταν θα με εξέταζε η δασκάλα. Ήξερα όλες τις λέξεις, αλλά πλέον κάθε βράδυ ονειρευόμουν ότι όταν θα έφτανε η μέρα του τεστ, εκείνες θα πετούσαν έξω από τα αυτιά μου και εγώ δε θα κατάφερνα να γράψω σωστά ούτε μία.

«Δεν αισθάνομαι καλά, μαμά», είπα την ώρα του πρωινού. Αλήθεια ήταν. Ένιωθα ζέστη και ρίγη, και ανακατευόμουν σε σημείο που δεν μπορούσα να βάλω μπουκιά στο στόμα μου.

Η μαμά μού έπιασε το μέτωπο και φάνηκε ανήσυχη. «Αμάν, μη μου πεις ότι αρρώστησες την πρώτη μέρα του σχολείου», είπε.

«Εγώ πιστεύω ότι η Τίνα ανησυχεί για το σχολείο, αυτό είναι όλο», είπε ο μπαμπάς. «Εμένα πάντα με έπιανε τσιρλιό την πρώτη μέρα που ξαναγύριζα στην τάξη».

Το *τσιρλιό* ήταν τόσο αστεία λέξη, ώστε έσκασα στα γέλια, και τότε αισθάνθηκα λίγο καλύτερα.

«Μη φοβάσαι, Τίνα. Θα σκίσεις στο τεστ», είπε με σιγουριά η Φιλ. «Είσαι πολύ καλύτερη στην ορθογραφία από εμένα και τη Μάντι πια».

«Και ούτε να έχεις την έγνοια της Σέλμα», ψιθύρισε η Μάντι. «Θα πάρουμε πίσω το Μωρό σου, και θα της ρίξουμε και ένα βρομόξυλο που το σούφρωσε».

«Δεν είμαι σίγουρη ότι θυμάμαι την ορθογραφία μου. Και δε θέλω να φάει βρομόξυλο η Σέλμα. Εξακολουθεί να είναι φίλη μου... δηλαδή νομίζω ότι είναι».

Αλλά όταν βρεθήκαμε στο προαύλιο, η Σέλμα δεν ήρθε να χαιρετήσει.

Μόλις μας αντίκρισε, συνέχισε να προχωράει και πήγε να σταθεί στην άλλη άκρη.

«Βλέπεις; Δεν είναι φίλη σου πια», είπε η Μάντι.

Η Σέλμα δε μου μιλούσε ούτε στο μάθημα. Καθόμασταν και πάλι στο ίδιο θρανίο, αλλά ούτε μια φορά δεν έγειρε πάνω από τον Άλιστερ για να μου μιλήσει όπως έκανε παλιότερα.

«Παραδόξως, είναι πολύ ήσυχα τώρα», σχολίασε ο Άλιστερ.

Ήταν υπερβολικά ήσυχα. Δε μου άρεσε διόλου, κυρίως όταν είδα τη Σέλμα να μιλάει με την Κέιλι. Θα γινόταν φιλενάδα της Κέιλι ξανά;

Αποφάσισα να της κάνω κουβέντα στο διάλειμμα, αλλά η κυρία Γελασίδου με στρίμωξε μόλις χτύπησε το κουδούνι.

«Όχι τόσο γρήγορα, Τίνα. Εμείς οι δύο έχουμε ένα τεστ ορθογραφίας. Το ξέχασες;»

«Α, τεστ ορθογραφίας», τραύλισα σαν να μην το είχα σκεφτεί καθόλου μέσα στις διακοπές.

«Αχού, μη μου πεις ότι δε διάβασες καθόλου». Το ύφος της δασκάλας φανέρωνε την απογοήτευσή της.

«Διάβασα λίγο», είπα.

«Κάνε ό,τι καλύτερο μπορείς», είπε η δασκάλα. «Παιδιά, ποιος έχει όρεξη να κρατήσει συντροφιά στην Τίνα όσο εκείνη κάνει ένα πολύ δύσκολο τεστ ορθογραφίας; Ή μήπως προτιμάτε να βγείτε έξω να παίξετε;»

Φυσικά όλοι έτρεξαν προς την πόρτα. Η Φιλ και η Μάντι κοντοστάθηκαν στο κατώφλι αναποφάσιστες.

«Θέλεις να μείνουμε, Τίνα;» ρώτησε η Φιλ.

«Θα καθίσουμε αν μας θες», επιβεβαίωσε η Μάντι.

Η Σέλμα δεν προσφέρθηκε να μείνει. Είχε φύγει ήδη. Παρ' όλα αυτά, θα ήταν και δικός της πεταλουδόκηπος όπως και δικός μου.

Ένιωσα πληγωμένη και θυμωμένη. Εντάξει λοιπόν, αφού ήταν έτσι τα πράγματα, θα έκανα την ορθογραφία μόνη μου. Κούνησα το κεφάλι μου στις γλυκύτατες αδελφές μου.

«Βγείτε να παίξετε», τις παρότρυνα. «Εγώ θα είμαι μια χαρά».

«Αυτό είναι το κορίτσι μου». Η δασκάλα σερβιρίστηκε ένα φλιτζάνι τσάι από ένα θερμός και άνοιξε ένα κουτί με μπισκότα σοκολάτας. «Ελπίζω να μη σε πειράζει που θα τσιμπήσω κάτι. Να σε κεράσω ένα μπισκότο;»

Αυτό με έκανε να νιώσω κάπως καλύτερα. Το στομάχι μου πονούσε και ήταν αδειανό. Και αν δεν κατάφερνα να θυμηθώ καμία από τις λέξεις, όπως συνέβαινε στα όνειρά μου; Προσπάθησα να τις επαναφέρω στη μνήμη μου, αλλά οι λέξεις ήταν όλες ανάκατες.

Η δασκάλα έβγαλε έξω τον μακρύ κατάλογό της. «Ας ξεκινήσουμε. Γράψε *μικρός*».

Αυτό δεν ήταν δίκαιο. Η λέξη *μικρός* δεν ήταν πρώτη στη λίστα. Έπρεπε να ξεκινήσουμε με τη λέξη *Φιλίπα* και μετά τη *Μάντλιν*. Δεν μπορούσα να το κάνω αν δε μου ζητούσε τις λέξεις στη σωστή σειρά.

Ύστερα ο λογισμός μου έτρεξε στον παππού. «Και όμως, μπορείς, καμάρι μου», έλεγε μέσα στο κεφάλι μου. «Προσηλώσου στο τραγούδι, θυμήσου το».

Το *μικρός* είχε ένα σύντομο στιχάκι που τραγουδιόταν ψιθυριστά, ακριβώς επειδή ήταν μικρή λεξούλα. Το έγραψα γρήγορα όσο επανέφερα το τραγούδι στη σκέψη μου.

Δεύτερη λέξη ήταν το *θυμάμαι*. Συνήθιζα να μπερδεύω το *ι* και το *ε*. Αλλά ο παππούς είχε σκαρώσει ένα πολύ πιασάρικο στιχάκι, έτσι που σου έμενε στο μυαλό και δε γινόταν να το ξεχάσεις. Έγραψα τη λέξη.

Έγραψα και τις πενήντα λέξεις. Η δασκάλα ακόμη μου υπαγόρευε λέξεις όταν χτύπησε το κουδούνι για μάθημα. Η κυρία Γελασίδου ζήτησε από τους συμμαθητές μου να καθίσουν φρόνιμα στις θέσεις τους και να διαβάσουν ήσυχα το μάθημά τους όσο εμείς συνεχίζαμε το τεστ.

Ο Άλιστερ επιχείρησε να μου ψιθυρίσει τη σωστή ορθογραφία των λέξεων. Είχε καλή πρόθεση, ωστόσο εμένα με μπέρδευε.

«Άλιστερ, έχω σελοτέιπ στο συρτάρι μου. Κανόνισε να το χρησιμοποιήσω για να σου σφραγίσω τα χείλη», τον φοβέρισε η δασκάλα.

Η δασκάλα αστειευόταν, όμως ο Άλιστερ σώπασε αμέσως. Εγώ συνέχισα να γράφω τη μία λέξη μετά την άλλη μέχρι που... τελείωσα!

«Μπράβο, Τίνα. Πολύ χαίρομαι που τις προσπάθησες όλες τις λέξεις. Δώσε μου το τετράδιό σου και θα τις ελέγξω στο διάλειμμα του μεσημεριανού. Και τώρα, παιδιά, ας ασχοληθούμε με αριθμητική. Πολλαπλασιασμός και διαίρεση!»

Αυτές ήταν δύο από τις λέξεις του τεστ μου. Πλέον ήξερα την ορθογραφία τους, και πάλι όμως ζορίστηκα φοβερά για να κάνω τις πράξεις, και χρειαζόμουν οπωσδήποτε τη βοήθεια του Άλιστερ.

«Υπήρχαν κάποιες απίστευτα δύσκολες λέξεις στον κατάλογο», μου είπε ο Άλιστερ. «Μία με δύο από αυτές θα με δυσκόλευαν κι εμένα».

«Μία με δύο!» αναφώνησε ο Μικ. «Εγώ δε θα κατάφερνα να γράψω καμία».

«Τίνα, πόσες λέξεις πιστεύεις ότι έγραψες σωστά;» με ρώτησε ο Πίτερ.

«Εγώ στοιχηματίζω καμία – αφού είσαι σκράπας στην ορθογραφία», είπε η Κέιλι με κακία.

Η Σέλμα δεν είπε τίποτα. Απέφευγε ακόμα και να με κοιτάξει. Λες και δεν υπήρχα πια. Παρατήρησα πως δε φορούσε το βραχιόλι που της είχα φτιάξει.

Μόλις χτύπησε το κουδούνι για μεσημεριανό, η Σέλμα

πετάχτηκε έξω από την τάξη. Όμως τρέξαμε και εμείς, η Φιλ, η Μάντι και εγώ. Η Σέλμα ήταν σαφώς ταχύτερη από εμένα, αλλά η Φιλ σχεδόν την πρόλαβε και η Μάντι μπήκε μπροστά της και τη στρίμωξε.

«Άκουσε να δεις, Σέλμα. Έχεις το Μωρό της Τίνα και καλά θα κάνεις να το δώσεις πίσω! Άμεσα!» είπε η Μάντι.

«Δεν έχω ιδέα για ποιο πράγμα μιλάς», είπε αδιάφορα η Σέλμα.

«Ξέρεις πολύ καλά», είπε ασθμαίνοντας η Φιλ. «Η Τίνα σε είδε να κρατάς το πορσελάνινο κουκλάκι της».

«Εκείνο ήταν δικό μου. Το άλλο το κουκλάκι το πέταξα μέσα στην τουαλέτα», είπε η Σέλμα.

«Ήταν το δικό μου Μωρό, Σέλμα. Είδα το σημείο όπου το είχα βάψει. Ξέρω ότι ήταν το δικό μου», δήλωσα σταθερά.

«Ναι, αλλά επίσης ξέρεις ότι το πέταξα. Γι' αυτό πάρ' το απόφαση, ηλίθιο Ζουζουνάκι», είπε η Σέλμα, και εντελώς αναπάντεχα ξέφυγε από τη Μάντι και έτρεξε στον διάδρομο.

«Ήταν το Μωρό. Το ξέρω ότι ήταν», είπα θλιμμένα.

«Πάμε να την κυνηγήσουμε και να τη μαυρίσουμε στο ξύλο», πρότεινε η Μάντι.

«Όχι, δε θα πάμε. Ξέρεις ότι δεν πρέπει να χειροδικούμε. Άλλωστε, η Σέλμα μπορεί να μας κοπανήσει δυνατότερα», αντέκρουσε η Φιλ. «Αχ, βρε Τίνα. Πάλι καλά που έχεις το νέο Μωρό τώρα».

«Και το νέο Μωρό έχει αληθινά ρούχα. Έχεις πολύ περισσότερα παιχνίδια να παίξεις», συμπλήρωσε η Μάντι.

«Ναι», συμφώνησα. Δε θεωρούσα ότι το νέο Μωρό συγκρινόταν με το παλιό Μωρό μου, αλλά δεν ήθελα να το παραδεχτώ, μια και οι αδελφές μου το είχαν αγοράσει για μένα ως ιδιαίτερο χριστουγεννιάτικο δώρο. Και βασικά ήθελα να βγάλω από τη σκέψη μου τα Μωρά, παλιά και νέα. Καρδιοχτυπούσα για το αποτέλεσμα του τεστ ορθογραφίας.

«Φοβάμαι μήπως δεν έχω πιάσει καμιά από τις λέξεις», μουρμούρισα.

«Φυσικά και τις έχεις πιάσει. Στοιχηματίζω ότι τις έχεις γράψει σχεδόν όλες σωστά», είπε η Φιλ. «Αφού τα πήγαινες περίφημα στα δικά μας τεστ στο σπίτι».

«Ναι, όμως η δασκάλα μπέρδεψε τη λίστα με τις λέξεις. Δεν ήξερα πού ήμουν. Και δε γινόταν να τραγουδήσω τα στιχάκια μεγαλόφωνα – δεν ήταν το ίδιο όταν τα επανα-λάμβανα από μέσα μου. Και αν τα έκανα μαντάρα;»

«Δεν μπορεί, κάποια θα έχεις πετύχει», είπε η Μάντι με πεποίθηση. «Ανησυχείς υπερβολικά νομίζω, Τίνα».

«Είναι που θέλω πάρα πολύ να πάρω κομπόστ και φυτά για τον πεταλουδόκηπο», εξήγησα με χαμηλωμένο το βλέμμα.

«Έχεις συγκεντρώσει ήδη πολλά χρήματα από το μπαζάρ γλυκών και από τη χριστουγεννιάτικη γιορτή. Και ξέρεις πολύ καλά ότι ο παππούς θα σου δώσει χρήματα, ακόμα και αν δεν πετύχεις ούτε μία λέξη σωστά», τόνισε η Μάντι.

Η αγωνία μου ήταν τόσο μεγάλη, ώστε σχεδόν δεν άγγιξα το μεσημεριανό μου, παρόλο που η μαμά είχε βάλει στο κουτί μου μικρά κόκκινα τυράκια και ένα μικρό τσαμπί με σταφύλια και σάντουιτς με μπανάνα και γιαούρτι φράουλα ως δώρα-έκπληξη για την επιστροφή στα θρανία.

Η δασκάλα είχε δηλώσει ότι θα με βαθμολογούσε στο μεσημεριανό, αλλά όταν ξαναμπήκαμε στην τάξη για τα απογευματινά μαθήματα, δεν έκανε καμία αναφορά στο τεστ! Καταπιάστηκε με τα μαθήματα ευθύς αμέσως.

Δεν κατάφερνα να συγκεντρωθώ στο μάθημα. Σκέφτηκα να σηκώσω το χέρι μου και να τη ρωτήσω ευθέως, μα δεν έβρισκα το κουράγιο. Καθόμουν στενοχωρημένη, με όλες τις λέξεις της ορθογραφίας να έχουν στήσει τρελό χορό μέσα στο κεφάλι μου.

Ωστόσο, δέκα λεπτά προτού ηχήσει το κουδούνι για το σχόλασμα, η δασκάλα χτύπησε απρόσμενα τα χέρια της. «Παιδιά, αφήστε τα βιβλία σας και καθίστε όμορφα. Έχω να κάνω μια ανακοίνωση».

Συμμορφωθήκαμε όλοι, διερωτώμενοι τι συνέβαινε.

«Ξέρετε όλοι σας, φαντάζομαι, ότι η συμμαθήτριά σας, η Τίνα Μέιναρντ, επιθυμεί να φτιάξει έναν πεταλουδόκηπο στο σχολείο», άρχισε να λέει η δασκάλα.

Ακούστηκαν ορισμένα χάχανα και μουγκρητά.

«Η Τίνα και η Σέλμα εργάστηκαν πολύ σκληρά για να σκάψουν το κομμάτι γης στην άκρη του προαυλίου», συνέχισε η δασκάλα.

Έριξα μια κλεφτή ματιά στη Σέλμα. Το κεφάλι της ήταν σκυμμένο. Πιθανόν η ίδια να μην άκουγε καν.

«Οι δυο τους έχουν συγκεντρώσει κιόλας ένα σημαντικό χρηματικό ποσό. Αποφάσισα να βοηθήσω την Τίνα χρηματοδοτώντας τη σε ένα διαγώνισμα ορθογραφίας. Η Τίνα αντιμετώπιζε πάντα την ορθογραφία ως πρόκληση...»

Τώρα έσκυψα και εγώ το κεφάλι μου. Ίσως είχα πατώσει στο τεστ και η δασκάλα θα ανέμιζε τώρα το τετράδιό μου με ένα σωρό κόκκινους σταυρούς και ολόκληρη η τάξη θα γελούσε εις βάρος μου. Λαχταρούσα να καθόμουν ανάμεσα στη Φιλ και στη Μάντι για να μου κρατούσαν τα χέρια.

«Η Τίνα έκανε το τεστ ορθογραφίας σήμερα το πρωί και το βαθμολόγησα. Περιμένω από εσάς να μαντέψετε πόσες από τις λέξεις έγραψε σωστά», κατέληξε η κυρία Γελασίδου.

«Καμία!» πετάχτηκε πρώτη η Κέιλι.

«Είμαι βέβαιη ότι έγραψε σωστά τουλάχιστον τις μισές, ίσως και παραπάνω», είπε η Φιλ.

«Θα πρέπει να έχει γράψει τις περισσότερες λέξεις σωστά. Μελέτησε πολύ σκληρά στις διακοπές», είπε η Μάντι.

«Πιθανόν να έπιασε το εβδομήντα πέντε τοις εκατό;» είπε ο Άλιστερ.

«Πολύ φοβάμαι ότι όλοι σας πέσατε εκατό τοις εκατό έξω», απάντησε η δασκάλα, «επειδή η Τίνα έπιασε το εκατό τοις εκατό των λέξεων!»

Μέσα στην παραζάλη μου, ύψωσα το βλέμμα μου. Δεν ήμουν απόλυτα βέβαιη τι εννοούσε. Δεν εννοούσε... αποκλείεται να εννοούσε...

«Ναι, Τίνα! Έγραψες όλες τις λέξεις ολόσωστα! Και τις πενήντα!» είπε δυνατά η δασκάλα.

Όλοι έβγαλαν μια πνιχτή κραυγή και χειροκρότησαν. Η Φιλ και η Μάντι ζητωκραύγασαν.

«Και εγώ θέλω να ζητωκραυγάσω», είπε η δασκάλα γελαστή. «Τα πήγες εξαιρετικά! Έδειξα το τετράδιό σου σε όλους τους υπόλοιπους δασκάλους. Αποφάσισαν να σε χρηματοδοτήσουν και εκείνοι με τη σειρά τους. Η τσάντα μου έχει γίνει ασήκωτη από τις συνεισφορές τους. Και πρόκειται να κρατήσω τον λόγο μου. Πενήντα σωστές λέξεις ισοδυναμούν με είκοσι πέντε ευρώ!»

Κεφάλαιο 21

Συζητήσαμε εκτενώς με την κυρία Γελασίδου. Πήραμε την απόφαση να ξοδέψουμε το μεγαλύτερο μέρος του ποσού που μας είχαν τόσο γενναιόδωρα προσφέρει σε κομπόστ, καθώς ήταν πολύ νωρίς μέσα στη χρονιά για να αγοράσουμε φυτά. Η δασκάλα πήγε στο φυτώριο της περιοχής αμέσως μετά το σχολείο και αγόρασε δέκα μεγάλα σακιά και μετά, την επόμενη μέρα, πάρκαρε το αυτοκίνητό της δίπλα στον κήπο, ώστε να μη χρειαστεί να σύρουμε τα βαριά σακιά σε πολύ μεγάλη απόσταση. Η Σέλμα ήταν άφαντη. Η κυρία Γελασίδου αναγκάστηκε να φέρει κάποια από τα μεγάλα αγόρια για να ξεφορτώσουν τα σακιά.

«Θα ξεκινήσουμε να σκάβουμε το κομπόστ μέσα στο χώμα στο διάλειμμα του μεσημεριανού», μου εξήγησε.

«Σας ευχαριστώ πάρα πολύ, κυρία Γελασίδου», είπα.

Όταν χτύπησε το κουδούνι για το μεσημεριανό, η Σέλμα έτρεξε να φύγει μαζί με τους άλλους.

«Σέλμα!» τη φώναξε η δασκάλα. «Για πού το ’βαλες;»

«Νομίζω ότι δε θέλει να ασχοληθεί με τον κήπο πια», πήρα εγώ τον λόγο, «αλλά δεν πειράζει. Θα αναλάβω εγώ όλο το σκάψιμο, δεν έχω πρόβλημα».

«Το άκουσες αυτό, Σέλμα;» είπε η κυρία Γελασίδου. «Πιστεύεις ότι η Τίνα θα αντέξει το σκάψιμο μόνη της;»

Η Σέλμα ανασήκωσε τους ώμους. «Θα τη βοηθήσετε εσείς, κυρία».

«Κυρία *Γελασίδου*. Εγώ θα μπορέσω να σκάψω για πολύ λίγο. Μπορεί να με πιάσει η μέση μου και οφείλω να είμαι πολύ προσεκτική. Σέλμα, εσύ είσαι η ειδική στο σκάψιμο. Είσαι πολύ δυνατή. Δέκα φορές δυνατότερη από τη μικρή μας Τίνα. Δε θες να τη βοηθήσεις;»

«Δε θέλει να τη βοηθήσω», αποκρίθηκε η Σέλμα.

«Μη λες χαζομάρες, φυσικά και θέλει τη βοήθειά σου. Και εγώ θέλω να σκάψεις. Γι’ αυτό, ακολούθα μας».

Έτσι, οι τρεις μας βγήκαμε έξω στον κήπο και βαλθήκαμε να σκάβουμε το κομπόστ μέσα στο χώμα, το ένα σακί μετά το άλλο. Ήταν βαριά, πολύωρη, κοπιαστική δουλειά. Έπρεπε να αναπαύομαι κάθε λίγα λεπτά για να μην εξαντληθώ. Το μεγαλύτερο μέρος της δουλειάς έπεσε πάνω στη Σέλμα, η οποία ζεστάθηκε τόσο πολύ, που έβγαλε το μπουφάν της και ανέβασε τα μανίκια της.

Η κυρία Γελασίδου πρότεινε και σε εκείνη να κάνει ένα διάλειμμα. «Καθίστε για λίγο μαζί με την Τίνα να

Κομπόστ

φάτε το μεσημεριανό σας. Θα σας δώσει ενέργεια – αν και εσύ είσαι πιο σαρωτική κι από εκσκαφέα, Σέλμα! Μπράβο σου! Εγώ θα πάω στην αίθουσα καθηγητών για να φάω το δικό μου μεσημεριανό», μας πληροφόρησε.

Δεν ήθελα να φύγει η δασκάλα. Ένιωθα μεγάλη αμηχανία μόνη μου μαζί με τη Σέλμα τώρα που δεν ήμασταν φίλες πια. Εκείνη κάθισε σε μια άκρη του κήπου τσιμπολογώντας τσιπς. Εγώ κάθισα στην άλλη άκρη μασουλώντας ένα σάντουιτς με αυγό και ντομάτα. Δεν κοιτάζαμε η μία την άλλη.

Έπρεπε να μάθω αν η Σέλμα μού μιλούσε πια ή όχι.

«Σου αρέσει το σάντουιτς με αυγό και ντομάτα;» τη ρώτησα.

Η Σέλμα συνέχισε να μασουλάει τα τσιπς της και δεν απάντησε για αρκετά δευτερόλεπτα. «Όχι πολύ», είπε τελικά.

«Κατάλαβα», είπα. «Είναι ότι δεν μπορώ να φάω όλο το δικό μου».

Η Σέλμα περιεργάστηκε το περιεχόμενο του ανοιχτού κουτιού μου με το μεσημεριανό. Διέκρινε ένα μοβ περιτύλιγμα. «Μου αρέσει η σοκολάτα, πάντως», είπε.

Η μαμά είχε βάλει τη σοκολάτα στο κουτί μου ως δώρο-έκπληξη. Πολύ σπάνια μας άφηνε να τρώμε σοκολάτα. «Θα ήθελες τη μισή σοκολάτα μου;» ρώτησα ύστερα από μια εσωτερική πάλη.

«Ναι!» Η Σέλμα ήρθε και κάθισε δίπλα μου. Εγώ έκοψα τη σοκολάτα στα δύο και φάγαμε τα κομμάτια μας μαζί. Βουβά, χωρίς να κοιτάμε η μία την άλλη. Τότε η

Σέλμα μουρμούρισε κάτι.

«Τι είπες;»

«Είπα “ευχαριστώ”», επανέλαβε.

«Α, παρακαλώ. Είσαι σίγουρη ότι δε θες το μισό σάντουιτς;»

«Αν δεν το θέλεις, τότε εντάξει».

Σταθερά η Σέλμα καθάρισε το υπόλοιπο μεσημεριανό μου. Έπειτα, μουρμούρισε πάλι «ευχαριστώ».

«Εγώ πρέπει να σε ευχαριστήσω για όλη τη σκληρή δουλειά που ρίχνεις. Λερώθηκες πολύ», παρατήρησα, κοιτάζοντας τις κάλτσες και τα παπούτσια της, που ήταν μέσα στα χώματα.

Εκείνη ανασήκωσε τους ώμους της πάλι. «Καθαρά δεν ήταν, έτσι κι αλλιώς», είπε.

Καθόμασταν σιωπηλές.

«Λοιπόν. Ας ξεμπερδεύουμε με το κομπόστ», είπε η Σέλμα. «Τουλάχιστον είμαι καλή σε κάτι».

Αναλογίστηκα τη ζωή της στο σπίτι, όπου ήταν πάντα το κακό κορίτσι οτιδήποτε και αν έκανε. Τη θυμήθηκα ξαπλωμένη στο κρεβάτι της, παραδομένη σε αναφιλητά.

«Ναι. Σέλμα... ξέρεις... σχετικά με το Μωρό...» ψέλλισα.

Η Σέλμα κατσούφιασε. «Δεν ξέρω τι εννοείς. Δεν το έχω εγώ», βιάστηκε να πει.

«Μπορεί να έκανα εγώ λάθος. Αλλά... αλλά αν συνέβαινε να το έχεις εσύ, δε με πειράζει. Έχω ένα καινούριο Μωρό τώρα. Η Φιλ και η Μάντι μού το χάρισαν για τα Χριστούγεννα. Τώρα θα έχει η καθεμιά μας από ένα Μωρό, ε;» είπα.

Η Σέλμα συνοφρυώθηκε περισσότερο. Τότε είδα γιατί. Τα μάτια της ήταν πλημμυρισμένα από δάκρυα. Πάλευε να μην κλάψει. Άπλωσα το χέρι μου και έπιασα το δικό της. Το έσφιξα και έσφιξε και εκείνη το δικό μου.

Δε μιλήσαμε άλλο. Δε χρειαζόταν. Ήμασταν φίλες ξανά.

Η Φιλ και η Μάντι εκνευρίστηκαν πολύ μαζί μου όταν το συνειδητοποίησαν.

«Ειλικρινά, Τίνα, γιατί θέλεις να παραμείνεις φίλη με κάποια που σου φέρεται έτσι άσχημα;» ρώτησε η Φιλ, όταν πέφταμε για ύπνο. «Νωρίτερα δε σου μιλούσε καν».

«Ναι, το ξέρω, αλλά πιστεύω ότι το έκανε γιατί ήταν στενοχωρημένη και ένιωθε ντροπή», εξήγησα.

«Αλίμονο αν δεν ένιωθε ντροπή! Σούφρωσε το Μωρό σου και σε άφησε να πιστεύεις ότι χάθηκε για πάντα», είπε η Μάντι φουρκισμένη.

«Ναι, το ξέρω, αλλά μπορεί να έχει περισσότερη ανάγκη το Μωρό από μένα. Δεν έχει καμία όμορφη κούκλα. Ο μικρότερος αδελφός της τις χαλάει όλες».

«Και εγώ θα τις χαλούσα αν είχα τη Σέλμα για μεγαλύτερη αδελφή μου», είπε η Μάντι. «Σου 'χει στρίψει, αν θες ένα κακό κορίτσι σαν του λόγου της να μείνει φίλη μαζί σου».

«Είναι επειδή η Τίνα δεν έκανε ποτέ δικές της φιλίες», έδωσε την εξήγησή της η Φιλ. «Είναι διατεθειμένη να ανεχτεί τα πάντα, όσο χαζό κι αν είναι αυτό».

«Δεν είναι χαζό!» είπα. Είχα φουντώσει από τα νεύρα. «Συμπαθώ τη Σέλμα. Και εκείνη με συμπαθεί, γι' αυτό βγάλτε τον σκασμό!»

«Γίνεσαι και εσύ κακιά», μου πέταξε η Μάντι. «Η κακία της Σέλμα κολλάει πάνω σου!»

Την έσπρωξα.

«Σταμάτα, Τίνα!» φώναξε η Φιλ.

«Ορίστε μας! Προσπαθεί να με χτυπήσει τώρα, όπως κάνει η Σέλμα!» είπε η Μάντι.

«Όχι, τώρα θα δεις ξύλο!» Βάλθηκα να της ρίχνω μπουνίδια στα ψέματα.

«Και αυτό είναι αληθινή μάχη!» είπε η Μάντι, ρίχνοντας και εκείνη γροθιές στα ψέματα.

«Και αυτό είναι πάλη σώμα με σώμα!» είπε η Φιλ, γραπώνοντάς μας και τις δύο.

Καταλήξαμε να κυλιόμαστε στο πάτωμα, κουβάρι και οι τρεις μας, σκούζοντας από τα ξέφρενα γέλια.

«Έι, έι, τι συμβαίνει εδώ πέρα, κορίτσια;» Η μαμά και ο μπαμπάς μπήκαν στο δωμάτιο τρεχάτοι.

«Φιλ, Μάντι, κατεβείτε από την αδελφή σας αμέσως!» φώναξε η μαμά. «Ξέρετε πολύ καλά ότι η Τίνα δεν μπορεί να κοπανιέται έτσι!»

«Η Τίνα το ξεκίνησε, μαμά! Και δεν παλεύουμε στ' αλήθεια». Η Φιλ σηκώθηκε όρθια.

«Η Τίνα μάς δέρνει και τις δυο μας», πέταξε η Μάντι.

«Σταματήστε τις βλακείες, όλες σας. Τίνα, είσαι εντάξει;» Η μαμά με σήκωσε πάνω και με επιθεώρησε εξονυχιστικά.

«Φυσικά και είναι εντάξει», είπε ο μπαμπάς. «Πώς γράφεται το *εντάξει*, Πρωταθλήτρια της Ορθογραφίας;»

«Ε-ν-τ-ά-ξ-ε-ι», τραγούδησα.

«Απίθανα! Παρότι έχεις κοστίσει σε όλους μας μια περιουσία», είπε ο μπαμπάς. «Και δε μου λες, πότε θα αγοράσεις όλα αυτά τα φυτά;»

«Η δασκάλα λέει ότι είναι πολύ νωρίς ακόμη. Πρέπει να περιμένουμε να ζεστάνει ο καιρός. Τότε θα πάρει τη Σέλμα και εμένα στο φυτώριο».

«Για δες! Κάνει πάρα πολλά για εσάς η δασκάλα σας».

«Η Τίνα και η Σέλμα είναι οι αγαπημένες της», παρατήρησε η Φιλ.

«Θα τους συγχωρούσε οποιαδήποτε αταξία», σχολίασε η Μάντι.

«Όχι, δεν είναι έτσι. Εξακολουθεί να είναι αυστηρή μαζί μας και να μας δίνει διαταγές. Αλλά πιστεύω ότι μας συμπαθεί», είπα.

«Λογικό το βρίσκω», είπε ο μπαμπάς.

«Μπαμπά, είναι η Τίνα η αγαπημένη σου;» ρώτησε η Μάντι.

«Εγώ νομίζω ότι είναι η αγαπημένη της μαμάς», πετάχτηκε η Μάντι.

«Σαχλαμάρες!» είπαν με μια φωνή ο μπαμπάς και η μαμά γελώντας.

«Και οι τρεις είστε οι αγαπημένες μας», είπε ο μπαμπάς, τυλίγοντάς μας στην αγκαλιά του.

«Τα αγαπημένα μας κορίτσια σε ολόκληρο τον κόσμο... αρκεί να πέσετε στα κρεβάτια σας αυτή τη στιγμή και να κοιμηθείτε γρήγορα», είπε η μαμά.

Πλέον είχα ανακαλύψει έναν καινούριο τρόπο να αποκοιμιέμαι. Νοερά συνέτασσα λίστες με όλα τα φυτά που συμπαθούσαν οι πεταλούδες. Ήξερα ότι χρειαζόμουν μια βουδλέια –ίσως δύο με τρεις– επειδή στο βιβλίο μου με τις πεταλούδες έγραφε ότι οι πεταλούδες χρειάζονται πολλά φυτά. Υπήρχαν αρκετά διαφορετικά είδη βουδλέιας και έβγαιναν σε διαφορετικά χρώματα – μοβ και γαλάζιες και ροδαλές και λευκές.

Χρειαζόμουν εαρινά λουλούδια, πρίμουλες και ωβριετίες και λιβανόχορτα. Καλοκαιρινά λουλούδια όπως φραγκογαριφαλιές και λεβάντες και κόκκινες βαλεριάνες και αστέρες.

Επιπλέον χρειαζόμουν φθινοπωρινά λουλούδια όπως αστράκια.

Συνάμα, χρειαζόμουν αγριοραδίκια και τσουκνίδες, μα η Σέλμα είπε ότι θα έσκαβε και θα ξερίζωνε μερικά από το δικό της συγκρότημα κατοικιών. Και τέλος, χρειαζόμουν λίγα σάπια φρούτα – αλλά γι' αυτό θα πετούσα λίγα ώριμα μήλα και πορτοκάλια ολόγυρα στον κήπο για να φάνε οι πεταλούδες. Δεν ήταν ανάγκη να καλλιεργήσω οπωροφόρα δέντρα.

Μετέτρεψα τη λίστα μου με τα φυτά για τις πεταλούδες σε τραγούδι.

Πεταλούδες, πεταλούδες,
ελάτε να γευθείτε τη βουδλέια
μαβιά και γαλάζια και λευκή,
αχ, ροδαλή είσαι τόσο λαμπερή!
Πρίμουλα, λιβανόχορτο, ωβριετία,
αστέρα και λεβάντα γαλανή,
φραγκογαριφαλιά
και βαλεριάνα πορφυρή.
Τα φυτά που είπα να θυμάμαι καλά
και αστράκια να πάρω πολλά.

Τον Μάρτιο η κυρία Γελασίδου πήρε τη Σέλμα και εμένα στο φυτώριο για να αγοράσουμε τα φυτά. Είχε όλα τα χρήματά μας σε ένα μεγάλο πορτοφόλι. Πήγαμε με το σχολικό μετά το σχόλασμα. Υποσχέθηκε στις μαμάδες μας ότι θα μας γύριζε εκείνη σπίτι μετά.

Τραγουδούσα τη λίστα με τα φυτά μου, και η δασκάλα μάς κατηύθυνε στα αντίστοιχα τμήματα του φυτωρίου και βρήκαμε τα πάντα σχεδόν – αν και μας είπαν να ξανάρθουμε αργότερα μέσα στη χρονιά για τα αστράκια.

Τακτοποιήσαμε τα φυτά μας σε ένα μεγάλο καρότσι.

«Αφήστε να το σπρώξω εγώ, κυρία Γελασίδου, διαφορετικά θα πονέσει η μέση σας πάλι», προσφέρθηκε η Σέλμα.

«Τι καλό κορίτσι που είσαι, Σέλμα», είπε η δασκάλα.

Το πρόσωπο της Σέλμα έλαμψε. Της χάρισε ένα πλατύ χαμόγελο.

Ήταν κάπως τρομακτικό να ξοδεύουμε τα χρήματά μας με τη μία. Ένα τέτοιο μεγάλο χρηματικό ποσό.

«Αν είχαμε άφθονο χρόνο, θα καλλιεργούσαμε τα φυτά από τον σπόρο, αλλά θα έπαιρνε πάρα πολύ καιρό για να ετοιμαστεί η γη», παρατήρησα.

«Νομίζω ότι οι δυο σας έχετε κάνει εξαιρετική δουλειά», επιδοκίμασε η κυρία Γελασίδου. «Όλο αυτό το σκάψιμο σας έκανε πολύ καλό».

«Αλλιώτικα δε θα είχαμε γίνει φίλες», είπα εγώ.

«Αυτό είναι αλήθεια», συμφώνησε. «Τώρα, ας βάλουμε τα φυτά μέσα στο σχολικό με προσοχή, πράγμα που από μόνο του είναι ζόρικη δουλειά. Και μετά πιστεύω ότι μας αξίζει ένα φλιτζάνι τσάι στο καφέ του φυτωρίου».

Η δασκάλα δεν εννοούσε ένα σκέτο φλιτζάνι τσάι. Άφησε τη Σέλμα και εμένα να διαλέξουμε οποιοδήποτε γλύκισμα επιθυμούσαμε. Αυτό μας πήρε αρκετό χρόνο, γιατί υπήρχαν τεράστιες πάστες με σαντιγί και βύσσινα στην κορυφή, και βάφλες με κομμάτια μπανάνας και μπάλες παγωτού, και τεράστιες φέτες από κέικ σοκολάτας και βουτήματα και μπράουνι και cookies στο μέγεθος πιάτου.

Στο τέλος, έπειτα από πολλή περίσκεψη, πήραμε δύο ίδια κομμάτια τούρτας, τα τελευταία στην πιατέλα.

«Η Φιλ, η Μάντι και εγώ σχεδόν πάντα διαλέγουμε το ίδιο γλυκό. Ευτυχώς που είμαστε οι δυο μας σήμερα», είπα στη Σέλμα.

«Στοιχηματίζω ότι δε θα μπορέσεις να φας μόνη σου όλο το κομμάτι της τούρτας. Τρως σαν πουλάκι», είπε η Σέλμα.

«Μπα; Για δες με», την προέτρεψα. Το έφαγα όλο, μέχρι το τελευταίο ψιχουλάκι, μέχρι την τελευταία κουταλιά σαντιγί, μέχρι το τελευταίο κερασάκι.

Η κυρία Γελασίδου περιορίστηκε στο να τσιμπολογήσει δύο βουτήματα. Δεν τους έβαλε ούτε μαρμελάδα, μονάχα βούτυρο.

«Εσείς, κυρία Γελασίδου, δε θέλατε τούρτα;» ρώτησα, ξάφνου ανήσυχη.

«Όχι, καλή μου, εμένα μου αρέσουν τα βουτήματα». Η δασκάλα χαμογέλασε. «Έτσι είμαι εγώ. Απλή στα γούστα μου και παραδοσιακή».

«Εγώ πιστεύω ότι είστε υπέροχη, κυρία Γελασίδου», είπα ντροπαλά. «Ήσασταν πάρα πάρα πολύ καλή. Έτσι δεν είναι, Σέλμα;»

«Ναι, είστε τέλεια, κυρία», είπε η Σέλμα γελαστή.

«Τέλεια, κυρία *Γελασίδου*», διόρθωσε η δασκάλα, αλλά χαμογελούσε ακόμη.

Κεφάλαιο 22

Το ίδιο βράδυ, παιδευόμουν για ώρα να σχεδιάσω τη διάταξη του πεταλουδόκηπου. Θυμήθηκα ένα προς ένα τα φυτά και τα αποτύπωσα σε ξεχωριστή θέση ώστε να δείχνουν όσο το δυνατόν ομορφότερα. Αποφάσισα να τοποθετήσω από μία βουδλέια σε κάθε άκρη, και μετά πλήθος λουλουδιών ενδιάμεσα.

Την επόμενη μέρα η Σέλμα έφερε δυο μεγάλες ανθεκτικές σακούλες, γεμάτες με τσουκνίδες και αγριοραδίκια, καθένα με τον δικό του σβόλο χώματος για να προστατεύονται οι ρίζες του.

«Φόρεσα γάντια για να μην τσιμπηθώ από τις τσουκνίδες», ανακοίνωσε περήφανα.

Η κυρία Γελασίδου πάρκαρε το σχολικό μπροστά από τον πεταλουδόκηπο και ξεκίνησε να ξεφορτώνει όλα τα λουλούδια και τους θάμνους μας.

Την ώρα του μεσημεριανού ήμασταν πολύ απασχολημένες με το φύτεμα! Έπρεπε να μεταφυτεύσουμε όλα τα φυτά το ταχύτερο δυνατόν, οπότε η δασκάλα μάς πρότεινε να ζητήσουμε βοήθεια. Η Φιλ, η Νίρα, η Μάντι και ο Χάρι έσπευσαν να βγάλουν τα φυτά από τις συσκευασίες τους, όσο η δασκάλα, η Σέλμα και εγώ ανοίγαμε τρύπες στο χώμα και τοποθετούσαμε κάθε φυτό στη θέση του. Ύστερα προχωρούσαμε στο επόμενο και στο μεθεπόμενο όσο οι άλλοι τα πότιζαν, χρησιμοποιώντας ένα μεγάλο ποτιστήρι. Ο Χάρι ήταν ο επικεφαλής ποτιστής και κατάφερε να καταβρέξει τον εαυτό του περισσότερο από τα φυτά.

Ήταν κομματάκι εκνευριστικό, γιατί η Σέλμα και εγώ θα θέλαμε κι εμείς να ποτίζαμε λίγο τα φυτά.

«Μα εσείς οι δυο είσαστε οι έμπειροι καλλιεργητές πια», δήλωσε η δασκάλα. «Πρέπει να βεβαιωθείτε ότι τα φυτά βρίσκονται στο σωστό βάθος, με τις ρίζες τους να μπορούν να απλωθούν με άνεση. Και μη χολοσκάτε, έχετε να ρίξετε πολύ πότισμα για να βοηθήσετε τα φυτά να αναπτυχθούν».

Οι τρεις μας έπρεπε να δουλέψουμε μαζί για να βολέψουμε τους μεγάλους θάμνους βουδλέιας. Η μία δεν έβγαινε από τη συσκευασία της με τίποτα και αναγκαστήκαμε να τραβάμε και να σπρώχνουμε. Τελικά, ευτυχώς ελευθερώθηκε.

Βρισκόμασταν στα μισά της διαδικασίας όταν χτύπησε το κουδούνι για τα απογευματινά μαθήματα, αλλά η δασκάλα έδωσε στη Σέλμα και σ' εμένα ειδική άδεια να χάσουμε το μάθημα θεάτρου και τη γυμναστική, προκειμένου να συνεχίσουμε με το φύτεμα και να σπείρουμε τα λάχανα και τα φασόλια.

Δουλεύαμε χωρίς να σηκώνουμε κεφάλι και τελειώσαμε πέντε λεπτά προτού χτυπήσει το κουδούνι για το σχόλασμα. Ποτίσαμε και πάλι τα πάντα – η Σέλμα με βοήθησε όταν ήρθε η σειρά μου, γιατί το ποτιστήρι μού έπεφτε βαρύ. Ύστερα σταθήκαμε πιασμένες χέρι χέρι και θαυμάζαμε τον κήπο.

Δεν έδειχνε τόσο ωραίος όσο στη ζωγραφιά μου. Η δασκάλα μάς είχε πει να αφήσουμε αρκετό χώρο μεταξύ των φυτών ώστε να απλωθούν, γι' αυτό έμειναν κενά καφετιάς γης ολόγυρα. Παρ' όλα αυτά όμως, ο κήπος ήταν μια οπτασία!

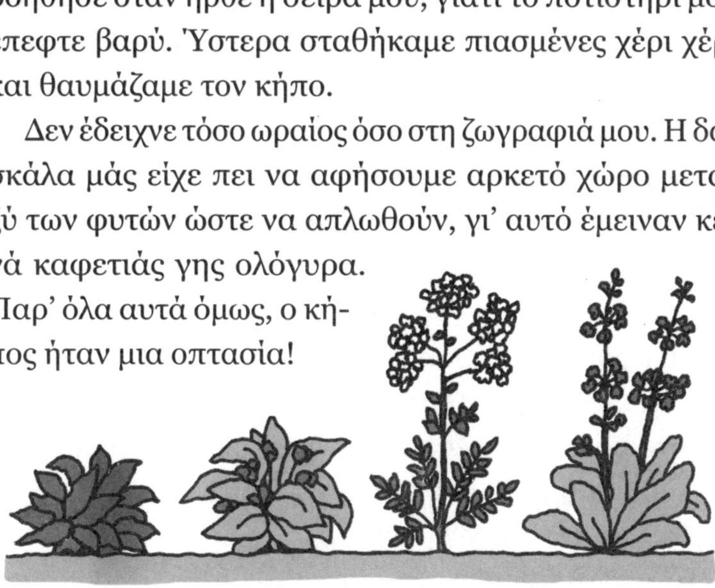

Έριξα πίσω το κεφάλι μου. «Ελάτε, πεταλούδες! Κοπιάστε στον κήπο μας!» φώναξα.

Αυτές δεν ήρθαν όμως.

Αλίμονο, δεν ήρθαν.

Ο πεταλούδες δεν ήρθαν.

Καθημερινά η Σέλμα και εγώ επισκεπτόμασταν τον κήπο και περιμέναμε. Κοιτάζαμε μέχρι που κουράζονταν τα μάτια μας, αλλά δεν είδαμε ούτε μία πεταλούδα, ούτε για δείγμα.

«Ξέρεις γιατί; Δεν έχει ζεστάνει ακόμη ο καιρός», εξήγησε η Σέλμα. «Είναι Μάρτιος. Το κρύο είναι τσουχτερό».

«Στο βιβλίο μου με τις πεταλούδες λέει ότι η πεταλούδα-"παγόνι" και η Βανέσα –οι καλύτερες πεταλούδες, δηλαδή– ξεκινούν να πετούν γύρω στον Μάρτιο», είπα με πικρία. «Αυτή τη στιγμή που μιλάμε θα πετούν σε άλλα μέρη. Στους κήπους άλλων ανθρώπων. Όχι στον δικό μας».

«Δώσ' τους μια ευκαιρία, Ζουζουνάκι. Θα έρθουν σύντομα», είπε με βεβαιότητα η Σέλμα.

«Τους δίνω πολλές ευκαιρίες, Μεγάλο Ζουζούνι. Αλλά δε γίνεται τίποτα».

«Εσύ δεν είπες ότι σε πολλές πεταλούδες αρέσουν τα σάπια φρούτα; Αλλόκοτο το βρίσκω, αλλά δε βαριέσαι, ας το δοκιμάσουμε. Η μαμά σου πάντα σου δίνει πολλά φρούτα μαζί με το μεσημεριανό. Ας σκορπίσουμε μερικά δώθε κείθε στον κήπο για να δούμε αν θα προσελκύσουν τις πεταλούδες», πρότεινε η Σέλμα.

Άμ' έπος άμ' έργον. Δεν έφαγα τα μήλα και τα μανταρίνια μου επί μία ολόκληρη εβδομάδα. Τα κόβαμε στα τέσσερα και τα σκορπίζαμε στον κήπο.

Όμως οι πεταλούδες και πάλι δεν ήρθαν.

«Τόσος κόπος! Τόσα χρήματα!» τραύλισα βουρκωμένη.

«Και πάλι όμως έχουμε έναν τέλειο κήπο», είπε αισιόδοξα η Σέλμα.

«Εμένα δε μου αρέσει πια», ψέλλισα μουτρωμένη. «Είναι άχρηστος εάν δεν κάνει δουλειά. Δε θα ξαναπατήσω το πόδι μου εκεί».

«Μη γίνεσαι υπερβολική. Αποκλείεται να το εννοείς».

«Όχι, το εννοώ».

Δεν πήγα στον πεταλουδόκηπο σε εκείνο το διάλειμμα. Ούτε την ώρα του μεσημεριανού πήγα.

«Εγώ πάντως θα πάω», δήλωσε η Σέλμα. «Για να ρίξω μια ματιά».

Επισκεπτόταν τον κήπο κάθε φορά που χτυπούσε το κουδούνι. Κουνούσε το κεφάλι της επιστρέφοντας. «Λυπάμαι. Δεν είδα καμία. Θα έρθουν όμως, το ξέρω ότι θα έρθουν».

Η Σέλμα πλησίασε τη δασκάλα για να τη συμβουλευτεί. «Θα έρθουν οι πεταλούδες στον κήπο μας, κυρία;»

«Κυρία *Γελασίδου*. Ναι, είμαι απόλυτα σίγουρη ότι θα έρθουν. Το πράγμα θέλει τον χρόνο του. Οι πεταλούδες πρέπει να εντοπίσουν τον κήπο. Μόλις ξεκινήσουν να έρχονται, θα ζευγαρώσουν και θα κάνουν τα αυγά τους, και οι κάμπιες θα τρέφονται εκεί και θα μεταμορφωθούν σε νύμφες κι έπειτα θα εκκολαφθούν σε περισσότερες πεταλούδες, και μέσα σε έναν χρόνο πάνω κάτω θα βλέπετε πεταλούδες εκεί καθημερινά», είπε η δασκάλα.

«Έναν χρόνο;» τραύλισα. «Εγώ θέλω να δω πεταλούδες στον κήπο *τώρα*!»

«Ένα από τα μεγαλύτερα μαθήματα της ζωής είναι η υπομονή», επισήμανε η δασκάλα.

Μπορεί να έχω μάθει την ορθογραφία της λέξης *υπομονή*, αλλά όσο για αποθέματα υπομονής, δεν είχα καθόλου. Και η κυρία Γελασίδου είχε αρχίσει να μου τη δίνει στα νεύρα.

Απεναντίας, η Σέλμα ήταν ιδιαιτέρως φιλική μαζί της τον τελευταίο καιρό. Στο σχόλασμα ανέβαινε στην έδρα και οι δυο τους ήταν όλο *ψου ψου ψου*. Η δασκάλα την οδηγούσε στην ντουλάπα με τις προμήθειες της τάξης και της έδινε ένα σωρό γκοφρέ χαρτιά διαφορετικών χρωμάτων, τα οποία η Σέλμα δίπλωνε προσεκτικά και μετά στρίμωχνε μέσα στην τσάντα της.

«Τι θα το κάνεις όλο αυτό το χαρτί;» ρώτησα.

Η Σέλμα μού τσίμπησε απαλά τη μύτη. «Πολύ χώνεις τη μύτη σου! Κάνε λίγο υπομονή και θα μάθεις», μου είπε αινιγματικά.

Την επόμενη μέρα στο διάλειμμα η Σέλμα έφυγε σφαίρα και δεν ξαναγύρισε. Απέμεινα ολομόναχη, καθιστή στα σκαλιά της βιβλιοθήκης. Αναζήτησα με το βλέμμα μου τη Φιλ, αλλά αυτή έπαιζε κάποιο χαζό παιχνίδι με τη Νίρα. Έψαξα για τη Μάντι, αλλά εκείνη έπαιζε μπάλα με τον Χάρι. Ένιωθα μοναξιά χωρίς τη Σέλμα. Συλλογίστηκα να πάω στον πεταλουδόκηπο, μα δεν μπορούσα να το βαστάξω.

Τότε, με το που χτύπησε το κουδούνι, η Σέλμα εμφανίστηκε τρέχοντας. «Γρήγορα! Γρήγορα, Τίνα! Τρέξε στον κήπο!» κραύγασε.

«Είδες πεταλούδα;» είπα, αφήνοντας μια πνιχτή κραυγή.

«Πολλές», αποκρίθηκε η Σέλμα, τραβώντας με από τα χέρια. «Βιάσου! Έλα να τις δεις!»

Έτρεξα σαν τον άνεμο μέχρι τον πεταλουδόκηπο. Και έμεινα εκεί, καθηλωμένη. Τουλάχιστον είκοσι πεταλούδες υπήρχαν πάνω στα λουλούδια και στους θάμνους. Όχι αληθινές. Αυτές ήταν χάρτινες πεταλούδες, θαλασσιές, καφετιές, ροζ, πράσινες και λευκές, όλες τους προσεκτικά κομμένες και κολλημένες με σελοτέιπ στα φύλλα.

«Θεέ μου», είπα.

«Το έκανα για να σου δείξω πώς θα είναι μετά», είπε η Σέλμα. «Σου αρέσουν;»

«Ω Σέλμα, είναι τέλειες, απίστευτα τέλειες», είπα εκστασιασμένη. «Ξέρεις τι; Προτείνω να κάνουμε μια λέσχη, εσύ και εγώ. Τη Λέσχη των Πεταλούδων».

«Με μόνο δύο μέλη;» ρώτησε η Σέλμα. «Πολύ κουλ το βρίσκω. Και βρήκα και κάποιον να σου φτιάξει το κέφι. Κοίτα πιο προσεκτικά!»

Έριξα διερευνητικές ματιές τριγύρω. Έψαχνα και έψαχνα, ώσπου ξαφνικά αντίκρισα ένα μικροσκοπικό ανθρωπάκι προσεκτικά κολλημένο με σελοτέιπ σε έναν θάμνο λεβάντας. Ένα πορσελάνινο ανθρωπάκι.

«Μωρό!» άφησα μια πνιχτή κραυγή.

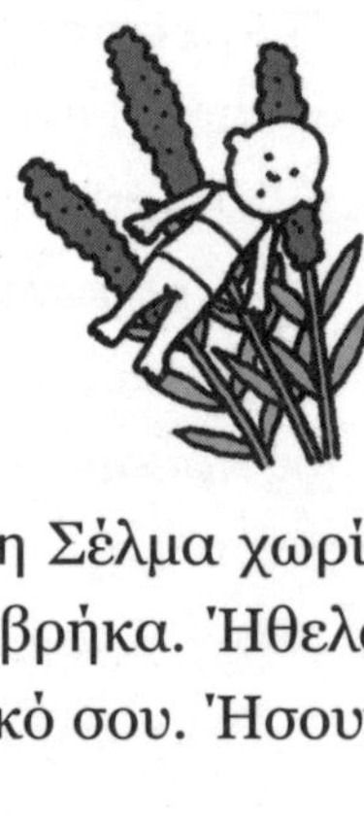

Αργά η Σέλμα το ξεκόλλησε και το απόθεσε στο χέρι μου.

«Αχ, Μωρό, επιτέλους σε ξαναβρίσκω», είπα σφίγγοντάς το στην παλάμη μου και λύθηκα σε δάκρυα.

«Χάθηκε για λίγο», άρχισε να λέει η Σέλμα χωρίς να με κοιτάει κατάματα, «και μετά το βρήκα. Ήθελα να το κρατήσω, αλλά ήξερα ότι ήταν δικό σου. Ήσουν στενοχωρημένη και το είχες ανάγκη».

«Αχ, Σέλμα, σε ευχαριστώ πάρα πολύ!»

«Εμ, γι' αυτό δεν είναι οι φίλες;»

«Είσαι η καλύτερη φίλη του κόσμου!»

«Αλήθεια; Είμαστε κολλητές τώρα; Το εννοείς πραγματικά;»

«Ναι, το εννοώ. Και άκου να δεις: θα σου χαρίσω το νέο Μωρό. Είναι μεγαλύτερο από αυτό το Μωρό και έχει κανονικά ρούχα. Θα σου αρέσει πολύ, σου το υπόσχομαι».

«Είσαι πιο χαρούμενη τώρα; Κλαις ακόμη».

«Λίγο μόνο».

«Δε σε πειράζει πολύ που δεν ήρθαν ακόμη οι πεταλούδες;»

«Ε, αφού έχουμε τις χάρτινες, γιατί να με πειράξει;»

«Δεν είναι και πάρα πολύ καλές. Κάποια από τα φτερά τους ξεχαρβαλώθηκαν και δεν έχουν ακριβώς τα σωστά χρώματα. Δεν είμαι τόσο καλή στα εικαστικά όπως εσύ».

«Είναι πανέμορφες», είπα συγκινημένη. «Πραγματικά πανέμορφες πεταλούδες!»

Και εκείνη ακριβώς τη στιγμή, καθώς μιλούσα, μια αληθινή πεταλούδα φτερούγισε στον αέρα. Μια πραγματική, ολοζώντανη, εξαίσια πεταλούδα, με κόκκινα φτερά και γαλάζιες κηλίδες σαν μάτια.

Μια πεταλούδα-«παγόνι»! είπα κουνώντας μόνο τα χείλη στη Σέλμα, γιατί δεν τολμούσα να μιλήσω δυνατά.

Η πεταλούδα έφερε έναν γύρο γύρω από τον κήπο, ήρθε και κάθισε σε ένα από τα κλαδάκια της μενεξεδιάς βουδλέιας και φτεροκόπησε. Στάθηκε εκεί για αρκετά

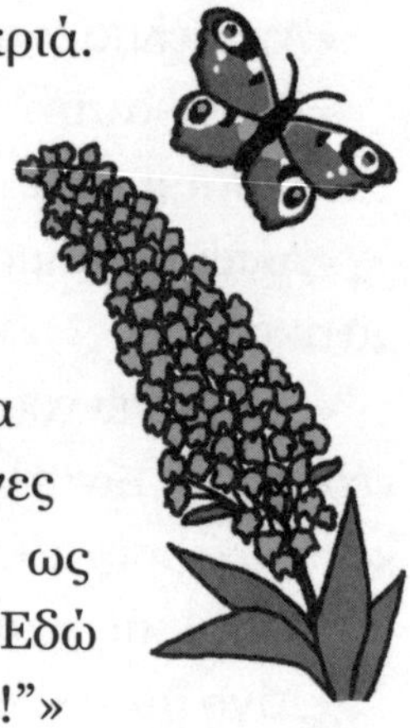

δευτερόλεπτα και έπειτα πέταξε μακριά.

«Ήταν αληθινή;» ψιθύρισα, φοβούμενη μήπως με γελούσαν τα μάτια μου.

«Ήταν πέρα για πέρα αληθινή», αποκρίθηκε η Σέλμα. «Βάζω στοίχημα ότι ήρθε επειδή είδε όλες τις χάρτινες πεταλούδες μου. Λειτούργησαν ως κράχτης. “Ελάτε, παιδιά”, τους είπε. “Εδώ θα περιδρομιάσουμε άφθονο νέκταρ!”»

«Εσύ τα κατάφερες, Σέλμα! Είσαι σπουδαία! Για να δούμε αν θα επιστρέψει η πεταλούδα-“παγόνι”... ή μήπως έρθουν κι άλλες!»

Ωστόσο, δε μας δόθηκε η ευκαιρία να το διαπιστώσουμε την ίδια μέρα, γιατί η Κέιλι ήρθε ολοταχώς προς τα εμάς, με το πρόσωπο ξαναμμένο από τον θρίαμβο.

«Εσείς οι δύο, Σέλμα και Τίνα! Είσαστε χαμένες από χέρι! Η δασκάλα με έστειλε να σας βρω. Έχετε αργήσει δέκα ολόκληρα λεπτά για το μάθημα. Χα χα, καλά να πάθετε! Η δασκάλα θα σας βάλει τιμωρία».

«Βούλωσέ το, Κέιλι», την έκοψε η Σέλμα.

«Όχι, δεν το βουλώνω! Αλήθεια, τι κάνετε οι δυο σας; Κάθεστε και χαζολογάτε στον ηλίθιο κήπο σας; Τι είναι αυτά τα χάρτινα πραγματάκια; Πολύ χάλια δείχνουν!»

«Καθόλου χάλια δε δείχνουν! Είναι τέλεια», της φώναξα θιγμένη. «Έκαναν μια αληθινή πεταλούδα-“παγόνι” να έρθει».

«Αποκλείεται», είπε η Κέιλι.

«Τι αποκλείεται; Εμείς την είδαμε, έτσι δεν είναι, Σέλμα;»

«Ναι, την είδαμε και αυτό έχει σημασία. Κι αν θες να ξέρεις, καρφί δε μας καίγεται αν μας τιμωρήσει η δασκάλα», της πέταξε η Σέλμα.

Εντούτοις, δε μας έβαλε τιμωρία η δασκάλα. Μας έριξε αυστηρές ματιές μόλις μπήκαμε στην τάξη, αλλά όταν είδε τα πρόσωπά μας, χαμογέλασε.

«Τίνα, σου άρεσαν οι χάρτινες πεταλούδες της Σέλμα;» με ρώτησε.

«Ναι, είναι υπέροχες, και μάλιστα ήταν πολύ αποτελεσματικές. Δε θα το πιστέψετε, κυρία: προσέλκυσαν μια πεταλούδα-“παγόνι”, έτσι δεν είναι, Σέλμα;»

«Και βέβαια! Κάθισε σε έναν από τους θάμνους βουδλέιας, κυρία Γελασίδου», επιβεβαίωσε η Σέλμα.

«Κορίτσια, ήταν μεγάλο ατόπημα εκ μέρους σας που δεν μπήκατε στην τάξη όταν χτύπησε το κουδούνι, και γι' αυτό θα μείνετε τιμωρία δέκα λεπτά μετά το σχόλασμα – αλλά, παρ' όλα αυτά, τι τέλειο! Ώστε ήρθε μια πεταλούδα-“παγόνι”! Άρα ο πεταλουδόκηπος δέχτηκε τον πρώτο επισκέπτη του επιτέλους!»

Κεφάλαιο 23

Και άλλες πολλές πεταλούδες ήρθαν! Μια πολύχρωμη Βανέσα, μια Βανέσα, μια κίτρινη πιερίδα, μια πιερίδα του λάχανου και πολλές ακόμα. Η Σέλμα και εγώ τις σημειώσαμε με x στο βιβλίο με τις πεταλούδες.

Αφήσαμε τις χάρτινες πεταλούδες της Σέλμα στη θέση τους. Όταν φυσούσε αγέρας, φτεροκοπούσαν σαν να ήταν αληθινές. Κάποτε όμως, μια νύχτα, ξέσπασε καταιγίδα, και όταν πήγαμε να κοιτάξουμε την επόμενη μέρα, όλες οι χάρτινες πεταλούδες είχαν μουσκέψει και είχαν κομματιαστεί, γι' αυτό αναγκαστήκαμε να τις βγάλουμε. Με προσοχή στέγνωσα τη μεγαλύτερη και μετά την κόλλησα μέσα στο βιβλίο με τις πεταλούδες για να την έχω ενθύμιο. Το έδειξα στη Σέλμα και χάρηκε πολύ.

Καθημερινά καθόμασταν στον πεταλουδόκηπο. Η Φιλ,

η Νίρα, η Μάντι, ο Χάρι και πολλά από τα άλλα παιδιά έρχονταν να παρατηρήσουν τις πεταλούδες. Ήταν φανταστικό να τους κάνω επίδειξη και να τους λέω πώς λεγόταν η καθεμία. Ο Άλιστερ έγινε λίγο εκνευριστικός, γιατί προμηθεύτηκε και αυτός βιβλίο για πεταλούδες και βάλθηκε να ταξινομεί τις πεταλούδες σε οικογένειες – τις μικρές πεταλούδες της οικογένειας «Εσπερίδες», αυτές της οικογένειας «Παπιλιονίδες», τις Υπαυρώτιδες, τις Λύκαινες και τις γαλάζιες Λυκαινίδες, καθώς και τις προνύμφες. Μάλιστα ο Άλιστερ αποπειράθηκε να αποστηθίσει και τις λατινικές ονομασίες τους. Γονάτισε στο τελείωμα του κήπου, μοιράζοντας απλόχερα γνώσεις για τις πεταλούδες.

«Κλείσ' το επιτέλους, Άλιστερ!» του έκοψε τη φόρα η Σέλμα. «Αυτός είναι ο δικός μας πεταλουδόκηπος, εμένα και της Τίνα, και όχι δικός σου. Εμείς τον φτιάξαμε. Και δεν έχουμε καμία όρεξη να σε ακούμε να τσαμπουνάς όλα αυτά. Η Τίνα είναι αυτή που ξέρει για τις πεταλούδες, όχι εσύ».

«Ναι, μα...»

«Δεν έχει μα και ξε-μά! Μας ζάλισες. Θέλουμε να κάτσουμε ήσυχα εδώ και να τις παρακολουθούμε», είπε η Σέλμα.

«Καλά, καλά, μη συγχύζεστε. Θα κάτσω να παρακολουθώ και εγώ», είπε ο Άλιστερ.

Και κάθισε ήσυχα. Ωστόσο, βλέπαμε τα χείλια του να

κουνιούνται καθώς ψιθύριζε τις πληροφορίες στον εαυτό του.

Όποτε η κυρία Γελασίδου είχε χρέη επόπτριας στο προαύλιο, ερχόταν και παρακολουθούσε μαζί μας. Το ίδιο έκαναν και ορισμένοι από τους άλλους δασκάλους.

«Βρε, βρε, επιτυχία!» θαύμασε ο κύριος Χάρινγκεϊ, που διδάσκει στην έκτη. «Όλο αυτό το κοπιαστικό σκάψιμο απέδωσε τελικά. Τα δυο κοριτσάκια δούλεψαν αγόγγυστα επί εβδομάδες. Αναρωτιέμαι γιατί δεν ακολουθήσατε την πρότασή μου να χρησιμοποιήσετε μια φρέζα. Ολόκληρη η περιοχή θα είχε σκαφθεί σε χρόνο ρεκόρ».

«Ναι, αναρωτιέμαι γιατί», είπε η κυρία Γελασίδου, χαμογελώντας μυστηριωδώς.

«Πάντως, τα κορίτσια σου έκαναν εξαιρετική δουλειά. Τους αξίζουν συγχαρητήρια για την προσπάθειά τους».

«Πράγματι!»

Έφερα στο σχολείο τις ξυλομπογιές μου και το μπλοκ σχεδίασης και έκανα αρκετές ζωγραφιές του πεταλουδόκηπου.

«Ζωγράφισέ μας να καθόμαστε δίπλα του», πρότεινε η Σέλμα, και αυτό έκανα.

Μου έλειψε να παρακολουθώ τον πεταλουδόκηπο κατά τη διάρκεια των διακοπών του Πάσχα. Έκανα μπόλικες ζωγραφιές στο σπίτι μαζί με τη Φιλ και τη Μάντι. Ξεκινήσαμε μια καινούρια λέσχη, μια λέσχη τριδύμων, αποκλειστικά δική μας. Έπρεπε να λέμε τα πάντα τρεις φορές και συντάξαμε λίστες με τα τρία αγαπημένα μας φαγητά, τα τρία αγαπημένα ζώα, τα τρία αγαπημένα χρώματα, τα τρία αγαπημένα τηλεοπτικά προγράμματα, τα τρία αγαπημένα χόμπι, τα τρία αγαπημένα βιβλία, τα τρία αγαπημένα άτομα στο σχολείο, τα τρία αγαπημένα τραγούδια, τα τρία αγαπημένα αθλήματα, τις τρεις αγαπημένες πεταλούδες... Μαντέψτε ποιος επέλεξε την τελευταία κατηγορία!

Όταν οι μέρες ήταν ηλιόλουστες παίζαμε ποδόσφαιρο σε αργή κίνηση. Ήταν μια ήπια, ήρεμη παραλλαγή του κανονικού ποδοσφαίρου, ώστε να μη θυμώνει η μαμά που έπαιζα και εγώ. Ο παππούς μάς πρόσεχε όσο οι γονείς μας ήταν στη δουλειά, και έπαιζε κι εκείνος ποδόσφαιρο σε αργή κίνηση. Βέβαια αυτός λαχάνιαζε, πολύ περισσότερο από μένα.

Μερικές φορές αφήναμε τη Φιλ και τη Μάντι να ρίχνουν σουτ εναλλάξ και εμείς αράζαμε στον καναπέ και βλέπαμε τηλεόραση για ένα δεκάλεπτο για να πάρουμε μια ανάσα. Ο παππούς δεν είχε καμία αντίρρηση να παρακολουθεί την Πορφυρένια Ρούμπι. Διασκέδαζε και εκείνος με τα τραγούδια της και συμμετείχε σε όλα τα παιχνίδια της. Απολάμβανε να βλέπει τις ζωγραφιές των παιδιών στο τέλος της εκπομπής.

«Πρέπει και εσύ να στείλεις μια ζωγραφιά σου, Τίνα», πρότεινε.

«Έχω μεγαλώσει, παππού. Αυτό είναι πρόγραμμα για μικρά παιδάκια», του είπα.

«Βρε σαμιαμίδι, ακόμη δε βγήκες από το αυγό και νομίζεις ότι μεγάλωσες; Άσε που δεν υπάρχει όριο ηλικίας». Ο παππούς στύλωσε το βλέμμα του στην οθόνη. «Βλέπεις εκεί; Η ζωγραφιά του αγοριού με το πυροσβεστικό όχημα γράφει *Από τον Μάθιου, επτά ετών*. Και εσύ επτά είσαι, Τίνα. Άντε, δοκίμασε την τύχη σου. Οι δικές σου ζωγραφιές είναι πολύ καλύτερες».

«Αλήθεια το πιστεύεις; Φαντάζεσαι να διάλεγε η Ρούμπι τη δικιά μου; Άραγε ποια να στείλω;» ρώτησα συνεπαρμένη.

Ο παππούς παρατήρησε όλες τις ζωγραφιές μου στο μπλοκ σχεδίασης, μελετώντας καθεμία εξονυχιστικά. «Εγώ θα επέλεγα αυτήν εδώ», είπε τελικά σταματώντας στη ζωγραφιά με τη Σέλμα κι εμένα στον πεταλουδόκηπο.

Έτσι, έσκισα με προσοχή τη σελίδα από το μπλοκ. Έγραψα το όνομά μου και τη διεύθυνσή μου στο πίσω μέρος... κι ύστερα πρόσθεσα λίγο κείμενο για να εξηγήσω τη ζωγραφιά μου.

Τα κορίτσια στη ζωγραφιά είναι
η καλύτερή μου φίλη Σέλμα και εγώ.
Φτιάξαμε αυτό τον πεταλουδόκηπο

στο σχολείο. Μας πήρε καιρό να σκάψουμε τη γη και βάλαμε κομπόστ στο χώμα και συγκεντρώσαμε χρήματα και αγοράσαμε πολλά φυτά και τώρα ΠΑΡΑ ΠΟΛΛΕΣ πεταλούδες έρχονται να πιουν νέκταρ στον κήπο μας.

Πλέον ήμουν πολύ καλύτερη στην ορθογραφία, αλλά έλεγξα όλες τις δύσκολες λέξεις με τον παππού για να σιγουρευτώ ότι δεν υπήρχε κανένα λάθος. Ο παππούς είπε ότι θα έβρισκε έναν μεγάλο, σκληρό φάκελο ώστε να μη διπλωθεί η ζωγραφιά μου, και κατόπιν θα την έστελνε εκείνος για μένα.

Μια εβδομάδα αργότερα, όταν είχαμε επιστρέψει στο σχολείο, έλαβα ένα γράμμα.

«Ένα γράμμα για μένα!» είπα όταν το βρήκα να με περιμένει στο σπίτι.

Ποτέ στη ζωή μου δεν είχα λάβει δικό μου γράμμα. Ο παππούς και η γιαγιά συχνά μας έστελναν καρτ ποστάλ όταν βρίσκονταν διακοπές, αλλά αυτές πάντα απευθύνονταν στη Φιλ, στη Μάντι και σ' εμένα.

«Για να δω», είπε η μαμά με ζωηρή περιέργεια.

«Να αφήσεις την Τίνα να το ανοίξει», την έκοψε ο μπαμπάς. «Δικό της γράμμα είναι».

Έτσι, το άνοιξα εγώ και κοίταξα επίμονα το δακτυλογραφημένο κείμενο στο εσωτερικό.

Αγαπητή Τίνα,

Μας άρεσε πάρα πολύ η ζωγραφιά σου με τον πεταλουδόκηπο. Θα ήθελες εσύ και η Σέλμα να έρθετε στην εκπομπή και να μιλήσετε στη Ρούμπι γι' αυτόν; Συζητήστε το με τους γονείς σας ή τους κηδεμόνες σας, και αν το θεωρούν καλή ιδέα, ζητήστε τους να μας τηλεφωνήσουν στον αριθμό που βρίσκεται στην κορυφή της σελίδας.

Με τις θερμότερες ευχές μας,

Γκάρνετ Μπέικερ

Παραγωγός της εκπομπής

Πορφυρένια Ρούμπι

Το διάβασα δυο φορές, χωρίς να μπορώ να πιστέψω στα μάτια μου.

«Μα τι λέει;» ρώτησε με αγωνία η Φιλ.

«Να το διαβάσουμε εμείς για σένα;» πρότεινε η Μάντι.

«Μπορώ να το διαβάσω και μόνη μου», είπα με τρεμάμενη φωνή.

«Τι είναι, αγάπη μου; Δώσ' το μου εδώ», είπε η μαμά. Παρέδωσα την επιστολή και εκείνη τη διάβασε γρήγορα, με τον μπαμπά να διατρέχει το κείμενο πάνω από τον ώμο της. «Θεέ μου!» αναφώνησε η μαμά.

«Τι είναι;» είπε ανάστατη η Φιλ.

«Τι είναι;» είπε ανάστατη η Μάντι.

«Η Τίνα μας θα βγει στην τηλεόραση», ανήγγειλε ο μπαμπάς και με σήκωσε ψηλά και βάλθηκε να με γυρίζει γύρω γύρω.

«Μα πότε έστειλες τη ζωγραφιά σου στην εκπομπή;» ρώτησε η μαμά μέσα στη σαστιμάρα της.

«Ο παππούς την έστειλε», απάντησα.

«Να 'ναι καλά ο άνθρωπος!» αναφώνησε ο μπαμπάς.

Τώρα η Φιλ και η Μάντι διάβαζαν το γράμμα.

«Τυχερούλα Τίνα!» φώναξε η Φιλ.

«Πάντα ήθελα να εμφανιστώ στην τηλεόραση», είπε η Μάντι.

«Θα αναφέρω και τις δυο σας μόλις τηλεφωνήσω», είπε η μαμά. «Είστε τρίδυμες, πάντοτε κάνετε πράγματα μαζί και θα είσαστε πρωτοτυπία για την εκπομπή. Δε βλέπω τον λόγο να έρθει η Σέλμα. Άλλωστε είμαι σίγουρη ότι η μητέρα της θα δημιουργήσει του κόσμου τα προβλήματα. Θα είναι πολύ καλύτερα αν είστε οι τρεις σας. Μπορούμε και να σας πάρουμε πανομοιότυπες μπλούζες με πεταλούδες. Αυτό θα έδειχνε ωραία στον φακό!»

«Όπα, όπα», παρενέβη ο μπαμπάς. «Πολύ προτρέχεις, καλή μου. Δε θα παραγκωνίσουμε τη Σέλμα από την ευκαιρία που έχει να βγει στην τηλεόραση».

«Όχι, δε θα το κάνουμε», είπα δυνατά και σταθερά. «Αν δεν ήταν η Σέλμα, δε θα υπήρχε πεταλουδόκηπος. Επί της ουσίας έκανε το εκατό τοις εκατό της σκληρής δουλειάς... το σκάψιμο!»

«Ακούγεσαι σαν τον Άλιστερ», είπε η Μάντι.

«Πράγματι, αλλά έχει δίκιο», παραδέχτηκε η Φιλ.

«Και να ξέρετε ότι αν δεν είχε κολλήσει τις χάρτινες πεταλούδες στα φυτά, ίσως οι αληθινές να μην είχαν έρθει ποτέ. Η Σέλμα πρέπει να με συνοδεύσει. Είναι η καλύτερή μου φίλη, εξάλλου», δήλωσα.

Η μαμά άφησε έναν αναστεναγμό. «Δεν καταλαβαίνω γιατί έχεις κολλήσει τόσο πολύ μαζί της. Και εγώ τη λυπάμαι, αλλά είναι το ίδιο κορίτσι που σου φέρθηκε πολύ άσχημα στο παρελθόν και σου έκλεψε το πορσελάνινο κουκλάκι σου».

«Δεν έκλεψε το Μωρό, το δανείστηκε, και τώρα το πήρα πίσω», είπα κι έβγαλα το Μωρό από την τσέπη μου και το κούνησα μπροστά της.

«Θα προτιμούσες δηλαδή να εμφανιστείς στην τηλεόραση μαζί με τη Σέλμα απ' ό,τι με τη Φιλ κι εμένα;» ρώτησε η Μάντι.

«Δε θα το *προτιμούσα* ακριβώς... αυτό όμως είναι το δίκαιο», απάντησα χωρίς δισταγμό.

«Ναι, αλλά δε θα μας χρειαστείς να μιλήσουμε και εμείς λίγο αντί για σένα;» είπε η Φιλ. «Και αν πρέπει να πεις κάτι απ' έξω; Ξέρεις ότι μας έχεις ανάγκη όταν σε κυριεύει νευρικότητα».

«Δε θα με καταλάβει νευρικότητα. Θέλω να γνωρίσω τη Ρούμπι. Και μου αρέσει πολύ να μιλάω για πεταλούδες και για τον κήπο μου», δήλωσα αποφασιστικά.

Τελικά όμως, κυριεύτηκα από μεγάλη νευρικότητα σε ολόκληρη τη διαδρομή μέχρι το στούντιο. Το συνεργείο της εκπομπής έστειλε ένα μεγάλο αυτοκίνητο για να μας οδηγήσει εκεί. Πάλι καλά που ήταν μεγάλο, γιατί δεν ήμασταν και λίγοι νοματαίοι. Ήταν η μαμά. Ήταν η Σέλμα. Η μαμά της Σέλμα δήλωσε ότι δεν μπορούσε να έρθει, αλλά κανείς δεν ενοχλήθηκε, ούτε καν η ίδια η Σέλμα. Ήμουν εγώ. Δεν έπιανα πολύ χώρο, γι' αυτό η μαμά είπε να έρθουν η Φιλ με τη Μάντι, μόνο και μόνο για να παρακολουθήσουν. Μας είχε αγοράσει ταιριαστές μπλούζες με πεταλούδες. Της Φιλ ήταν ροζ, της Μάντι ήταν γαλάζια και η δική μου ήταν πράσινη. Αγόρασε και μία μπλούζα για τη Σέλμα, μια κόκκινη.

«Σου πάει, καλό μου», επιδοκίμασε η μαμά όταν η Σέλμα τη φόρεσε.

Η Σέλμα αρκέστηκε σε ένα ανασήκωμα των ώμων της και δεν ευχαρίστησε κανονικά, όμως ήταν εμφανές ότι ήταν πολύ ευχαριστημένη. «Χαίρομαι που η μπλούζα μου είναι κόκκινη», σχολίασε και συνεχώς χάιδευε το απαλό ύφασμα της καινούριας μπλούζας.

Η Σέλμα φορούσε το βραχιόλι της φιλίας και είχε κι αυτό κόκκινες χάντρες, οπότε ταίριαζε με την μπλούζα της. Είχε το νέο Μωρό στην τσέπη του τζιν της. Εγώ είχα το αγαπημένο μου παλιό Μωρό στη δικιά μου. Σύντομα το έβγαλα και το έσφιξα στην παλάμη μου για να πάρω κουράγιο.

Ήταν μακρινή η διαδρομή μέχρι το στούντιο και επικρατούσε κυκλοφοριακό κομφούζιο, κι έτσι όλη την ώρα σταματούσαμε και ξεκινούσαμε. Ήδη είχα ένα περίεργο αίσθημα στην κοιλιά μου, που χειροτέρευε ολοένα, τόσο που φοβήθηκα μην κάνω εμετό.

«Τι έχεις, Τίνα; Δεν αισθάνεσαι καλά;» με ρώτησε η μαμά ανήσυχη.

«Καλά είμαι», απάντησα με ασθενική φωνούλα.

Πιεζόμουν ανάμεσα στη Σέλμα και τη Φιλ και δεν μπορούσα να κουνηθώ. Και αν έκανα εμετό επάνω τους;

Ο σοφέρ έφερνε λίγο στον παππού. Με κοίταξε από τον καθρέφτη και μετά πάτησε ένα κουμπί για να κατεβάσει λίγο τα παράθυρα. «Για να μπει δροσερός αέρας στο αμάξι», είπε ευδιάθετα. «Να ξεθολώσει και λίγο το μυαλό μας».

Ένιωσα κάπως καλύτερα με το δροσερό αεράκι, αλλά ανακατευόμουν ακόμη. Με κατέλαβε νευρικότητα.

«Σίγουρα είσαι εντάξει, Τίνα;» σφύριξε η Φιλ.

Έγνεψα καταφατικά.

Εκείνη και η Μάντι ξεκίνησαν να παίζουν πρόσωπο – ζώο – πράγμα. Εγώ δε συμμετείχα. Ούτε η Σέλμα.

«Τι τρέχει;» ψιθύρισε η Σέλμα στο αυτί μου.

«Νιώθω περίεργα στην κοιλιά. Ανακατεύομαι», της ψιθύρισα.

Η Σέλμα έμεινε για λίγο σιωπηλή. Έπειτα χαμογέλασε. «Σαν να έχεις πεταλούδες μέσα στην κοιλιά σου!» μου είπε.

Δεν κατάφερα να συγκρατήσω τα γέλια μου. Ξαλάφρωσα τότε, αν και η αδιαθεσία δεν υποχώρησε εντελώς. Βάλθηκα να τρίβω την κοιλιά μου, μουρμουρίζοντας: «Πολύχρωμη Βανέσα, πεταλούδα-“παγόνι”, κίτρινη πιερίδα, μπλε Άδωνις...» ενώ συνάμα τις έπλαθα στη φαντασία μου, μαζί με εξωτικές πεταλούδες από την άλλη πλευρά του ωκεανού: «γαλάζια Μορφώ, Μελπομένη...» και τις φανταζόμουν όλες μαζί να φτερουγίζουν μέσα στην κοιλιά μου και ύστερα να στροβιλίζονται ψηλά, δραπετεύοντας από το στόμα μου για να πετάξουν μέσα στο αυτοκίνητο, να βγουν από τα ανοιχτά παράθυρα και να ξεχυθούν στον γαλανό ουρανό.

Τότε φτάσαμε στο στούντιο της εκπομπής και η αδιαθεσία μου επιδεινώθηκε. Κρεμάστηκα από το χέρι της Σέλμα. Ακόμα και η Φιλ και η Μάντι αγχώθηκαν, που δεν είχαν ουσιαστικά κανένα ρόλο.

«Έχετε τον νου σας για κανέναν διάσημο», είπε η Μάντι καθώς μπαίναμε.

«Η Τίνα μας θα γίνει λίγο διάσημη», αναφώνησε η Φιλ. «Για φαντάσου!»

Αναγγείλαμε τα ονόματά μας στην υποδοχή και μας

έδωσαν ειδικά καρτελάκια με το όνομά μας για να τα φοράμε γύρω από τον λαιμό – ακόμα και η μαμά και η Φιλ και η Μάντι. Ύστερα, έπρεπε να περιμένουμε σε έναν μεγάλο καναπέ ώσπου να έρθει κάποιος να μας παραλάβει.

Ήταν μια κοπέλα με απίστευτες μπότες στα χρώματα του ουράνιου τόξου.

«Γεια σε όλους σας. Καλώς ήρθατε. Είστε η κυρία Μέιναρντ; Και, για να μαντέψω... Τίνα; Και εσύ πρέπει να είσαι η Σέλμα. Και, αχ, απίστευτο, δίδυμα!»

«Τρίδυμα, βασικά», διόρθωσε η Φιλ.

«Είμαστε οι αδελφές της Τίνα. Εγώ είμαι η Μάντι και εκείνη είναι η Φιλ».

«Υπέροχα!» είπε το κορίτσι με τις υπέροχες μπότες. «Ακολουθήστε με, παρακαλώ, και θα σας οδηγήσω πάνω».

«Εσείς γράψατε την επιστολή; Εσείς είστε η Γκάρνετ Μπέικερ;» ρώτησε η μαμά.

«Όχι, όχι, θα τη συναντήσετε εντός ολίγου. Ονομάζομαι Τζέιν και είμαι το παιδί για όλες τις δουλειές», εξήγησε.

«Ουάου, πώς γίνεται να βρεις δουλειά σε στούντιο ως παιδί για όλες τις δουλειές;» ρώτησε με ζωηρό ενδιαφέρον η Μάντι. «Πολύ θα ήθελα να το κάνω αυτό. Πόσες δηλαδή δουλειές κάνετε;»

«Τρέχω στους διαδρόμους πάνω κάτω παραλαμβάνοντας ανθρώπους και φέρνοντας καφέδες και οδηγώντας κόσμο στα καμαρίνια και, για να το πω αλλιώς, γενικώς βρίσκω τρόπους για να γίνομαι χρήσιμη», εξήγησε η Τζέιν.

«Τι τέλειο!» ψέλλισε η Μάντι με μάτια που έλαμπαν.

«Η Τίνα θα έχει δικό της καμαρίνι;» ρώτησε η Φιλ.

«Είναι έτοιμη, ντυμένη. Αγόρασα τις μπλούζες με τις πεταλούδες ειδικά για την περίσταση», είπε η μαμά.

«Το "καμαρίνι" δεν είναι ακριβώς καμαρίνι», άρχισε να λέει η Τζέιν. «Είναι απλώς ένας ιδιωτικός χώρος όπου μπορείτε να περιμένετε όλοι σας ώσπου να σας χρειαστούμε για το γύρισμα. Η Τίνα και η Σέλμα ίσως πρέπει να πάνε στο μακιγιάζ πρώτα».

«Μακιγιάζ!» επανέλαβε η Φιλ συνεπαρμένη. «Αχ, τυχερούλες!»

«Ελπίζω να μην είναι και ακριβώς μακιγιάζ», είπε η μαμά κάπως μαγκωμένα. «Είναι πολύ μικρές για να μακιγιαριστούν».

«Εγώ δεν είμαι», αντέκρουσε γρήγορα η Σέλμα. «Είμαι πολύ μεγαλύτερη από την Τίνα. Θέλω να φορέσω μέικ απ!»

«Δεν είναι κανονικό, πλήρες βάψιμο. Λίγη πούδρα μονάχα για να μη γυαλίζει το δέρμα των κοριτσιών κάτω από το φως των προβολέων», εξήγησε υπομονετικά η Τζέιν.

Η κοπέλα μάς οδηγούσε μέσα και έξω από ασανσέρ, πάνω κάτω σε διαδρόμους, και επιτέλους φτάσαμε σε μια σειρά από πόρτες. Προς μεγάλη μου έκπληξη, η πλησιέστερη πόρτα είχε αναρτημένη μια επιγραφή που έλεγε

ΤΙΝΑ ΜΕΪΝΑΡΝΤ ΚΑΙ ΣΕΛΜΑ ΤΖΟΝΣΟΝ

«Κοιτάξτε εδώ», είπε σαστισμένη η Μάντι. «Γίνατε διάσημες κιόλας!»

Το καμαρίνι δεν ήταν ιδιαίτερα ευρύχωρο. Ήταν ένας περιορισμένος χώρος με έναν σχετικά παλιό καναπέ, μια πολυθρόνα και έναν μεγάλο καθρέφτη.

«Να κεράσουμε καφέ, κυρία Μέιναρντ;» είπε η Τζέιν. «Και τι θα ήθελαν τα κορίτσια μας; Κόκα κόλα ή χυμό πορτοκάλι;»

«Κόκα κόλα!» είπαμε και οι τρεις με μια φωνή.

«Χυμό πορτοκάλι», είπε κοφτά η μαμά.

Η Τζέιν γέλασε και μόλις έφερε τον δίσκο πέντε λεπτά αργότερα, υπήρχαν τέσσερα κουτάκια με χυμό πορτοκάλι και τέσσερις κόκα κόλες. «Έτσι, για να διαλέξετε», μας είπε. «Εγώ σας αφήνω, γιατί πρέπει να επιστρέψω στο στούντιο. Η Γκάρνετ έρχεται τώρα να σας μιλήσει για το γύρισμα. Καλή διασκέδαση!»

Το σμήνος πεταλούδων δεν έλεγε να φύγει από το στομάχι μου, παρ' όλα αυτά άρχισα να διασκεδάζω.

Έπινα μια μεγάλη γουλιά κόκα κόλα όταν η πόρτα άνοιξε και μια πολύ οικεία φυσιογνωμία διέσχισε το κατώφλι. Από τη σαστιμάρα μου ξέχασα να καταπιώ και το αναψυκτικό πιτσίλισε την μπλούζα μου.

«Οχ, όχι!» έκανε η μαμά, σκουπίζοντάς με με χαρτομάντιλο. «Πάνω στην καινούρια σου μπλούζα, Τίνα!»

«Είναι η Ρούμπι», τραύλισα με δέος.

Από κοντά η Ρούμπι έδειχνε κάπως διαφορετική. Δεν είχε τις τρελιάρικες κοτσίδες της με τις κόκκινες κορδέλες και δε φορούσε την κόκκινη και άσπρη ριγωτή μπλούζα της ούτε την κόκκινη σαλοπέτα της. Είχε κομμένα τα μαλλιά της στο ύψος των ώμων και ήταν ντυμένη με μαύρο τζιν και μαύρη κοντομάνικη μπλούζα. Όμως εγώ θα την αναγνώριζα παντού.

Έλα όμως που έκανα λάθος!

«Είσαι εντάξει, Τίνα; Συγγνώμη για την τρομάρα που πήρες. Βασικά δεν είμαι η Ρούμπι. Είμαι η Γκάρνετ», μας συστήθηκε.

Μείναμε όλες να την κοιτάμε με μάτια γουρλωμένα.

«Μα είστε ίδια η Ρούμπι», είπε η Φιλ.

«Το ξέρω. Πώς το ερμηνεύετε εσείς; Για να σας δω!» Η Γκάρνετ κοίταζε μια τη Φιλ, μια τη Μάντι. «Εσείς οι δύο έπρεπε να το μαντέψετε αμέσως!»

«Ουάου! Είστε η δίδυμη αδελφή της Ρούμπι;» ρώτησε η Μάντι.

«Ακριβώς. Μοιάζαμε σαν δυο σταγόνες νερό όταν ήμασταν μικρές, προτού ξεκινήσουμε να ντυνόμαστε διαφορετικά», εξήγησε η Γκάρνετ. «Όπως εσείς!»

«Μόνο που εμείς δεν είμαστε δίδυμες», βιάστηκε να πει η Φιλ. «Είμαστε τρίδυμες, η Μάντι, η Τίνα και εγώ».

«Αλλά εγώ είμαι αυτή που διαφέρει», εξήγησα.

«Εσύ είσαι που ξέρεις τα πάντα για τις πεταλούδες», είπε η Γκάρνετ χαμογελαστή. «Και εσύ πρέπει να είσαι η Σέλμα, η φίλη της Τίνα».

«Είμαι η καλύτερη φίλη της», είπε η Σέλμα. «Και ανέλαβα σχεδόν εξ ολοκλήρου το σκάψιμο, γιατί είμαι η δυνατότερη».

«Έφερα μαζί μου τη Φιλ και τη Μάντι, γιατί πίστευα ότι θα ενδιαφερόσασταν να δείτε τρίδυμες. Όπως και να το κάνουμε, είναι μια πρωτοτυπία», είπε η μαμά. «Και φοιτούν όλες τους στην ίδια τάξη του σχολείου, και έτσι απασχολήθηκαν κι εκείνες με τον πεταλουδόκηπο».

«Όχι, δεν ασχολήθηκαν!» της αντιγύρισε η Σέλμα. Ακούστηκε αγενής αλλά ήταν φανερό ότι φοβόταν μην την αφήσουν απ' έξω.

Η μαμά χαμογέλασε ψυχρά. «Έλα τώρα, Σέλμα», της είπε.

«Η Σέλμα έκανε την περισσότερη δουλειά», βιάστηκα να πω.

«Σίγουρα θα μπορέσουμε να αξιοποιήσουμε όλα τα κορίτσια», είπε η Γκάρνετ. «Θα κάνω κάποιες τροποποιήσεις στο σενάριο». Μόλις απόσωσε την κουβέντα της, βάλθηκε να γράφει στα χαρτιά που κρατούσε.

«Πρέπει να μάθουμε κείμενο;» ρώτησε η Σέλμα ανήσυχη.

«Όχι, όχι, υπάρχει ένα γενικό πλάνο για το πώς θα παιχτεί η σκηνή», την πληροφόρησε η Γκάρνετ.

«Δε θα παρεξηγηθεί ο σεναριογράφος αν αλλάξετε το σενάριο;» ρώτησε με έγνοια η Φιλ.

Η Γκάρνετ γέλασε. «Όχι, γιατί εγώ είμαι η σεναριογράφος, εκτός από παραγωγός», εξήγησε εύθυμα.

«Η Ρούμπι λοιπόν κάνει ό,τι της γράφετε εσείς;» αναρωτήθηκα.

«Κανονικά έτσι πρέπει. Αυτό δε σημαίνει βέβαια ότι το κάνει!» είπε η Γκάρνετ. «Εσείς, κορίτσια, ξέρετε πώς είναι οι αδελφές».

Η Φιλ, η Μάντι και εγώ γνέψαμε καταφατικά με έμφαση.

«Τώρα θα πάρω τις τέσσερίς σας στο μακιγιάζ και μετά θα πάμε στο στούντιο. Η Ρούμπι είναι ήδη εκεί», είπε η Γκάρνετ.

Η κυρία του μακιγιάζ ονομαζόταν Μόιρα. Καθίσαμε εναλλάξ στην καρέκλα φορώντας μια ποδιά γύρω από τον λαιμό μας, ενόσω εκείνη πούδραρε τη μύτη μας και χτένιζε τα μαλλιά μας. Η Σέλμα παρακάλεσε για λίγο κραγιόν, έτσι η Μόιρα επέλεξε μια απαλή ροζ περλέ απόχρωση που φαινόταν αδιόρατα. Μετά ήθελαν κραγιόν η Φιλ και η Μάντι. Και εγώ.

«Κοίτα εδώ καμώματα. Καλέ, τι απαιτητικές δεσποινίδες είσαστε εσείς», είπε τραγουδιστά η Μόιρα, αλλά ήταν φανερό ότι μας πείραζε.

Έπειτα, η Γκάρνετ μάς οδήγησε στο στούντιο. Ο χώρος προκαλούσε σύγχυση – ήταν πολύ σκοτεινός σε ορισμένα σημεία, είχε κάθε λογής καλώδια και πρίζες που μπορούσες να σκοντάψεις πάνω τους, και γινόταν ολόλαμπρος στην άκρη του, εκεί όπου βρίσκονταν οι κάμερες. Εκεί δέσποζε το πλέιρουμ της Ρούμπι, με τον αφράτο, παραφουσκωμένο κόκκινο καναπέ της, το γυαλιστερό κόκκινο τραπέζι της και το κόκκινο κουτί παιχνιδιών της, ξέχειλο από χαρτόνια και ξυλομπογιές και ψαλίδια… και δίπλα στεκόταν η Ρούμπι αυτοπροσώπως!

Οι πεταλούδες στο στομάχι μου φτεροκόπησαν ξανά. Τι παράξενο να αντικρίζω τη Ρούμπι στην πραγματική ζωή, με τη γνώριμη κόκκινη φορεσιά της, με τις αστείες πλεξούδες της, ενώ ήμουν συνηθισμένη να τη βλέπω μικρούλα στην τηλεόραση. Αλλά εκείνη μας χαμογέλασε μόλις μας αντίκρισε.

«Γεια σας, παιδιά», είπε περπατώντας προς εμάς. «Είμαι η Ρούμπι. Εσύ πρέπει να είσαι η Τίνα, το κορίτσι με τον πεταλουδόκηπο;»

«Μάλιστα, και αυτές είναι οι αδελφές μου, η Φιλ και η Μάντι, και αυτή είναι η φίλη μου η Σέλμα», είπα σεμνά.

«Είμαι η καλύτερη φίλη της», διευκρίνισε η Σέλμα. «Και έσκαψα σχεδόν ολόκληρο τον κήπο μόνη μου».

«Αμέ, βλέπω ότι είσαι κορίτσι με μυς, όχι παίξε γέλασε!» είπε η Ρούμπι, πιέζοντας τα μπράτσα της Σέλμα και δείχνοντας εντυπωσιασμένη.

Η Σέλμα χαμογέλασε περήφανα.

«Θα συζητήσω με όλες σας και θα δείξουμε την όμορφη ζωγραφιά σου, Τίνα, και μετά θα μας πεις πώς φτιάξατε τον πεταλουδόκηπο», είπε η Ρούμπι. «Ας βάλουμε μικρόφωνα σε όλες σας».

Ένας ευγενικός κύριος στερέωσε από ένα μικροφωνάκι ψηλά στην μπλούζα μας και εμείς κρύψαμε τη θήκη με τις μπαταρίες μέσα στην τσέπη των τζιν μας.

Η Σέλμα παρατηρούσε διερευνητικά τις κάμερες, κουνώντας το χέρι της μπροστά σε καθεμία. «Οι δικοί μου με βλέπουν να χαιρετάω;»

«Όχι, όχι ακόμη. Η εκπομπή είναι μαγνητοσκοπημένη, δε βγαίνουμε ζωντανά. Και προσπαθήστε να μην κοιτάζετε τις κάμερες. Να κοιτάτε εμένα», είπε η Ρούμπι.

«Τι λέτε; Να ξεκινήσουμε;» είπε η Γκάρνετ κεφάτη. «Τίνα, έλα να σταθείς δίπλα στη Ρούμπι. Σέλμα, Φιλ και Μάντι, εσείς καθίστε στον καναπέ, εντάξει;»

«Καλή τύχη, κορίτσια», μας ευχήθηκε η μαμά. «Μη φοβάσαι, Τίνα. Προσπάθησε να χαμογελάς!»

Τότε ξαφνικά, φοβήθηκα πάρα πολύ. Συλλογίστηκα τα χιλιάδες παιδιά που θα έβλεπαν την Πορφυρένια Ρούμπι. Μπορεί να με έδειχναν λέγοντας: *Δες εκεί ένα ηλίθιο σαμιαμίδι και μια σαχλή ζωγραφιά!*

Οι πεταλούδες είχαν στήσει τρελό χορό στο στομάχι μου. «Σας παρακαλώ, νομίζω ότι θα κάνω εμετό!» τσίριξα.

«Αφήστε, θα το αναλάβω εγώ», δραστηριοποιήθηκε αμέσως η μαμά. «Θα την πάρω».

Γοργά με έβγαλε από το στούντιο και διασχίσαμε τον διάδρομο μέχρι τις τουαλέτες. Με οδήγησε σε μία από αυτές και μου κράτησε το κεφάλι πάνω από τη λεκάνη. Παρότι ανακατευόμουν φριχτά, εμετό δεν έκανα. Αντί γι' αυτό, πήγα τουαλέτα, αλλά όταν μπλέχτηκα λίγο με τα καλώδια, αναρωτήθηκα αν όλο το συνεργείο του στούντιο με άκουγε να κάνω τσίσα μου.

Έβαλα τα κλάματα.

«Αχ, Τίνα», έκανε αμέσως η μαμά. «Έλα να σε πάρω αγκαλίτσα. Μη στενοχωριέσαι, ματάκια μου. Δεν είσαι υποχρεωμένη να το κάνεις αυτό εάν πραγματικά δεν το θες. Σίγουρα η Φιλ και η Μάντι μπορούν να μιλήσουν για τον πεταλουδόκηπο. Εσύ απλώς θα κρατήσεις ψηλά την ωραία ζωγραφιά σου. Τι λες γι' αυτό;»

Στα λόγια αυτά, έκλαψα δυνατότερα.

«Αχ, καρδούλα μου. Το περίμενα ότι θα συνέβαινε κάτι τέτοιο», είπε η μαμά.

Τότε η Γκάρνετ μπήκε στις γυναικείες τουαλέτες. Έκρυψα το πρόσωπό μου, φριχτά ντροπιασμένη.

«Μη στενοχωριέσαι, Τίνα», είπε μαλακά. «Ξέρω ακριβώς πώς νιώθεις». Η Γκάρνετ μού έδωσε ένα μεγάλο, καθαρό χαρτομάντιλο και εγώ σκούπισα το πρόσωπό μου.

«Όταν η Ρούμπι και εγώ ήμασταν μικρές, πήγαμε σε μια οντισιόν για να παίξουμε τα δίδυμα σε ένα παιδικό τηλεοπτικό σίριαλ. Η Ρούμπι ήθελε πώς και τι να πάρουμε τους ρόλους. Ανέκαθεν ήθελε να γίνει ηθοποιός. Εγώ πάλι ήμουν πολύ ντροπαλή και αμήχανη και δεν κατάφερνα να πω λέξη».

«Αλήθεια;» είπα ρουφώντας τη μύτη μου.

«Ναι, αλήθεια. Είχα συνηθίσει να λέει η Ρούμπι τα πάντα αντί για μένα».

«Αυτό πιστεύω ότι πρέπει να κάνουμε», είπε η μαμά. «Η Φιλ και η Μάντι μπορούν να πουν πράγματα, δεν είναι καθόλου ντροπαλές. Ύστερα η Τίνα μπορεί κάποια στιγμή να συμμετάσχει».

«Όμως ο πεταλουδόκηπος ήταν δική σου ιδέα, σωστά, Τίνα; Και εσύ τον έφτιαξες όλο», είπε μαλακά η Γκάρνετ.

«Μαζί με τη Σέλμα», είπα.

«Ναι, μαζί με τη Σέλμα. Γι' αυτό πιστεύω ότι θα ήταν θαυμάσιο αν έβρισκες το θάρρος να μας πεις τα πάντα γι' αυτόν. Θυμήσου, είναι μόνο ένα γύρισμα. Αν οποιαδήποτε στιγμή τύχει να μπερδέψεις τα λόγια σου, μπορούμε να σταματήσουμε και να ξαναξεκινήσουμε».

«Δε μου αρέσει η σκέψη ότι όλοι οι άνθρωποι με παρατηρούν», είπα φυσώντας τη μύτη μου.

«Το ξέρω, αλλά εμείς θα προσπαθήσουμε να τους ξεχάσουμε. Θα είσαι μονάχα εσύ και η φίλη σου και οι αδελφές σου και η Ρούμπι και θα συζητάτε. Τι λες, θα το προσπαθήσεις; Θα το ευχαριστιόμουν πολύ, πάρα πολύ αν το δοκίμαζες, γιατί πιστεύω ότι θα είναι μία από τις καλύτερες εκπομπές μας. Θα είναι τέλεια αν ενθαρρύνουμε και άλλα παιδιά να φτιάξουν τους δικούς τους πεταλουδόκηπους», είπε η Γκάρνετ.

Άξαφνα έπλασα στο μυαλό μου την εικόνα εκατοντάδων καινούριων κήπων σε ολόκληρη τη χώρα, με σμήνη πεταλούδων να φτερουγίζουν επάνω τους. Σε τούτη την υπέροχη σκέψη άθελά μου χαμογέλασα.

«Έτσι μπράβο!» επιδοκίμασε η Γκάρνετ. «Έλα να πάμε πάλι στο μακιγιάζ να πουδράρουμε αυτή την κόκκινη μυτούλα και μετά θα δοκιμάσουμε πάλι. Εντάξει;»

«Εντάξει», αποκρίθηκα.

Και πράγματι, ήταν όλα εντάξει.

Ήξερα ότι η Φιλ και η Μάντι δε θα με πείραζαν μόλις επέστρεφα στο στούντιο, ανησυχούσα όμως λίγο για τη Σέλμα.

Όπως αποδείχτηκε, δεν υπήρχε λόγος.

«Είσαι καλά, Τίνα;» με ρώτησε με έγνοια. «Έκανες εμετό;»

«Όχι. Ανακατευόμουν, αλλά τελικά δεν έκανα».

«Να κρατάς σφιχτά το Μωρό. Θα σε κάνει να νιώσεις καλύτερα. Κράτησε και το νέο Μωρό αν θες, για έξτρα εμψύχωση», μου πρότεινε η Σέλμα.

«Όχι, είμαι μια χαρά τώρα, νομίζω. Σε ευχαριστώ, πάντως», είπα και έσφιξα το δικό της χέρι αντί για το Μωρό.

Ύστερα ξεκινήσαμε το γύρισμα.

«Γεια χαρά! Είμαι η Πορφυρένια Ρούμπι και αυτό είναι το κατακόκκινο δωμάτιό μου», είπε η Ρούμπι.

«Αυτό είναι το κατακόκκινο τραπέζι μου, η κατακόκκινη πολυθρόνα μου, το κατακόκκινο κουτί παιχνιδιών μου και... δείτε ποιος κάθεται στον κατακόκκινο καναπέ μου! Ένα, δύο, τρία, τέσσερα κορίτσια ήρθαν να μας χαιρετήσουν. Ξέρω ότι αυτή είναι η Τίνα, γιατί μου έστειλε την πιο τέλεια ζωγραφιά! Τίνα, έλα να μου πεις ποια είναι τα άλλα κορίτσια».

«Είναι οι αδελφές μου, η Φιλ και η Μάντι», τις σύστησα και καθεμιά μού κούνησε ελαφρά το χέρι.

«Γεια σου, Φιλ. Γεια σου, Μάντι. Καλέ, εσείς οι δύο μοιάζετε σαν δυο σταγόνες νερό. Πώς γίνεται αυτό; Είστε δίδυμες;» ρώτησε η Ρούμπι.

«Όχι, είμαστε τρίδυμες», εξήγησε η Φιλ.

«Και η Τίνα είναι τρίδυμη, αλλά είναι λίγο μικρότερη από εμάς», συμπλήρωσε η Μάντι.

«Και όσο πάει, μεγαλώνω», πρόσθεσα.

«Και πάλι, είναι πολύ μικρότερη από εμένα», μίλησε η Σέλμα.

«Η Σέλμα είναι η καλύτερή μου φίλη», τη σύστησα.

«Και φτιάξαμε τον πεταλουδόκηπο μαζί. Εγώ έκανα όλο το σκάψιμο!» είπε η Σέλμα.

«Ναι, είσαι το δυνατότερο κορίτσι», είπε η Ρούμπι. «Μάλλον είσαι δυνατότερη και από μένα, Σέλμα. Όμως εσύ, Τίνα, ήσουν εκείνη που πρώτη ενδιαφέρθηκε για τις πεταλούδες;»

«Μου άρεσε να τις ζωγραφίζω. Η κυρία Γελασίδου μού έδωσε ένα βιβλίο για τις πεταλούδες όταν ήμουν άρρωστη», εξήγησα.

«Και ποια είναι η κυρία Γελασίδου;» ρώτησε η Ρούμπι.

«Είναι η δασκάλα μας», αποκρίθηκε η Σέλμα.

«Είναι καλή δασκάλα;»

«Είναι πολύ καλή δασκάλα, αλλά είναι πολύ αυστηρή», είπε η Φιλ.

«Ώρες ώρες μπορεί να γίνει τρομακτική», πρόσθεσε η Μάντι. «Ακόμα και η μαμά μας τη φοβάται λίγο!»

Ακούστηκε ένα μικρό επιφώνημα διαμαρτυρίας από τη γωνία του στούντιο, όπου παρακολουθούσε η μαμά.

«Εγώ δεν τη φοβάμαι. Τη συμπαθώ», είπε απρόσμενα η Σέλμα.

«Και εγώ τη συμπαθώ. Είναι πάρα πολύ καλή», συμφώνησα. «Και μας βοήθησε να συγκεντρώσουμε χρήματα για τον πεταλουδόκηπο και αγόρασε όλα τα φυτά μαζί μας. Και με πλήρωσε αδρά όταν αρίστευσα σε ένα διαγώνισμα ορθογραφίας!»

«Είσαι καλή στην ορθογραφία, Τίνα;»

«Παλιά δεν ήμουν. Αλλά τώρα είμαι πολύ καλή!»

«Και επίσης είσαι εξαιρετική στη ζωγραφική. Αυτή είναι η ζωγραφιά σου με τον πεταλουδόκηπο. Θα ήθελες να την κρατήσεις ψηλά και να τη δείξεις σε όλους;»

Σήκωσα ψηλά τη ζωγραφιά μου. Ήξερα ότι η κάμερα ήταν στραμμένη εκεί.

«Εδώ είμαι εγώ και εδώ είναι η Σέλμα. Και αυτά εδώ είναι όλα τα φυτά που αρέσουν στις πεταλούδες. Η βουδλέια – αυτήν συμπαθούν περισσότερο από όλα τα φυτά. Αρκετοί άνθρωποι την αποκαλούν "θάμνο των πεταλούδων". Και εδώ είναι η πρίμουλα, η ωβριετία, το λιβανόχορτο, η φραγκογαριφαλιά, η λεβάντα, η κόκκινη βαλεριάνα και οι αστέρες. Όλα τους έχουν άφθονο νέκταρ», εξήγησα δείχνοντας κάθε φυτό με τη σειρά του.

«Και αγριοραδίκια και τσουκνίδες – και αυτά αρέσουν στις πεταλούδες. Τα βρήκα πανεύκολα!» συμπλήρωσε η Σέλμα. «Είμαστε η Λέσχη των Πεταλούδων, η Τίνα και εγώ. Οι δυο μας μόνο!»

«Και βλέπω στη ζωγραφιά όλες αυτές τις πεταλούδες να πετούν γύρω από τον κήπο σας», συνέχισε η Ρούμπι.

«Υπάρχουν αληθινές πεταλούδες: η πεταλούδα-"παγόνι", μια Βανέσα, η πιερίδα, ο μπλε Άδωνις –αν και εδώ υπερέβαλλα λίγο γιατί ο κήπος μας δεν έχει πάρα πολύ ασβεστόλιθο– καθώς και εκείνες οι χάρτινες πεταλούδες. Η Σέλμα τις στερέωσε στους θάμνους για να μου φτιάξει το κέφι όταν οι αληθινές πεταλούδες αργούσαν πολύ να έρθουν», εξήγησα.

«Είναι πανέμορφο», θαύμασε η Ρούμπι. «Θα δοκιμάσω και εγώ να φτιάξω έναν πεταλουδόκηπο». Η Ρούμπι στράφηκε στην κάμερα. «Γιατί δε ρωτάτε και εσείς κάποιον μεγάλο αν μπορείτε να φτιάξετε ένα μικρό κομμάτι κήπου ειδικά για πεταλούδες! Αν μπείτε στην ιστοσελίδα μας, θα βρείτε έναν κατάλογο με όλα τα φυτά που αγαπούν οι πεταλούδες. Και τώρα έφτασε η ώρα να σας αποχαιρετήσουμε. Χαιρετήστε τους όλους, Τίνα, Σέλμα, Φιλ και Μάντι. Γεια χαρά, παιδιά! Γεια σας!»

«Γεια σας!» είπαμε όλες εν χορώ και κουνήσαμε τα χέρια μας.

«Συνεχίστε να κουνάτε τα χέρια σας», μουρμούρισε η Ρούμπι, και έτσι εμείς συνεχίσαμε να γνέφουμε.

«Εντάξει», είπε στο τέλος. «Συγχαρητήρια! Μπράβο, κορίτσια!»

«Ήταν εξαιρετικό!» θαύμασε η Γκάρνετ. «Ήσασταν όλες σας τέλειες. Είμαι πολύ περήφανη για όλες σας. Δεν ήταν φανταστικές, κυρία Μέιναρντ; Κυρίως η Τίνα!»

«Μίλησες υπέροχα, Τίνα μου! Ποιος το περίμενε;» είπε συγκινημένη η μαμά.

«Είναι πηγαίο ταλέντο», είπε η Ρούμπι. «Τι γνώμη έχεις εσύ, Γκάρνετ;»

«Συμφωνώ απόλυτα», είπε η Γκάρνετ. «Μπορεί να γίνεις σταρ της τηλεόρασης μια μέρα, Τίνα! Τι λες, θα το ήθελες;»

Οι δυο τους ήταν γλυκύτατες μαζί μου, αλλά ίσως και να μην το εννοούσαν πραγματικά. Και δε νομίζω ότι θέλω να γίνω σταρ της τηλεόρασης όταν μεγαλώσω. Θέλω να μελετώ πεταλούδες.

Όταν μεγαλώσουμε, η Φιλ, η Μάντι και εγώ θέλουμε να ζούμε στο ίδιο σπίτι μαζί, έτσι ώστε να εξακολουθήσουμε να είμαστε η Φιλ, η Μάντι και εγώ. Αν όλες μας βγάζουμε πολλά χρήματα, μπορεί να είναι μεγάλο το σπίτι μας, με τέσσερις κρεβατοκάμαρες. Τότε θα είμαστε η Φιλ, η Μάντι κι εγώ... και η Σέλμα.

Κάντε το τεστ της Τίνα!

Τώρα που διαβάσατε την ιστορία της Τίνα, τεστάρετε τον εαυτό σας! Πόσες από τις παρακάτω ερωτήσεις θα καταφέρετε να απαντήσετε;

1. Ποιος έδωσε στην Τίνα το αγαπημένο της κουκλάκι, το Μωρό;

2. Πώς ονομάζονται τα τρία χάμστερ που οι τρίδυμες αγόρασαν με τα χρήματα που τους έδωσε ο παππούς για τα γενέθλιά τους;

3. Η Σέλμα δίνει στην Τίνα το παρατσούκλι «Ζουζουνάκι». Τι παρατσούκλι δίνει στη Φιλ και στη Μάντι, που η Τίνα το βρίσκει πολύ άδικο;

4. Η Σέλμα μουντζουρώνει μια ζωγραφιά για την οποία η Τίνα είναι πολύ περήφανη. Ποια είναι αυτή;

5. Όταν ο παππούς και η γιαγιά παίρνουν τις τρίδυμες στον ζωολογικό κήπο, ποια πεταλούδα λέει η Τίνα ότι είναι η αγαπημένη της;

6. Πόσες λέξεις ζητάει η δασκάλα από την Τίνα να μάθει για το τεστ ορθογραφίας;

7. Η δασκάλα αποκαλύπτει στην Τίνα ότι σχεδιάζει ένα ταξίδι σε έναν εξωτικό, μακρινό προορισμό, και η Τίνα τής κάνει δώρο μια ζωγραφιά του. Ποιος είναι αυτός ο προορισμός;

8. Όταν η Τίνα επισκέπτεται το σπίτι της Σέλμα, τι φαγητό τρώνε;

9. Ποια είναι η πρώτη αληθινή πεταλούδα που επισκέφθηκε τον πεταλουδόκηπο της Τίνα και της Σέλμα;

10. Η Ρούμπι και η αδελφή της η Γκάρνετ πρωταγωνιστούν σε ένα άλλο βιβλίο της Τζάκλιν Ουίλσον. Σε ποιο;

Λύσεις: 1. Η γιαγιά 2. Πεινάλας, Βολίδας, Τυροκροκέτας 3. Το Δίδυμο των Μπούφων 4. Μιας κάμπιας 5. Η Μελπομένη 6. Πενήντα 7. Η Ιαπωνία 8. Πίτσα, μπρουσκέτες και παγωτό, μαζί με κόκα κόλα 9. Μια πεταλούδα-«παγόνι» 10. *Εγώ είμαι εσύ*

Ο κύκλος ζωής μιας πεταλούδας

Η Τίνα και η υπόλοιπη τάξη της κυρίας Γελασίδου μαθαίνουν για τον κύκλο ζωής της πεταλούδας. Πόσα γνωρίζετε για αυτές και για τα διαφορετικά στάδια της ζωής τους;

ΣΤΑΔΙΟ ΠΡΩΤΟ: ΤΟ ΑΥΓΟ

Η πεταλούδα γεννά τα αυγά της πάνω σε ένα φύλλο ή σε ένα κοτσάνι, όπου αυτά κολλάνε, και έτσι δεν μπορεί να τα παρασύρει ο άνεμος και η βροχή. Τα αυγά είναι στρογγυλά, οβάλ ή κυλινδρικά, αναλόγως τι είδος πεταλούδας τα γέννησε. Αν μπορούσατε να παρατηρήσετε ένα αυγό από πολύ κοντά, θα βλέπατε μια μικροσκοπική κάμπια να μεγαλώνει μέσα του!

ΣΤΑΔΙΟ ΔΕΥΤΕΡΟ: Η ΚΑΜΠΙΑ

Είναι επίσης γνωστές ως προνύμφες, και συχνά ο κορμός τους είναι ριγωτός. Οι κάμπιες είναι μικροσκοπικές όταν εκκολάπτονται, όμως μεγαλώνουν γρήγορα. Το σπουδαιότερο πράγμα που μπορεί να κάνει μια κάμπια είναι να τρώει! Βασικά, το πρώτο πράγμα που θα κάνει μια νέα κάμπια μόλις αναδυθεί είναι να μασου-

λήσει το φύλλο πάνω στο οποίο γεννήθηκε. Πιθανόν να έχετε δει κάμπιες να μασουλούν φύλλα στον κήπο σας!

ΣΤΑΔΙΟ ΤΡΙΤΟ: Η ΧΡΥΣΑΛΛΙΔΑ

Άλλο όνομα για αυτήν είναι «νύμφη». Σε αυτό το στάδιο η κάμπια υφαίνει ένα κουκούλι γύρω από τον εαυτό της, καμωμένο από ένα πολύ ιδιαίτερο μετάξι. Μόλις βρεθεί μέσα στο κουκούλι, η πεταλούδα μεταμορφώνεται στο τελευταίο στάδιο του κύκλου ζωής της.

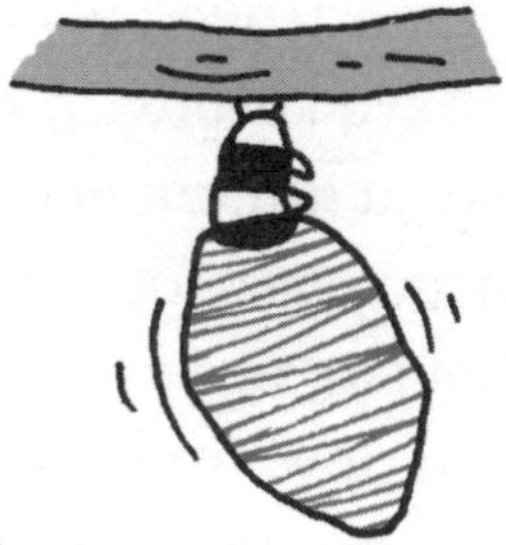

ΣΤΑΔΙΟ ΤΕΤΑΡΤΟ: Η ΠΑΝΕΜΟΡΦΗ ΠΕΤΑΛΟΥΔΑ!

Αν σταθείτε πολύ τυχεροί και δείτε μια μεταμορφωμένη πεταλούδα να αναδύεται από το κουκούλι της, θα παρατηρήσετε ότι δεν ανοίγει τα φτερά της αμέσως. Αυτό συμβαίνει επειδή ήταν τυλιγμένη σφιχτά γύρω από τον εαυτό της για πολύ καιρό και πρέπει να ανοίξει τα φτερά της αργά για να κυλήσει το αίμα μέσα τους. Αλλά μέσα σε λίγες ώρες η πεταλούδα θα αρχίσει να φτερουγίζει και θα πετάξει. Τότε, είναι καιρός για την πεταλούδα να αναζητήσει ταίρι... και ο κύκλος θα ξεκινήσει από την αρχή!

Τα πάντα για τις πεταλούδες!

Αν και εσείς, όπως η Τίνα, θέλετε να μάθετε περισσότερα για τις πεταλούδες, ακολουθούν κάποιες ενδιαφέρουσες βασικές πληροφορίες:

- Οι πεταλούδες διαθέτουν αισθητήρες γεύσης στο πιο ασυνήθιστο μέρος του σώματός τους: στα πόδια τους!

- Κανείς δεν ξέρει με βεβαιότητα πόσα διαφορετικά είδη πεταλούδας υπάρχουν στον κόσμο, αλλά υπολογίζεται ότι αγγίζουν τα 20.000!

- Η μικρότερη πεταλούδα δεν ξεπερνά σε μήκος τα τρία χιλιοστά... τόσο μικροσκοπική δηλαδή:

- Η μεγαλύτερη πεταλούδα φτάνει σε μήκος τα 30 εκατοστά. Δηλαδή μεγαλύτερη από το άνοιγμα αυτού του βιβλίου!

- Απεικονίσεις πεταλούδων ανακαλύφθηκαν σε τοιχογραφίες της αρχαίας Αιγύπτου, που χρονολογούνται από το 3.000 π.Χ. Φανταστείτε λοιπόν από πόσο παλιά υπήρχαν πεταλούδες!

- Οι πεταλούδες έχουν σκελετό στην *εξωτερική* μεριά του σώματός τους. Ονομάζεται εξωσκελετός και προστατεύει τα πιο ευπαθή μέρη της πεταλούδας.

- Η πεταλούδα-«μονάρχης» αποδημεί κάθε χειμώνα σε θερμότερα κλίματα διανύοντας χιλιάδες χιλιόμετρα.

- Η ιταλική λέξη για την πεταλούδα είναι «farfalla» *(φαρφάλα)* που είναι επίσης το ζυμαρικό «φιογκάκι», ένα είδος μακαρονιού το οποίο μοιάζει πολύ με πεταλούδα. Η γαλλική λέξη για την πεταλούδα είναι «papillon», που προφέρεται *παπιγιόν*. Σας θυμίζει κάτι η λέξη;

- Η Φιλ, η Μάντι και η Τίνα αγαπούν τον πράσινο παλίνουρο, τη γαλάζια Μορφώ και τη Μελπομένη. Εσάς ποιο είδος πεταλούδας είναι το αγαπημένο σας;

Δημιουργήστε τον δικό σας πεταλουδόκηπο

Αν θέλετε να φτιάξετε τον δικό σας πεταλουδόκηπο όπως έκαναν η Σέλμα και η Τίνα, θα βρείτε παρακάτω ορισμένες ιδέες που θα σας φανούν χρήσιμες στο ξεκίνημα. Θυμηθείτε να ζητήσετε την άδεια και τη συνδρομή ενός γονέα ή δασκάλου.

Πρώτα απ' όλα, επιλέγετε μια γωνιά του κήπου ή της αυλής του σχολείου σας που είναι προφυλαγμένη από τον άνεμο. Οι πεταλούδες είναι ευαίσθητα πλάσματα με εύθραυστα φτερά, τα οποία σκίζονται στον δυνατό αέρα, γι' αυτό τον λόγο μια περιοχή που περιβάλλεται από φράχτη –χτιστό ή από θάμνους– είναι καλή ιδέα. Αν μπορείτε, αποφύγετε τα μέρη όπου περιφέρονται γάτες και σκύλοι!

Ξεκινήστε με ένα στρώμα χώματος καλής ποιότητας που θα το σκαλίσετε καλά. Ύστερα ξεκινήστε να φυτεύετε!

Το σπουδαιότερο πράγμα σε έναν πεταλουδόκηπο είναι... τα λουλούδια! Και όσο μεγαλύτερη είναι η ποικιλία λουλουδιών τόσο το καλύτερο. Τα λουλούδια παράγουν νέκταρ, που είναι τροφή για τις πεταλούδες, και κάθε είδος πεταλούδας προσελκύεται από διαφορετικούς τύπους νέκταρ. Επομένως όσο μεγαλύτερη ποικιλία λουλουδιών έχετε, τόσο περισσότερες και διαφορετικές πεταλούδες θα δείτε να φτερουγίζουν στον κήπο σας.

Φροντίστε να επιλέξετε φυτά και λουλούδια που θα ανθίσουν σε διαφορετικές περιόδους του χρόνου. Έτσι εξασφαλίζετε ότι οι πεταλούδες σας θα βρίσκουν διαρκώς τροφή, οποιαδήποτε εποχή του χρόνου. Είναι μεγάλης σημασίας να υπάρχουν λουλούδια που ανθίζουν τους καλοκαιρινούς μήνες, γιατί τότε οι πεταλούδες είναι συνήθως περισσότερο ενεργές.

Ο αστήρ, η εχινάκεια, η ασκληπιάδα και η πασχαλιά θα βγάζουν νέκταρ για πολλά χρόνια. Αυτά λέγονται πολυετή φυτά. Άλλες καλές επιλογές είναι ο κατιφές και η πετούνια, που είναι

μονοετή φυτά. Αυτό σημαίνει ότι ζουν για έναν χρόνο, και μετά χρειάζονται αντικατάσταση.

Είναι εξίσου σημαντικό να έχει πολύ φως ο κήπος σας, γιατί οι πεταλούδες δεν παράγουν θερμότητα με το σώμα τους όπως κάνουμε εμείς οι άνθρωποι, κι έτσι χρειάζονται να ξαποσταίνουν στον ήλιο όσο το δυνατόν περισσότερο. Συνάμα, φροντίστε να έχετε πολλά πράσινα φυτά με μεγάλο, πυκνό φύλλωμα –όχι μόνον λουλούδια– έτσι ώστε οι πεταλούδες σας να έχουν μέρη να γεννούν τα αυγά τους και οι κάμπιες να βρίσκουν άφθονη τροφή.

Η σπαζοκεφαλιά της Μάντι και της Φιλ

Μπορείτε να εντοπίσετε τις δέκα διαφορές ανάμεσα στις δύο εικόνες;

Φτιάξτε τα μάφιν-πεταλούδα της Τίνα και της Σέλμα

Ίσως χρειαστεί να ζητήσετε βοήθεια από κάποιον μεγάλο για να φτιάξετε αυτά τα πεντανόστιμα μάφιν.

ΥΛΙΚΑ

115 γρ. βούτυρο σε θερμοκρασία δωματίου
115 γρ. ζάχαρη άχνη
115 γρ. φαρίν απ
2 μεσαία αυγά
1 κουταλάκι του γλυκού βανίλια

Για τη γαρνιτούρα:

55 γρ. βούτυρο σε θερμοκρασία δωματίου
115 γρ. ζάχαρη άχνη

ΕΚΤΕΛΕΣΗ

1. Προθερμαίνετε τον φούρνο στους 190° C.

2. Χτυπάτε το βούτυρο με τη ζάχαρη ωσότου γίνει ένα αφράτο, κρεμώδες μείγμα.

3. Χτυπάτε τα αυγά, ύστερα τα ρίχνετε στο κρεμώδες μείγμα σας λίγο λίγο, μαζί με τη φαρίνα. Έπειτα ρίχνετε τη βανίλια.

4. Μοιράζετε το μείγμα σας σε θήκες για κεκάκια έτσι ώστε το μείγμα να φτάνει περίπου στα μισά κάθε θήκης. Έτσι τα κεκάκια σας θα έχουν χώρο για να φουσκώσουν με το ψήσιμο.

5. Βάζετε τις θήκες στον φούρνο και ψήνετε για 15 λεπτά, ώσπου να πάρουν ένα χρυσοκαφετί χρώμα.

6. Όση ώρα είναι στον φούρνο, χτυπάτε το βούτυρο και την άχνη ζάχαρη για τη γαρνιτούρα.

7. Μόλις τα κεκάκια βγουν από τον φούρνο, τα αφήνετε λίγο να κρυώσουν. Ύστερα, με μεγάλη προσοχή κόβετε ένα κυκλάκι από την κορυφή κάθε κέικ. Κόβετε κάθε κυκλάκι στη μέση. Αυτά θα είναι τα φτερά των πεταλούδων!

8. Γαρνίρετε το σημείο απ' όπου κόψατε το κομμάτι για τα φτερά με έναν σβόλο λαχταριστής γαρνιτούρας. Ύστερα τοποθετείτε με προσοχή τα δυο φτερά στην κορυφή, ούτως ώστε η γαρνιτούρα να τα κρατάει στη θέση τους. Άψογα!

Διαβάστε επίσης...

ΤΖΑΚΛΙΝ ΟΥΙΛΣΟΝ
ΚΟΛΛΗΤΕΣ ΓΙΑ ΠΑΝΤΑ
Μετάφραση: Ρένια Τουρκολιά-Κυδωνιέως

Η Ρουμπίνη και η Εβίτα είναι φίλες από τη μέρα που γεννήθηκαν. Ποτέ δεν τις πείραξε το ότι στη Ρουμπίνη αρέσει το ποδόσφαιρο ενώ στην Εβίτα η ζωγραφική, ή το ότι η Ρουμπίνη φλυαρεί ακατάσχετα ενώ η Εβίτα κάθεται και ακούει. Μοιράζονται τα πάντα. Μια μέρα, όμως, η Ρουμπίνη διαπιστώνει ότι υπάρχει κάτι που η Εβίτα δε μοιράζεται μαζί της· ένα μυστικό. Κι όταν ανακαλύπτει κιόλας αυτό το μυστικό, δεν είναι καθόλου σίγουρη ότι η Εβίτα κι εκείνη θα εξακολουθήσουν να είναι κολλητές για πάντα.

Μια γλυκύτατη, συγκινητική αλλά και διασκεδαστική ιστορία για την αξία της φιλίας.

ΤΖΑΚΛΙΝ ΟΥΙΛΣΟΝ
ΠΕΝΤΑΜΟΡΦΗ
Μετάφραση: Ρένια Τουρκολιά-Κυδωνιέως

Η Πεντάμορφη μισεί το παράξενο όνομά της. Δεν ταιριάζει καθόλου με την εμφάνισή της και εξαιτίας του τα κορίτσια στο σχολείο την πειράζουν και της κολλάνε άσχημα παρατσούκλια που την πληγώνουν. Αυτός που την πληγώνει πιο πολύ απ' όλους, όμως, είναι ο μπαμπάς της, που διάλεξε και το όνομά της. Όταν τον πιάνουν τα νεύρα του, το τεράστιο, λουσάτο σπίτι τους μετατρέπεται σε κόλαση. Θα μπορέσουν η Πεντάμορφη και η μαμά της να αλλάξουν την κατάσταση και να ζήσουν μια ζωή χωρίς βρισιές, καβγάδες και φωνές;

Μια συγκινητική αλλά και αισιόδοξη ιστορία, δοσμένη με άπειρη ευαισθησία από την αγαπημένη συγγραφέα Τζάκλιν Ουίλσον.

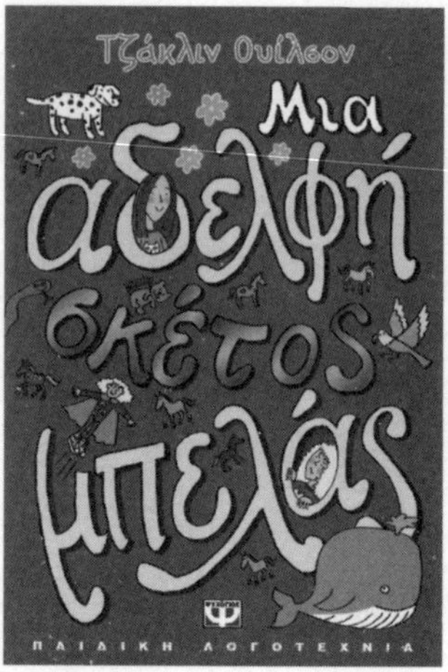

ΤΖΑΚΛΙΝ ΟΥΙΛΣΟΝ

ΜΙΑ ΑΔΕΛΦΗ ΣΚΕΤΟΣ ΜΠΕΛΑΣ

Μετάφραση: Ράνια Μπουμπουρή

Η αδελφή μου...

1. Είναι μια ντροπαλή χαζοκοκέτα ντυμένη στα ροζ. ΜΠΛΙΑΧ!
2. Πάντα με μαρτυράει όταν καβγαδίζουμε.
3. Μου έκλεψε τη βραδιά που θα περνούσα με τον μπαμπά, ενώ όλοι το ξέρουν πως ΕΓΩ λατρεύω την ταινία *Toy Story 3* και τα πατατάκια.
4. Με κοροϊδεύει για τα ζωάκια μου, ενώ αυτή δεν μπορεί να κοιμηθεί ένα βράδυ χωρίς την κούκλα της, την Μπάμπα!
5. ΠΟΤΕ δεν παίρνει το μέρος μου.

ΟΙ ΑΔΕΛΦΕΣ ΕΙΝΑΙ ΣΚΕΤΟΣ ΜΠΕΛΑΣ!

ΚΑΘΡΙΝ ΑΠΛΓΚΕΪΤ
Ο ΦΙΛΟΣ ΜΟΥ Ο ΚΡΕΝΣΟ
Μετάφραση: Σέβυ Σπυριδογιαννάκη

Ο Τζάκσον και η οικογένειά του περνάνε δύσκολες μέρες. Δεν έχουν χρήματα να πληρώσουν το ενοίκιό τους. Δεν έχουν χρήματα ούτε καν για το φαγητό τους. Οι γονείς του, η αδελφούλα του και ο σκύλος τους ίσως χρειαστεί να μείνουν στο μίνι βαν τους. Για άλλη μια φορά.

Ο Κρένσο είναι ένας γάτος. Είναι μεγάλος, ντόμπρος και... φανταστικός. Έχει επιστρέψει στη ζωή του Τζάκσον για να τον βοηθήσει. Όμως, αρκεί ένας φανταστικός φίλος για να βοηθήσει αυτή την οικογένεια ώστε να μη χάσει τα πάντα;

Μια γλυκιά ιστορία για την αξία της φιλίας, πραγματικής ή φανταστικής.

ΝΤΕΪΒΙΝΤ ΟΥΑΛΙΑΜΣ

Η ΘΕΙΑ ΜΟΥ Η ΑΠΑΙΣΙΟΤΑΤΗ

Μετάφραση: Πετρούλα Γαβριηλίδου

Έχεις κάποια απαίσια θεία; Κάποια που σε αναγκάζει να τρως μέχρι και την τελευταία κουταλιά του αηδιαστικού φαγητού της; Ή ίσως μια θεία η οποία σου πλέκει πουλόβερ που σε φαγουρίζουν κι έχουν ένα τεράστιο Σ' ΑΓΑΠΩ, ΘΕΙΟΥΛΑ μου μπροστά; Ή που σου δίνει ένα μεγάλο φιλί γεμάτο σάλια κάθε φορά που σε βλέπει;

Όσο απαίσια κι αν είναι η θεία σου, αποκλείεται να φτάνει σε απαισιότητα τη θεία Αλμπέρτα, την πιο απαίσια και πανούργα θεία που έζησε ποτέ.

Θέλεις να τη γνωρίσεις;

ΤΟΜΑΣ ΜΙΧΑΝ
ANNIE
Μετάφραση: Σοφία Γρηγορίου

ΝΕΑ ΥΟΡΚΗ, 1933. Από τότε που θυμάται τον εαυτό της, η εντεκάχρονη Άννι ζει στο ορφανοτροφείο. Οι μέρες εκεί περνούν μαρτυρικά, και γι' αυτό φροντίζει η διευθύντρια του ορφανοτροφείου, η τυραννική κυρία Χάνιγκαν. Η Άννι ελπίζει πως κάποια μέρα θα έρθουν οι γονείς της να την πάρουν· εφόσον αυτό δε συμβαίνει, αποφασίζει να το σκάσει και να ψάξει να τους βρει. Στους δρόμους της Νέας Υόρκης έρχεται αντιμέτωπη με πολλούς κινδύνους, μέχρι τη στιγμή που γνωρίζει τον δισεκατομμυριούχο Όλιβερ Γουόρμπακς και η ζωή της παίρνει άλλη τροπή.

Η διαχρονική ιστορία του ορφανού κοριτσιού που αγαπήθηκε από εκατομμύρια ανθρώπους και έγινε κινηματογραφική ταινία και μιούζικαλ στο εξωτερικό και στην Ελλάδα, με τεράστια επιτυχία.

ΦΑΝΗ ΤΕΡΖΟΓΛΟΥ
Η ΜΠΕΤΥ ΡΟΥΜΠΕΤΗ ΚΑΙ ΤΟ ΤΣΙΡΚΟ ΤΗΣ ΗΜΙΣΕΛΗΝΟΥ

Το καλοκαίρι πέρασε στο Ψαρονήσι και η Μπέτυ μαζί με τον Ερρίκο έχουν ξεκινήσει το σχολείο. Η Λουκία βαριέται και περιμένει πώς και πώς τα γενέθλια της φίλης της και το πάρτι που της ετοιμάζει η Μάμι Μπλου. Παράλληλα, στο μικρό νησί επικρατεί μια ευχάριστη αναστάτωση καθώς το Τσίρκο της Ημισελήνου και ο φανταστικός Βίνι ντα Ρέλο, ο διάσημος ταχυδακτυλουργός, κατέφθασαν για να καταπλήξουν τους ενθουσιασμένους Ψαρονησιώτες.

Γιατί όμως η μαντάμ Ρουπικιέ, η μοδίστρα, είναι τόσο προβληματισμένη; Ποια είναι η μυστηριώδης παραμορφωμένη γυναίκα που την απειλεί; Τα δυο παιδιά και η κατεργάρα Λουκία θα έρθουν αντιμέτωπα με καινούριες προκλήσεις...

Η Φανή Τερζόγλου μάς χαρίζει το δεύτερο συναρπαστικό βιβλίο με τις περιπέτειες της Μπέτυς Ρουμπέτη, κι οι αναγνώστες της θα διασκεδάσουν αφάνταστα ταξιδεύοντας στα Ξεχασμένα Νησιά!